HILLSBORO PUBLIC LIBRARY
Hillsboro, Oregon
Member of Washington County
COOPERATIVE LIBRARY SERVICES

WITHDRAWN

TELAS Y COMPLEMENTOS
COJINES
Y
CORTINAS

TELAS Y COMPLEMENTOS
COJINES
Y
CORTINAS

MYRA DAVIDSON

LIBSA

A QUANTUM BOOK

© 1998 Editorial LIBSA
San Rafael, 4
28100 Alcobendas (MADRID)
Tel. (91) 657 25 80
Fax (91) 657 25 83

© MCMXCIII, Quarto Publishing plc

Traducción: Gloria Mengual

Título original: *Cushions, Curtains and More*

ISBN: 84-7630-681-4

Derechos exclusivos de edición para todos
los países de habla española.

Ninguna parte de esta obra puede ser reproducida
total o parcialmente, ni almacenada o transmitida
por cualquier tipo de medio, ya sea electrónico,
mecánico, fotocopia, registro u otros,
sin la previa autorización del editor.

CONTENIDO

LA ELECCIÓN DE UN ESTILO 6
La creación a partir del color 10 • Estampados y texturas 14 • Información sobre tejidos 18 • Coordinación 22

CORTINAS 28
Pasos en la planificación 30 • Consideraciones previas 32 • Tipos de ventanas 34 • Guías y barras 40 • Colocación de las guías y las barras 46 • La parte superior de las cortinas 48 • Colocación de la cinta de fruncido 52 • Medición del tejido 54 • Cálculo del tejido 56 • El forro 57 • Cortinas sin forrar 58 • Cortinas de tipo café 58 • Cortinas con forro tubular 60 • Cortinas con forro fijo 62 • Cortinas con forro y entretela fijos 64 • Forro de quita y pon 66 • Visillos 68

ACCESORIOS PARA CORTINAS 70
Alzapaños de confección rápida 72 • Alzapaños ribeteados 73 • Alzapaños trenzados 74 • Alzapaños con volante 76 • Alzapaños con ruches 78 • Festón (caída central) 80 • Festón de confección rápida 81 • Caídas laterales 82 • Cenefas 84 • Guardamalletas 86

ESTORES 88
Medidas para confeccionar estores 90 • Estores romanos 94 • Estores abullonados 96 • Estores austríacos 98 • Estores festoneados 99

COJINES 100
Cojines sin ribetear 102 • Cojines redondos con vivo 104 • Cojines en forma de corazón 106 • Cojines con platabanda 108 • Rulos 110 • Cómo hacer borlas 111

ROPA DE CAMA 112
Fundas de almohada sin adornos 114 • Fundas de almohada con volante 116 • Fundas para edredones 118 • Faldones de cama 120 • Cubrecamas 122

MANTELERÍAS 124
Manteles rectangulares 126 • Manteles redondos 128 • Salvamanteles acolchados 129 • Panera 130

TÉCNICAS 132
Equipo de costura 134 • Las labores con el tejido 136 • Coser a mano 138 • Coser a máquina 140 • Costuras 142 • Esquinas a inglete 144 • Cierres 146 • Bieses y vivos 148 • Volantes y tablas 150 • Adaptación de cortinas 152 • Patrones y plantillas 154

ÍNDICE 156 • AGRADECIMIENTOS 160

La elección de un estilo

Antes de elegir los colores y materiales para decorar su hogar necesita decidir qué estilo desea seguir.

Esta sección le aconsejará sobre las consideraciones que ha de tener en cuenta a la hora de escoger el estilo apropiado para su casa, su familia y su estilo de vida. Le ayudará a conseguir un aspecto perfectamente armónico y le hará sugerencias útiles sobre cómo lograr el efecto deseado.

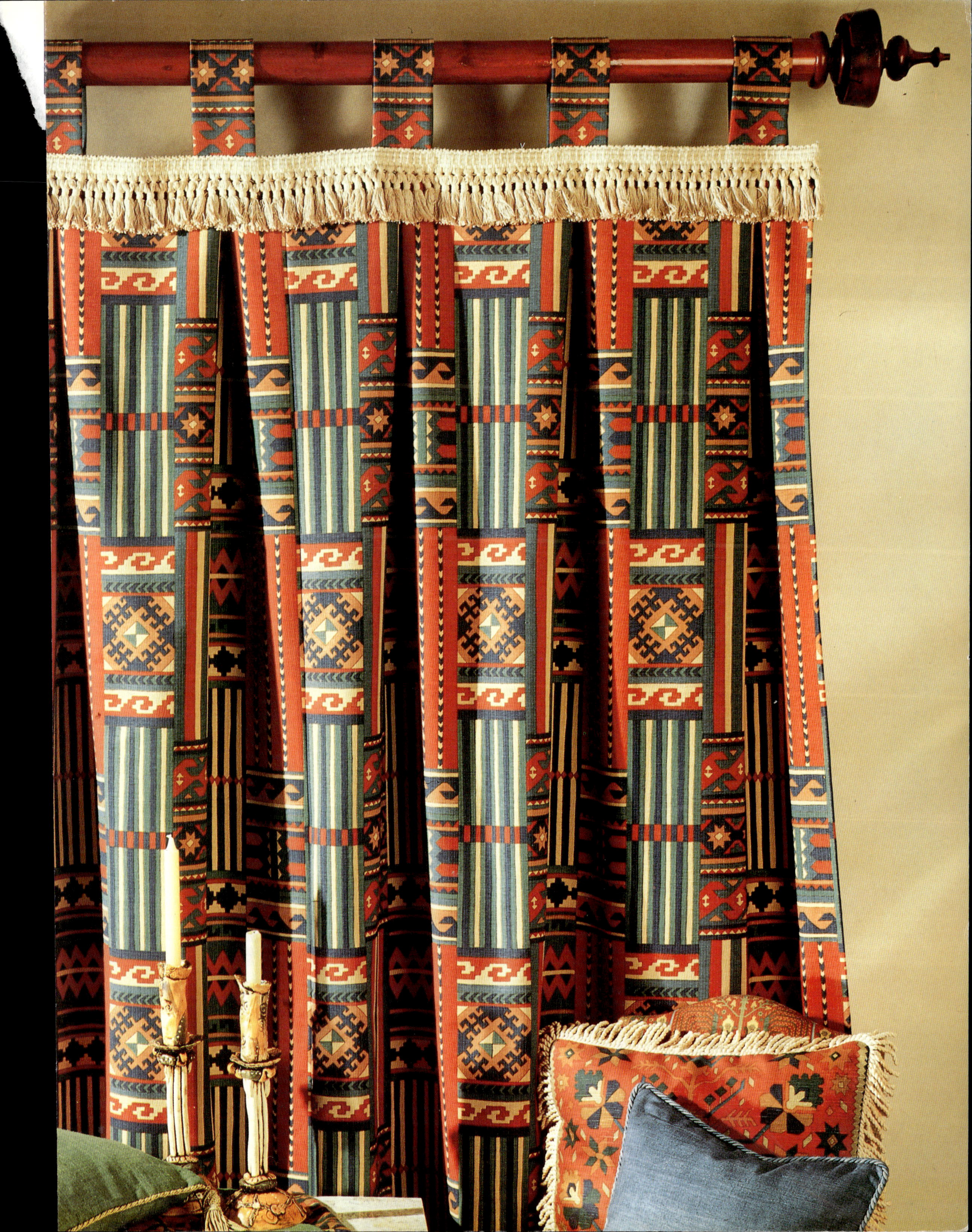

La elección de un estilo

Lograr el éxito en la decoración a base de coordinar colores, motivos y texturas es algo muy divertido y tiene infinidad de posibilidades, pero una equivocación puede resultar costosa y decepcionante, llegando incluso a arruinar todo el trabajo. Para evitar esto, conviene tener unos mínimos conocimientos sobre diseño de interiores: ello le ayudará a juzgar correctamente cuando tenga que decidir sobre si combinar o contrastar para conseguir un determinado aspecto.

El único modo de empezar es pensando detenidamente sobre la habitación que desea decorar. Intente que su punto de vista sea lo más neutral posible: tenga en cuenta la cantidad de luz solar que recibe el cuarto, su tamaño y forma básicos y el número, la forma y el tipo de ventanas que posee. Estime si hay rasgos positivos que le gustaría destacar, o negativos —como radiadores, tuberías u otras instalaciones fijas— que desea ocultar.

▲ *La mezcla de flores y rayas complementarias en los tejidos y el papel pintado causa un impacto inmediato.*

La elección de un estilo

▲ *Los colores tenues en almohadones y ropa de cama suavizan los dormitorios minimalistas.*

También habrá de tener en cuenta el uso que da usted a la habitación, sus fines y funciones, así como las necesidades familiares. Esto puede restringir el campo de elección de colores y el tratamiento de las superficies: así, sería absurdo utilizar colores pálidos, texturas frágiles y tejidos vaporosos en un cuarto en el que suela estar la familia a menudo, si bien serían adecuados para una sala de estar o dormitorio «reservado para adultos».

En este punto es cuando acuden en su ayuda los colores, los estampados, la textura y el tejido. Los colores que elija para ventanas, tapicería, cortinajes y accesorios crearán un ambiente específico en la estancia y le ayudarán a darle el sabor de una época determinada. El color es lo primero que llama la atención en una estancia.

El estampado y la textura determinan el estilo y contribuyen a darle un sabor de modernidad, exótico o de época. El tejido completa el aspecto deseado y le añade interés.

La creación a partir del color

▲ *Los blancos y neutros dan un aire de sosiego y calma a una habitación.*

Básicamente, hay dos tipos de colores: los fríos o huidizos, que dan la sensación de alejarse del que los contempla, y los cálidos o próximos, que parecen avanzar hacia él. Los colores fríos son los azules, azulverdoso, verdes, lilas azulados y grises azulados. Todos ellos crearán ambientes tranquilos y harán que los espacios parezcan más grandes, en especial si se utilizan tonos pálidos en las superficies principales. Pero pueden conferir a una habitación un sentimiento de frialdad, por lo que son ideales para estancias soleadas. Los colores cálidos son las gamas de rojo, rosa, naranja, amarillo y marrones rojizos o rosados.

Colores neutros

También existe la gama de los «no colores» o colores neutros. Los auténticos son los negros, blancos y grises, pero hay una amplia selección de los que suelen denominarse «colores neutros»: ocre, crema, color champiñón, blanco agrisado y los colores naturales de la madera, el mimbre, el mármol, el ladrillo, la piedra, la lana natural, el lino, el algodón sin teñir, etcétera. Suelen hacer de telón de fondo de una composición, aunque pueden usarse individualmente para crear un ambiente recoleto y relajante. Con los colores neutros resulta fundamental añadir gran variedad de texturas.

▲ *El estimulante contraste entre el naranja y el azul se ve suavizado por el neutro color beis.*

▲ *Los toques rojos, cálidos y fuertes añaden interés a un conjunto principalmente neutro.*

Toques de color

Una de las claves del arte de decorar interiores está en la adición de toques de color que contrasten con el esquema general. Si se ha decidido por un conjunto en el que dominen los colores pálidos y fríos, o por uno neutro, añada unos cuantos toques de colores cálidos, brillantes y ricos. Esto lo conseguirá mediante adornos en los alzapaños, en las cenefas para las galerías y en las guardamalletas de las cortinas; mediante cojines y salvamanteles en el comedor y cenefas doseleras y cubrecamas en el dormitorio.

Armonía y contraste

Así como existen dos tipos básicos de color, hay dos tipos básicos de composiciones de color: las que se basan en la armonía y las que aprovechan los contrastes.

Un esquema armonioso es aquél donde se utilizan colores próximos entre sí dentro de una misma gama de color; por ejemplo, una habitación decorada en azules y malvas sería armoniosa. La convivencia con tales esquemas suele resultar fácil, ya que pueden crear un ambiente cálido o frío, o constituir una mezcla de ambos, según la sección elegida de la gama de colores.

La elección de un estilo

▲ *La elegancia fresca del azul se complementa con el toque cálido que confiere este amarillo en un cuarto de baño con reminiscencias eduardianas.*

▲ *Para comprobar la armonización de colores, hágase con muestras del tamaño apropiado y mírelas a la luz del día y bajo luz artificial.*

Armonización de colores

Si desea comprender correctamente la cuestión del esquema de los colores, aborde su armonización de forma profesional. Eso significa que debe llevarse muestras de los elementos que ya tenga cuando vaya a elegir el resto. Si ya tiene el tejido de unas cortinas, por ejemplo, llévese una muestra cuando vaya a elegir otros materiales para accesorios, pintura o papel pintado, y así podrá verificar los colores exactos. Si ello no fuera posible, llévese a casa un muestrario de colores del fabricante de pinturas para comparar con los colores que ya tenga en casa. No olvide contrastarlo con el mobiliario fijo, como los armarios de cocina o las encimeras.

Pueden hacerse composiciones de colores que contrasten o que se complementen utilizando colores opuestos dentro de una gama, como la del rojo o el verde. Resultan mucho más interesantes que las composiciones armónicas, en especial si se emplean tonos relativamente intensos. Conviene usar tintas y tonos de color diferentes para conseguir una atractiva composición de complementarios.

Pida muestras de los otros artículos que pretende utilizar en la habitación y lléveselas a casa. Si desea decidir sobre el efecto que va a tener un color intenso o un estampado atrevido, intente que la muestra tenga el mayor tamaño posible. Prenda todas las muestras en una cartón rígido para poder mirarlas en el cuarto donde vaya a usarlas. Hágalo primero a la luz del día y después con luz artificial, ya que las condiciones lumínicas afectan a los colores de manera radical, haciéndolos parecer a veces completamente diferentes, hasta el punto de que un conjunto que resulta magnífico a la luz del día no funciona con luz artificial.

ARMONIZACIÓN DE COLORES: NORMAS BÁSICAS

- Considere qué esquemas de color son adecuados para la habitación teniendo en cuenta su tamaño, forma y aspecto.

- Emplee colores cálidos para conseguir un ambiente acogedor e íntimo, y fríos para dar una elegante sensación de espaciosidad.

- Decídase por los colores cálidos para las estancias frías y por los fríos para las cálidas.

- Decore las habitaciones amplias con colores cálidos fuertes, ricos u oscuros; utilice también estampados atrevidos.

- Escoja colores claros y fríos para que una habitación pequeña parezca mayor; emplee motivos discretos o menudos.

- Utilice colores neutros como vínculo entre las partes o para atenuar una composición demasiado intensa.

- Introduzca fuertes contrastes o toques de color intenso para dar mayor énfasis; procure que sean cálidos en un ambiente frío, fríos en un ambiente cálido y vivos en un entorno neutro.

- Procure que no todos los colores sean claros, ni todos oscuros: consiga equilibrarlos mediante una mezcla de tonos claros, oscuros y medios.

- Los colores vivos, profundos e intensos; los diseños llamativos y los estampados atrevidos resultan más audaces cuando se emplean en una zona amplia. Los colores pálidos o apagados y los motivos menudos dan sensación de sosiego, pero utilizados con profusión pueden llegar a ser tan insignificantes que desaparezcan en el conjunto.

Estampados y texturas

El éxito en la decoración de tapicerías, cortinajes y complementos no depende sólo del color, sino que los estampados empleados en las distintas superficies desempeñan también un papel esencial. Ambos aspectos hacen su aportación al conjunto y le ayudarán a elaborar algunos «trucos» visuales en la decoración.

Estampados

Los estampados atrevidos, por ejemplo, son como los colores cálidos, que parecen acercarse hacia nosotros y, por tanto, serán muy dominantes. Ellos harán que una zona amplia parezca más pequeña e íntima, aunque si los utiliza en un espacio demasiado reducido parecerá que las paredes se aproximan entre sí. Los estampados atrevidos crean también un ambiente «de actividad» y estimulante —adecuado para recibidores, cuartos de estar y cuartos de niños, pero menos apropiados para cubrir las superficies de estancias donde quiera usted relajarse—.

Los estampados pequeños y los dibujos muy menudos funcionan como colores fríos: parecen alejarse de nosotros. Aunque pueden resultar bastante sosos si el color del conjunto no es especialmente interesante, son útiles para dar la sensación de espacio en una zona pequeña. Acuda a ellos asimismo si desea un ambiente sosegado y relajante.

Tamaño y escala

Para decidirse por el estampado más adecuado necesitará establecer una relación entre la escala del dibujo y la zona en la que va a utilizarse. Los diseños atrevidos son adecuados para grandes ventanales corridos o para grandes mesas donde se puede apreciar el efecto de conjunto. Si los usa en ventanas o paredes pequeñas, o como fundas de cojines, se perderá el efecto de conjunto. A su vez, los estampados menudos se pierden en zonas amplias, por lo que conviene reservarlos para las zonas de pared que quedan entre vanos, para cortinas cortas y elegantes y para estores y pequeños cojines.

Si le resulta difícil decidirse por un esquema decorativo, consulte fotografías en revistas y catálogos. O si ya tiene algo que le guste (puede tratarse de un trozo de tapicería o cortina con estampado multicolor) considérelo como «el motivo central» a partir del cual han de girar los diversos colores del resto de las superficies de la habitación. Por ejemplo, un tejido de cortina con motivos florales en verde, dorado, rosa y rojo sobre fondo crema, puede hacer juego con paredes en rosa, maderas en crema, suelos en verde y tapicería en rojo o dorado con ribetes en verde.

Si dispone de varias superficies lisas que desea unificar, hágalo mediante un artículo con un estampado que incluya todos los colores.

La elección de un estilo

◀ *Una combinación de rayas y cuadros que confiere un corte elegante a los cojines y las curvas del sillón; el aspecto desgreñado de los flecos de los cojines suavizan la angulosidad de las líneas.*

▶ *Unos dibujos suaves en los tejidos y en las paredes han de contrastar, si se desea causar impacto, con la textura: el chintz satinado realza la calidad de la madera pintada.*

Podría usarse en una superficie principal o bien en accesorios, como los cojines. En una cenefa o una guardamalleta estampadas, colocadas sobre colgaduras lisas, o en un ribete que adorne fundas y cortinas.

Comience con el motivo dominante y continúe con el resto. No olvide que los diseños suelen cobrar más «personalidad» e interés una vez que se han convertido en cortinas de suaves pliegues; incluso ofrecen un aspecto diferente cuando están recogidas a ambos lados de la ventana.

Texturas

La textura es tan importante como el color o el estampado. Existen diversos tipos de textura y, en conseguir un equilibrio entre ellos, habrá de poner tanto cuidado como a la hora de elegir una «mezcla» entre estampados y colores lisos.

Las texturas brillantes —metales, cristal, baldosas cerámicas, mármol, seda pintada de vinilo o satinada, tejidos sedosos e irisados— reflejan la luz. Pueden hacer que un espacio pequeño parezca mayor, aunque también pueden resultar frías. Habitar una estancia con demasiadas superficies relucientes puede no ser agradable, pero unas cuantas texturas con brillos son esenciales para dar un punto de contraste y estimular el ambiente.

▲ *La madera natural y el muro de ladrillo aportan calor a la zona enlosada del alféizar, enmarcado por cortinas de chintz y ligeras cortinas de tipo café que dejan pasar la luz.*

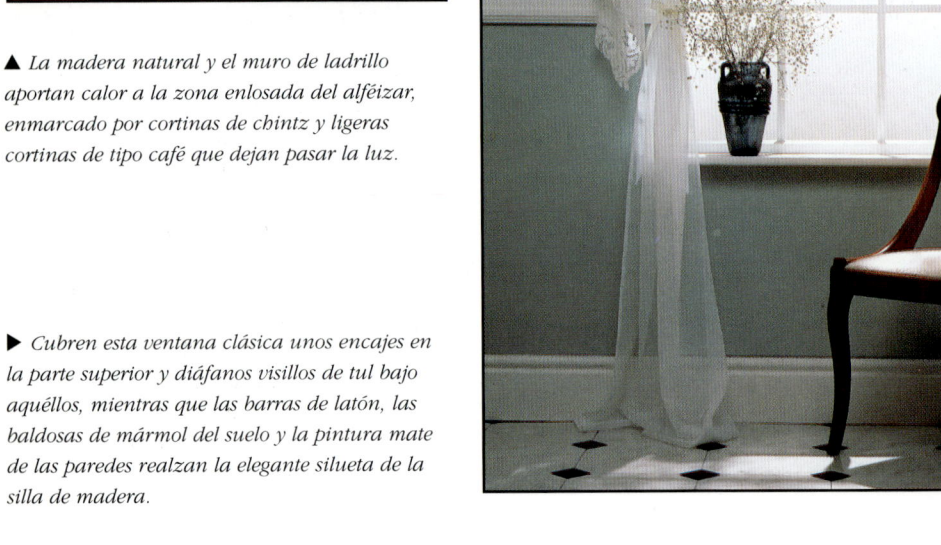

▶ *Cubren esta ventana clásica unos encajes en la parte superior y diáfanos visillos de tul bajo aquéllos, mientras que las barras de latón, las baldosas de mármol del suelo y la pintura mate de las paredes realzan la elegante silueta de la silla de madera.*

La elección de un estilo

Las texturas toscas, peludas y suaves, como las alfombras de nudo y pelillo largo, las esteras de pita, bonote y arpillera, los ladrillos y la piedra, el corcho, la madera sin barnizar, los tejidos de factura basta, los terciopelos y lanas y los enlucidos de mezcla gruesa y mates, son elementos que absorben la luz haciendo que las superficies cobren un aspecto más sutil y, a veces, más lleno de matices.

Son elementos que crean un ambiente relajante y que funcionan como los colores que retroceden y los estampados sencillos. Una estancia con múltiples texturas suaves y crudas puede resultar muy acogedora, aunque también puede llegar a ser sofocante. Es una cuestión de compensación entre contrastes de textura.

Los materiales translúcidos —como el encaje, el tul, la muselina, la gasa, las telas de trama abierta, las persianas de tablillas y de rafia, etcétera— permiten que la luz se filtre a través de ellos, al tiempo que la difuminan. Ello hace que confieran al ambiente un aire frágil, delicado o etéreo que empalidecerá los colores.

▲ *Damascos y cutíes, papel pintado con motivos florales y la riqueza de la caoba proporcionan un sabor de época, al que contribuye igualmente el hecho de que el cojín haga juego con la funda de la silla*

TRUCOS VISUALES CON TEXTURAS Y ESTAMPADOS

- **Para hacer que una zona parezca más grande**: úsense dibujos menudos; figuras geométricas, «abiertas», que aumenten la sensación espacial; un dibujo en paredes y ventanas que unifique el conjunto. Para paredes, techos y objetos de madera escoja texturas brillantes y que reflejen la luz; para las ventanas, utilice tejidos muy finos o persianas con tablillas; añada objetos de metal en el mobiliario o en los accesorios.

- **Para hacer que un espacio parezca más pequeño**: utilice estampados atrevidos en las superficies principales; estampados que contrasten en paredes y ventanas; procure que la tapicería, los cubrecamas y los manteles estén profusamente estampados en contraste con paredes y suelos. Para los suelos, paredes y ventanas, decídase por las texturas toscas, suaves y que absorban la luz; haga que el espacio se llene de numerosos contrastes.

- **Para hacer que un espacio parezca más alto**: emplee rayas verticales marcadas en los estampados de paredes y ventanas; cortinas lisas atrevidas o estores que contrasten con las paredes.

- **Para hacer que un techo muy alto parezca más bajo**: acuda a los estampados marcadamente horizontales en las paredes o en elementos de revestimiento de las mismas; utilice un zócalo, un friso o una cornisa para acentuar los rasgos arquitectónicos horizontales; en las ventanas emplee dibujos semejantes, persianas con bandas o tablillas, etcétera.

- **Para añadir anchura a una estancia estrecha**: utilice dibujos lineales que recorran transversalmente el suelo. O también, baldosas claras y oscuras a modo de tablero de ajedrez; las paredes y ventanas recibirán un tratamiento horizontal como vimos anteriormente.

- **Para acortar una habitación alargada**: use estampados atrevidos en los extremos estrechos (pueden ser cortinas en un extremo que hagan juego con el revestimiento de las paredes o con una cortina «ornamental» en el otro); fraccione la zona del suelo mediante elementos bien definidos —una estera que atraviese la habitación—; emplee texturas que contrasten entre sí: esteras sobre tablas, lino, cerámicas o vinilo.

- **Para ocultar aquello que no desee que esté a la vista**: utilice el estampado a modo de camuflaje —cubra todas las superficies con el mismo dibujo atrevido—; utilice texturas que absorban la luz.

- **Para realzar rasgos atractivos**: haga contrastes entre lo liso y lo estampado utilizando dibujos atrevidos contra un fondo liso de excelente textura; emplee texturas que reflejen la luz en aquello que desee destacar.

Información sobre tejidos

Antes de ponerse a seleccionar un tejido es fundamental que considere no sólo el color y el estampado, sino el tipo de uso que se le va a dar, el «tacto» y la caída que tiene, si su cuidado y limpieza resultarán fáciles y, atendiendo a la seguridad, si es ininflamable.

Deténgase a pensar en el «aire» que desea dar a la habitación y elija los tejidos de acuerdo con ello. Si quiere un estilo más bien grandioso y formal, los terciopelos, las sedas, los brocados y los damascos le ayudarán a conseguirlo. Para darle un aspecto fresco y rústico, los estampados de flores y los chintz crespos son lo más adecuado, o bien motivos florales diminutos con ginga (algodón tejido a cuadros).

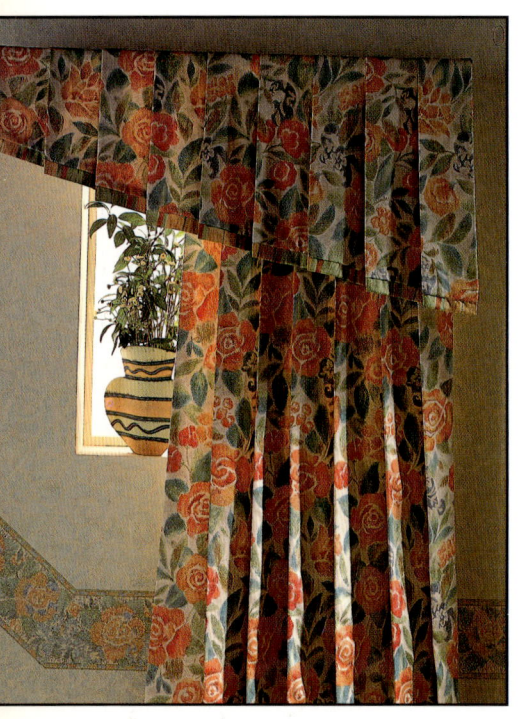

Si está convencida de que lo que desea es darle un sabor de época, hay algunos fabricantes que disponen de gamas de diseños auténticos, algunos de los cuales pueden haber adoptado otros colores para adaptarse a las tendencias decorativas actuales. Para un dormitorio femenino, el encaje, el satén o los bordados ingleses serían verdaderamente interesantes. En un conjunto moderno siempre irán bien los estampados geométricos en algodón, los cutíes listados, las telas finas, los lienzos tupidos.

Detalles prácticos

Como sucede siempre, el fin y la función que va a tener la habitación es lo que marca la pauta. Las ventanas de la cocina y del cuarto de baño van a tener que soportar la grasa y el vapor, mientras que las cortinas, los cojines y las fundas de un cuarto de estar familiar y de los dormitorios de niños requerirán un lavado bastante frecuente. Los tejidos para dormitorios suelen admitir mayor fragilidad.

Si la ventana recibe una luz solar intensa durante gran parte del día, deberá seleccionar tejidos que no se decoloren, evite los colores fuertes o brillantes y no use sedas —ni siquiera si están bien forradas y llevan entreforro, porque finalmente el sol hace que se deterioren—. Si vive en una calle muy concurrida, emplee textiles gruesos que absorban la suciedad y el ruido al tiempo que sean fáciles de limpiar. Igualmente, en este tipo de ventanas, le recomendamos que coloque forro y entretela a sus cortinas.

▲ *El plisado crespo del algodón es muy apropiado para cortinas y cenefas.*

La elección de un estilo

▲ *Unos diseños cuyo tamaño se corresponde con las superficies que ocupan: más que imponerse, dan armonía al conjunto.*

La elección de un estilo

▲ *A la hora de escoger un tejido para coordinar una habitación, asegúrese de que será adecuado para cualquier uso.*

▲ *Cama, cojines y ventana con tejidos lisos y estampados en perfecta conjunción.*

Fibras

Las fibras utilizadas para hacer tejidos se clasifican en tres grupos: naturales (algodón, lino, seda, lana); artificiales, que son fibras naturales regeneradas y tratadas químicamente (rayón) y sintéticas, que son fibras derivadas en su totalidad de productos químicos (acetato, acrílicos, nailon, terileno, poliéster, etcétera).

Los tejidos hechos de fibras naturales suelen ser resistentes a la suciedad y lavan bien, aunque al mojarlos pueden encoger y arrugarse. Los materiales de fibras artificiales no se arrugan ni deterioran y son menos absorbentes que las telas naturales. Los textiles sintéticos atraen la suciedad y requieren una limpieza más frecuente, lo que puede estropear la textura. Muchos tejidos modernos mezclan las fibras naturales con las artificiales o sintéticas, con lo que se obtienen las ventajas de ambas.

La elección de un estilo

▲ *Combine y armonice tejidos que contrasten con adornos de lazos y alzapaños.*

▲ *Las líneas de las persianas de tablillas hacen juego con las listas del tejido.*

Antes de comprar, haga pruebas

Una vez que se haya decidido, antes de dejar la tienda compruebe que el tejido no tenga desperfectos. Asegúrese de que los hilos del tejido y el estampado vayan derechos; si no es así, no podrá sacar hebras y cometerá equivocaciones cuando corte largos. Si se trata de un tejido «rebajado», frótelo para ver si se le ha aplicado algún elemento que le de mayor cuerpo (el cual se desprenderá la primera vez que se lave o limpie, dejando el tejido fláccido e insustancial). Si va a utilizar el tejido para tapizar o para fundas independientes, averigüe si retarda la acción del fuego y si está tratado (o puede tratarse) para hacerlo resistente a las manchas.

Insista siempre en que el tejido que compre sea del mismo rollo para evitar, así, variaciones de color. Si ha de hacer un pedido de tejido, compruebe que procede en su totalidad del mismo rollo o número de lote: este último indica la fecha de estampado. Cuando el tejido procede del mismo estampado, los colores serán los mismos.

Coordinación

Conseguir una afortunada coordinación de elementos no es tan fácil como parece; si usted no se siente totalmente seguro, existen infinidad de colecciones ya hechas en este sentido (para coordinar o a juego) en los establecimientos del ramo, agrupados generalmente en forma de libro.

Entre ellos encontrará cubiertas para paredes, bordes y otros muchos tejidos para cortinajes, tapicería, ropa de cama y visillos. Algunos de estos catálogos contienen, incluso, tejidos para cortinas de baño, baldosas cerámicas, suelos y accesorios. Las colecciones que sólo ofrecen elementos a juego poseen los mismos motivos estampados (y, a veces, tejidos en su interior) en telas y papeles de pared. Otros pueden tener idéntico diseño, pero con estilos diferentes, de manera que podrá usar un estampado atrevido en la ventana y una versión en menor tamaño del mismo estampado para la tapicería.

▲ *Una combinación de cuadros, listas y motivos florales.*

Seleccione y mezcle

No es necesario que se limite a las selecciones ya preparadas. Si lo prefiere, haga mezclas y combinaciones que se adapten a sus propios gustos. Puede experimentar a partir de varios muestrarios de un fabricante para conseguir un estilo coordinado y original o escoger entre varias fuentes, ya que numerosos fabricantes trabajan ahora con gamas de color similares. Tenga en cuenta, no obstante, que esto sólo funcionará si elije una composición de colores similares y motivos parecidos; por ejemplo, diseños en los que todos los motivos sean florales, o bien geométricos o bien exóticos. Las escalas de los dibujos pueden ser diferentes, dependiendo de la amplitud del espacio.

Los cojines le servirán para comenzar a mezclar estampados. Escoja un tejido para el cojín que vaya con la forma básica del mismo: cuadros y listas para cuadrantes y cojines con platabanda; motivos florales o circulares para los que tienen forma de corazón, y, si desea ser más audaz, pruebe con dibujos de cuadros en un cojín en forma de corazón. Añada un volante con un dibujo diferente, aunque de un color que haga juego. Pruebe con un ribete que contraste con el fondo liso de un cojín, para dar, así, mayor definición a la forma; añada adornos trenzados en tela de cuadros, o encajes y bordados ingleses si son adecuados para ese estilo. Amontone varios cojines de formas, tamaños y dibujos diferentes sobre sofás, camas, sillones y asientos de ventana.

▲ *Los diminutos motivos del dibujo y la profusión de volantes armonizan con las paredes lisas.*

La elección de un estilo

▲ *Una buena idea en cuanto a coordinación: el motivo del jarrón queda resaltado en el cojín.*

▲ *Diversos estampados de una misma gama de color.*

El mismo punto de vista puede aplicarse también a la ventana. Una guardamalleta lisa o con listas podría combinar con cortinas floreadas; una ventana con un estor romano rayado podría acompañarse de una cenefa silueteada lisa de la que cayeran cortinas de paisley estampado. Otra posibilidad consiste en colocar media cortina lisa sobre un elaborado estor austríaco.

Para un dormitorio, proponemos unos cubrecamas reversibles o edredones sobre los que vayan unos almohadones que combinen o contrasten con ellos para completar un aspecto absolutamente coordinado. En cuanto al comedor, puede conseguirse un toque final extraordinario si los salvamanteles y las servilletas hacen juego entre sí y contrastan a su vez con el mantel.

Toques personales

Los tejidos que combinan o que contrastan añaden un remate personal que confiere al conjunto personalidad y exclusividad. Si dispone de tejido suficiente, haga accesorios a juego: por ejemplo, cojines, servilletas y alzapaños, o bien añada un volante o unos botones forrados a alguno de los objetos que ya tenga.

Los retales pueden aprovecharse para hacer con ellos una pieza completa. Si va a usar tejidos viejos y nuevos, trate de combinar los que sean del mismo tipo (por ejemplo, los de fibra, peso y textura similares); en caso contrario, puede encontrarse con el problema de que encojan o hagan bolsas cuando la pieza se lave o se limpie.

ADORNOS COORDINADOS

• Unos lazos de tela a juego o contrastada constituyen un buen cierre para cojines. También pueden ponerse en las cortinas, o atarse a la barra o varilla de la que cuelgan para embellecer la parte superior.

• Un cojín o la base de cada pliegue de la parte superior de las cortinas puede acompañarse con un botón forrado de un tejido que coordine con aquéllos.

• Añada borlas que contrasten a cada uno de los extremos de un cabezal o al extremo de un alzapaño liso.

◄ *Fundas de almohadas, cojines, rulos, edredón y faldón a juego, en conexión con los frunces de la cenefa y los severos alzapaños.*

Si dispone de un retal grande de tela de cortina, puede convertirlo en un cobertor para ocultar algún desperfecto en un sillón o sofá; o bien añada una trenza, un encaje, un bordado inglés o un volante como adorno que guarde relación con el esquema de color general. Si la pieza es aún mayor, puede emplearla para «forrar» un sillón pequeño cuya tapicería se haya quedado ya anticuada. Asimismo, las sábanas anchas o un amplio cubrecama pueden alegrar un sofá del que ya se haya cansado, combinándolo con unas cortinas nuevas.

Los tejidos a juego o contrastados pueden igualmente emplearse para ocultar las tuberías situadas debajo del lavabo en el baño o en un

La elección de un estilo

- Utilice tejidos que combinen o contrasten para sujetar las servilletas con lazos en lugar de con aros.

- Añada volantes a salvamanteles, cojines, fundas de almohadas, estores, manteles y alzapaños de manera que los tejidos combinen bien y hagan resaltar un determinado color.

- Los ribetes contrastados pueden utilizarse para hacer destacar un tono en los cojines, cenefas y alzapaños.

dormitorio, transformándolos completamente. Puede plisarlo y colocarlo en la parte superior de unas cortinas viejas o nuevas, de manera que haga juego con ellas, empleando una guía o un cable sujeto con ganchos al muro; también puede usar un velcro, que fruncirá el tejido. La ropa de mesa puede recibir un tratamiento similar.

La sobriedad de los estores romanos en la zona del comedor puede adornarse con trenzados que hagan juego con los paneles que haya sobre la puerta o con las persianas. Y si su mesa no es muy bonita, puede añadir un mantel del mismo tejido que llegue hasta el suelo y, sobre él, un tapete de encaje o de un color que haga contraste con el mantel.

Cortinas

El proceso completo de confección de unas cortinas, desde la elección de la tela hasta el planchado final, debería ser un auténtico placer; no obstante, debido a la gran cantidad de tela que se requiere, puede llegar a convertirse en una tarea desalentadora. Si sigue las directrices que se marcan en esta sección, desde la medida de las ventanas hasta las instrucciones paso a paso, podrá hacer unas cortinas que parecerán diseñadas por profesionales para cualquier habitación. Encontrará cortinas sin forro, hechas a máquina; cortinas forradas y con entretela; y cortinas forradas propias de materiales más caros. Asimismo, le enseñaremos a adaptar tejidos «de visillo».

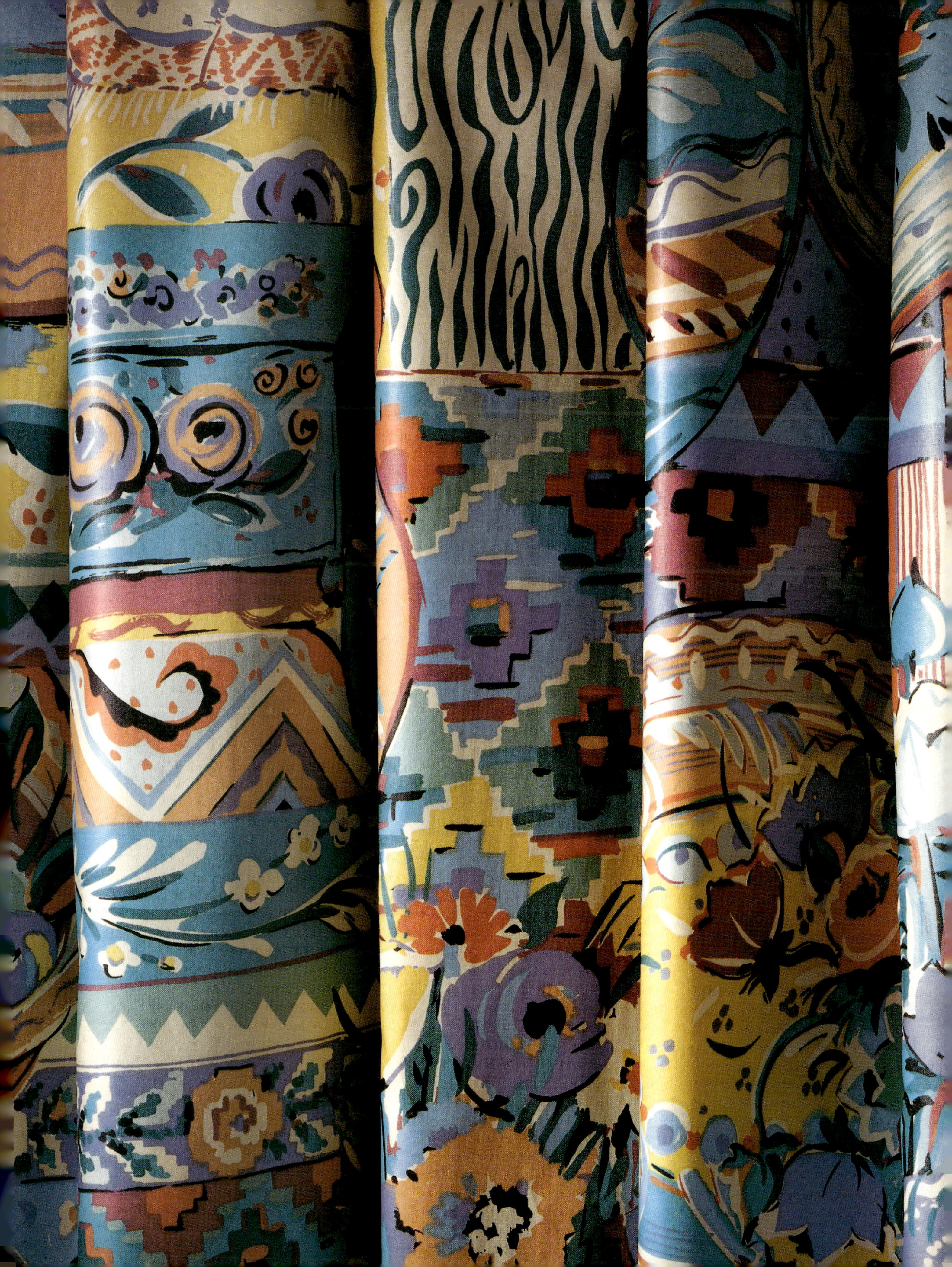

Siete pasos para hacer bien unas cortinas

Las páginas que siguen dan una detallada respuesta a las preguntas que se le van a plantear, así como a los aspectos que ha de tener en cuenta ANTES de comprar la tela. En esta enumeración de pasos queda manifiesta la importancia de la planificación para asegurarse de lograr unos resultados con los que le agradará convivir durante muchos años.

1
LA HABITACIÓN

Las cortinas son sólo uno de los elementos de un cuarto. Si tiene la suerte de tener que decorar la estancia de arriba abajo, le será más fácil conseguir un aspecto conjuntado verdaderamente asombroso. Pero, en la mayoría de los casos, se trata de combinar y adaptarse a lo que ya tenemos.
La adición de cojines y otros accesorios con el mismo tejido que las cortinas puede ayudar a armonizar toda una habitación sin tener que invertir una fortuna.

Estilo
¿Desea cambiar el estilo de una habitación y darle un nuevo aire?, ¿hacer que parezca más cálida o más fría? ¿O le gusta tal como está ahora?

Realzar u ocultar
¿Hay elementos en la habitación que unas cortinas nuevas podrían hacer destacar u ocultar?

Detalles prácticos
¿Quién va a usar la habitación y cuándo? ¿Conviene poner cortinas sin forro o unas gruesas con entretela para que guarden el calor y protegan de la luz? ¿Están los radiadores debajo de la ventana (en cuyo caso, el calor se perderá si se decide por cortinas hasta el suelo)?

2
LAS VENTANAS

Es importante que las cortinas que elija sean adecuadas a la forma y el tamaño de sus ventanas, tanto cuando estén corridas como descorridas.

Tamaño y forma
¿Tiene usted ventanas con formas extravagantes o diferentes unas de otras y desea armonizarlas? ¿Quiere que una ventana parezca más grande, más pequeña, más corta o más larga? Tenga en cuenta las posibilidades en cuanto a tela y la posición de las guías y las barras.

Abiertas y cerradas
El tejido y la guía que ha elegido para sus cortinas ¿van a dificultar la apertura, el cierre o la limpieza de las ventanas o de las puertas al patio?

Luz y vistas
¿Desea más luz en la habitación para así poder estudiar o leer? ¿Quiere que no entren los rayos del sol para evitar que se decoloren los objetos? ¿Desearía ocultar una vista espantosa? Piense en los diferentes tipos de cortinas y estores que le ayudarán a resolver estas cuestiones.

3
ACCESORIOS DE CORTINAS

La evaluación del estilo de la habitación y la forma de sus ventanas, inevitablemente le lleva a pensar en algo más que un par de cortinas lisas: se imaginará más bien alzapaños, guardamalletas, cenefas, remates festoneados con caídas de tela en cascada en los laterales.

Decídase cuanto antes
Es fundamental decidir, antes de comprar la tela y la sujeción que va a llevar, el tipo de cortinajes que desea, pues de ello depende el tipo de guía que habrá de comprar y la cantidad de tela que necesitará.

Inspiración
Tómese su tiempo antes de decidir. Consulte este libro, las revistas de decoración, fíjese en las casas de sus amigos y vecinos y, mientras tanto, imagine si a su propia habitación le favorecerían quizá unas cortinas más elaboradas. Merece la pena dedicarle tiempo, pues resulta sorprendente que, a veces, un pequeño esfuerzo adicional puede convertir un par de cortinas hechas a mano en un auténtico sueño para un decorador.

4
GUÍA O BARRA

Es recomendable elegir la guía o la barra de las cortinas al mismo tiempo que la tela para así asegurarse de aquellos van a sostener el peso del tejido seleccionado y de que van bien uno con otro. No obstante: NO COMPRE la tela hasta que la barra o la guía estén ya colocadas en la pared o en la ventana. Sólo entonces pueden tomarse medidas exactas.

¿De qué tipo?
Ahora existen multitud de tipos de barras y guías. Diríjase a las tiendas de su barrio y mire también en las revistas para hacerse una idea de lo que hay en el mercado antes de tomar decisiones que pueden resultar caras. Piense en el tipo de cortinas que van a sujetar la barra o la guía: cortinas finas o visillos, cortinas meramente ornamentales, ¿va a querer añadir una guardamalleta?. Asimismo, ¿hay saledizos o curvas a los que haya de adaptarse la guía?; ¿la sujeción va a quedar al descubierto, o va a quedar oculta por la parte superior del cortinaje?; en caso de que quede al descubierto, ¿desea cubrirla con algún tipo de cenefa o guardamalleta?; ¿quiere que las guías lleven cordajes?; ¿y las barras?

Coloque la sujeción con cuidado
Habrá de decidirse sobre la posición de la guía o la barra con respecto a la ventana: por ejemplo, si prefiere que al descorrer las cortinas queden a cierta distancia del marco de la ventana necesitará más tela.

5
LA PARTE SUPERIOR DE LAS CORTINAS

El tejido de las cortinas ha de sujetarse a las guías o barras, y esto suele hacerse mediante una cinta rígida que se cose a la parte superior de las cortinas y que cuenta con unas presillas a través de las cuales se introducen los ganchos

¿De qué tipo?
Existen muchos tipos de cinta, que pueden dar un aspecto u otro a las cortinas. Piense cuál de ellos es el más adecuado para el estilo de sus ventanas: pueden producir desde un simple fruncido hasta plisados en forma de copa.

Cinta de fruncido
Dependiendo del tipo de cinta que elija, necesitará comprar más o menos tejido. Por lo general, cuanto más elaborada es la parte superior de las cortinas, más tela requerirá.

Tipos que hay a la venta
Cinta de fruncido normal
Cinta de pliegues en canutillo
Cinta de triple frunce
Cinta de pliegues tableados
Cinta velcro

6
MEDIDAS

Una vez fijadas la guía o la barra, elegido el estilo de cinta y decidido si desea algún accesorio a juego, puede medir con exactitud y calcular la cantidad de tela que necesita.

La caída
Para medir la caída (o largo) de las cortinas, mida desde el punto a partir del que la cortina va a quedar suspendida hasta donde quiera que llegue en longitud. Deje un margen para los dobladillos superior e inferior.

El ancho
Para medir el ancho, mida la longitud de la barra o de la guía, dejando un margen si cuentan con un brazo para superposición de las cortinas.

La parte superior de las cortinas
Compruebe el ancho del tejido necesario para la parte superior de sus cortinas y multiplíquelo por el largo de la guía.

El tejido
Ahora deberá hacer corresponder estas medidas de ancho y largo con la anchura y el estampado del tejido que haya seleccionado.

7
LA COMPRA DEL TEJIDO

Aunque hayamos colocado el tejido en el último lugar de la lista, no significa que no deba pensar sobre los tipos de tela desde el momento en que decida hacer unas cortinas nuevas. Unicamente lo hemos hecho para que NO COMPRE el tejido hasta que haya estudiado el resto de los aspectos.
Lo mejor que puede hacer es llevarse a casa muestrarios y catálogos de materiales mientras dilucida sobre los pasos 1 a 6. Mire la muestras bajo iluminaciones diferentes y a diversas horas del día. Cóloquelas junto a elementos que ya tenga en su casa para ver el efecto.

El coste
Los estampados grandes que se repiten requerirán probablemente más tela para casar los dibujos al unir costuras.

El color, la textura y el estampado
¿Irá bien con lo que ya hay en la habitación y logrará el efecto deseado?

Detalles prácticos
¿Podrá lavarse si fuera necesario? ¿Necesitará un forro para que no entre la luz o para guardar el calor?

Tejido adicional
Necesario para hacer accesorios a juego o que contrasten, como alzapaños y guardamalletas, y para otros artículos como cojines, ropa de cama, etcétera.

CONSIDERACIONES PREVIAS

CUALQUIERA QUE SEA EL ESTILO de una casa, las ventanas siempre constituyen un foco de atención en una estancia, y cada ventana tiene unas enormes posibilidades en cuanto a su decoración. La forma en que usted viste una ventana trasciende el simple hecho de elegir un tejido que vaya bien con el resto de la habitación y de colgar un sencillo par de cortinas. Dándoles el tratamiento correcto, pueden mejorar o cambiar drásticamente el aspecto incluso de la ventana más insignificante y conferir carácter y distinción al interior de cualquier cuarto.

Las cortinas son la opción natural para vestir una ventana. No sólo proporcionan estampado, color y textura, sino que son valiosas en términos prácticos. Proporcionan privacidad y, si es necesario, hacen de pantalla para tamizar una vista desagradable. Pueden fabricarse de forma que impidan completamente el paso de la luz exterior o que permitan su entrada de forma controlada. Y, sobre todo, unas cortinas bien forradas son excelentes como aislantes, ya que evitan la entrada de frío y la salida de calor. Unas cortinas apropiadas pueden hacer resaltar algún rasgo de una ventana o vestir otra que no tenga nada de particular. Y pueden mejorar visualmente las proporciones de una habitación de formas extravagantes y transformar la apariencia del exterior más aburrido.

Desde luego, no existen reglas fijas ni rápidas. Lo que cuenta en última instancia son sus gustos personales. Pero no se apresure al tomar una decisión que pueda llegar a lamentar. Recuerde que las modas pasan, en la decoración como en cualquier otro campo, mientras que con la opción por la que se decida finalmente va a tener que convivir probablemente durante mucho tiempo.

▲ *Los alzapaños, la cenefa y los tejidos combinados entre sí hacen de la ventana un foco de atención sumamente interesante.*

La elección de un estilo

Ya que las cortinas pueden causar un gran impacto en una habitación, es fundamental escoger el estilo adecuado al entorno. Existe una amplia variedad de posibilidades entre las que elegir, pero tanto el estilo como el tejido deberán siempre guardar relación con el tamaño, la forma y el estilo arquitectónico de la ventana.

Por ejemplo, las ventanas grandes que ocupan toda una pared en una casa urbana elegante requieren estar profusamente decoradas, con un tejido que caiga en lujosos pliegues y adornadas en la parte superior. Sin embargo, este tratamiento grandioso resultaría totalmente inadecuado para las ventanas pequeñas de una casa de estilo rústico, para las cuales habría que considerar un tratamiento ligero, en algodón crespo y con una escala en disminución para los estampados, con lo que se conseguiría un conjunto completamente diferente.

Del mismo modo, a la hora de vestir ventanas debe tenerse en cuenta qué uso se va a dar a la habitación y quiénes la van a usar. Las cortinas con volantes, que estarían fuera de lugar en un estudio o en el dormitorio de un muchacho, pueden ser muy apropiadas para un baño de estilo femenino. Las telas caras que caen en amplios pliegues sobre el suelo pueden ser el toque perfecto para una casa habitada por una persona sola, pero pueden resultar una pesadilla en un cuarto de estar familiar.

Consideraciones prácticas

Las características de una habitación imponen sus propias limitaciones, entre las cuales son frecuentes los radiadores situados bajo las ventanas. Aquí, de nuevo, el gusto personal tiene la última palabra. Aunque lo más práctico sería poner cortinas cortas que no impidan el flujo de calor que sale del radiador, no hay motivo para no colocar unas cortinas hasta el suelo si ése es su deseo. En tal caso, lo mejor sería, no obstante, limitarse a tejidos ligeros y descartar los forros.

Un factor que no puede olvidarse, desde luego, es el presupuesto. Incluso cuando uno se hace sus propias cortinas, hay que pagar por la tela, el forro y la cinta de fruncido. Por regla general, la mayoría de las cortinas necesitan al menos el doble del ancho de la ventana para el vuelo, y no merece la pena escatimar en este punto, pues sólo conduciría a que el resultado fuera decepcionante. Si necesita ahorrar, es mejor optar por un tejido más económico antes que reducir su cantidad. Busque ofertas durante la época de rebajas, o estampados discontinuos, que suelen venderlos más baratos los fabricantes especializados. Es posible, asimismo, que si usa telas lisas en lugar de estampadas puedan resultarle menos costosas, lo que le permitirá invertir en adornos más lujosos que les darán el toque de «diseño». La abundancia de pliegues, aun en los tejidos más baratos —incluyendo el material para forros— consigue un efecto formidable, en especial cuando se realza con cenefas, guardamalletas o remates festoneados con caídas en cascada de la tela en los laterales.

▲ *Los festones con caídas laterales hacen que el efecto que causa una ventana resulte espectacular.*

▲ *Las cortinas con pliegues que caen sobre el suelo pueden resultar maravillosas, pero no siempre son prácticas.*

TIPOS DE VENTANAS

TANTO SI USTED VA A DECORAR una habitación desde cero como si va a cambiar únicamente las cortinas, coviene mirar las ventanas con ojos nuevos, dejando a un lado cualquier idea preconcebida. A veces, las ventanas de una casa son más o menos uniformes en cuanto a tamaño y forma, aunque no suele ser lo común. Cuando en una habitación haya varias ventanas de formas diferentes, el tratamiento ha de ser de conjunto para poder crear un efecto uniforme. Si se trata de una ventana con alguna característica propia interesante, o ante la cual se extiende una hermosa vista, intente realzar esos rasgos. Por el contrario, si la vista no es muy agradable o hace que el interior quede demasiado expuesto a las miradas ajenas, necesitará algo más que un simple par de cortinas.

Ventanas saledizas

Constituyen siempre un rasgo dominante, por lo que las cortinas necesitan una cuidada planificación para evitar errores costosos. Antes de decidirse por el ancho y el largo de las cortinas, tenga en cuenta que un exceso de tela hará que ésta se amontone a los lados cuando las cortinas estén abiertas, mientras que si pone poca tela la sensación será de escasez.

Las ventanas saledizas altas pueden llevar pares independientes de cortinas enteras, con alzapaños entre las ventanas y con una galería corrida que unifique el conjunto. Cuando descorra las cortinas, las dos que flanquean la ventana central parecerán dos elegantes columnas de tela que definirán los ángulos del saliente.

Cuando el saliente es pequeño o en forma arqueada, puede tratar las ventanas como si fueran una sola, con un par de cortinas en ambos extremos. Un modo de reducir el coste de poner cortinas en una ventana saledizas consiste en colocar entre una y otra ventana y en los extremos unas caídas meramente ornamentales de un solo ancho que estén permanentemente sujetas a los lados, cubriendo las ventanas en sí con unos estores que puedan bajarse por la noche.

Cortinas

Ventanas panorámicas

Las puertas que dan a un patio y las grandes ventanas panorámicas, con la profusión de cristal que les es característica, pueden a veces parecer y dar la sensación de frío, así como resultar profundamente inhóspitas por la noche. El problema del frío ayudarán a resolverlo el forro y la entretela que, si son enteras de manera que cubren toda la pared, atraerán la vista de una forma espectacular. Cuelgue las cortinas de una barra o guía vistosa, dejando espacio suficiente para poder abrirlas y cerrarlas sin incomodar la apertura de las hojas. Con tal profusión de tejido, una guía sólida con un mecanismo de tracción por cordajes resultará fundamental para mantener y proteger el aspecto de las cortinas.

◀ *Una puerta que da a un patio pero que no se utiliza permite una amplia variedad de tratamientos que serían impensables para una puerta que está en permanente uso.*

Ventanas horizontales

Típicas de las casas modernas, estas ventanas cortas y anchas pueden mejorar en aspecto si se visten de manera que se salgan de lo corriente. La colocación exacta de la guía o de la barra, a un nivel más alto del habitual, puede ayudar a corregir unas proporciones no muy afortunadas. La tela deber usarse en cantidad abundante y, a ser posible, con una longitud hasta el suelo, excepto si el alféizar es profundo o si hay un radiador debajo.

Estas ventanas están algunas veces muy altas para alcanzarlas con facilidad, en cuyo caso la mejor solución suele ser poner unas cortinas finas o visillos que permanezcan siempre fijos. Por el contrario, si necesita cortinas que puedan abrirse completamente, emplee una guía con un mecanismo de cordajes y deje éstos con una longitud mayor de la necesaria para poder, así, accionarlos desde el suelo, sujetándolos con una abrazadera cuando las cortinas estén cerradas.

Ventanas de bisagra

Estas ventanas de doble hoja, que suelen abrir hacia afuera y que cuentan con bisagras a ambos lados, son corrientes en las casas antiguas. Si el hueco de la ventana es profundo, las cortinas pueden colocarse en una guía fijada en el interior del hueco. No obstante, si prefiere unas cortinas hasta el suelo o que cuelguen justo por debajo del hueco, puede fijar la guía o la barra en la pared por encima de la ventana.

Las ventanas de bisagra se presentan en ocasiones en grupos de dos, tres o cuatro, en cuyo caso la guía o la barra puede correr por todo lo largo sobre las mismas.

35

Pares de ventanas

Independientemente de su disposición —puede tratarse de dos ventanas bien proporcionadas y contiguas o bien de tamaños diferentes e, incluso, situadas a ambos lados de una esquina— la mejor solución suele ser considerarlos como ventana única.

Pares de ventanas desiguales y en esquina

Cuando dos ventanas adyacentes difieren en tamaño, puede engañarse al ojo tratándolas como si fueran una sola. Sitúe la guía o la barra sobre ambas ventanas en el punto más alto y emplee cortinas enteras para compensar las irregularidades de la profundidad de las ventanas.

Dos ventanas situadas a ambos lados de una esquina, con un espacio reducido entre ambas, pueden resultar un foco de atención interesante si se tratan como una unidad. En tal caso necesitará o bien usar una guía lo suficientemente flexible como para curvarse sobre el ángulo de la esquina, o bien un par fijo de barras encajadas en ángulo recto con soportes de sujeción a ambos lados de la pared común y también en los extremos.

Pares de ventanas idénticas

La mejor forma de tratar dos ventanas de igual tamaño y próximas entre sí es mediante un par de cortinas enteras, coronadas por una guardamalleta o una cenefa amplia. Si las ventanas no son muy altas, deje una distancia considerable entre la galería y el marco de la ventana para dar así sensación de altura; si son estrechas, amplíe la longitud de la guía de manera que cuando estén abiertas las cortinas queden sobre las paredes de los lados exteriores de las ventanas, más que sobre las ventanas mismas.

En un par de ventanas iguales con un espacio intermedio amplio entre ambas, puede dar un sentido de uniformidad introduciendo una tercera cortina que cubra ese espacio durante el día. Por la noche, la cortina central puede cerrarse en ambas direcciones hasta encontrarse con las laterales, dando un aspecto de abundancia de tela.

◄ *Proporcione equilibrio y armonía entre dos ventanas idénticas haciendo resaltar el espacio de muro que hay entre ellas.*

Ventanas abuhardilladas

Este tipo de ventana, encajada en un espacio que resulta de la prolongación del tejado, requiere un tratamiento especial, ya que no suele poder albergar unas cortinas convencionales. Una solución consiste en sujetar una única cortina en el mismo marco de la ventana, de manera que permanezca sobre la misma mientras ésta esté abierta. No cabe duda de que el tejido debe ser lo suficientemente fino como para que deje pasar la luz y se confeccionará con sendas jaretas en la parte superior e inferior, por las que se introducirán dos gusanillos elásticos que se enganchen al marco de la ventana. También puede usar un velcro con la parte de los «ganchos» fijada al marco de la ventana.

Cuando el abuhardillado es especialmente profundo y la ventana se abre hacia fuera, la cortina puede colgarse de una varilla con bisagra. Eso permitirá que la cortina permanezca junto al muro lateral durante el día y, girando la varilla sobre sus goznes, que quede sobre el cristal por la noche. Como los dos lados de la cortina quedan expuestos a la vista, necesitará el doble de tela y ocultar, además, todas las costuras para que quede completamente reversible.

Claraboyas

Muchas ventanas situadas en la parte superior de una casa o en una nueva extensión que se haya hecho de la misma, están colocadas en el tejado o en la parte alta del muro, cuando no están en pendiente, lo que añade más problemas a la hora de ponerles unas cortinas. Una solución consiste en colocar unas cortinas finas o unos visillos (que, en lugar de ocultar, filtren la luz) directamente en el marco de la ventana, sujetos por varillas, alambres o cintas de velcro con «ganchos» y «bucles» en la parte superior y en la inferior, como ya se recomendó en las ventanas con bisagra. En algunos casos, es posible colgar cortinas enteras de una barra fijada al techo que haya sobre la ventana y mantenerlas sujetas con una segunda barra situada debajo de la ventana, en el ángulo donde se encuentran el techo y la pared.

Ventanas de guillotina

Las ventanas de guillotina, de estilo georgiano, resultan atractivas por sí mismas, por lo que las cortinas requieren un tratamiento que realce las elegantes proporciones de estas ventanas. Las cortinas hasta el suelo son las más adecuadas, montadas de manera que queden fuera del marco tanto en los laterales como en la parte superior, o bien con guías o barras. Pero cuando cuenten con un alféizar profundo o cuando tengan debajo un radiador, las cortinas cortas serán la única opción.

▶ *Unas cortinas que lleguen hasta el suelo son la solución ideal para las ventanas de guillotina y añaden color a unas paredes lisas.*

Ventanas en arco y redondas

Puertas y ventanas

Otra disposición problemática es la de una puerta vidriada flanqueada por un par de pequeñas ventanas. La solución aquí consiste en colocar cortinas desde el techo hasta el suelo, con una guía cuya longitud permita descorrer con holgura las cortinas y dejarlas a ambos lados de la puerta durante el día para que no entorpezcan su apertura o cierre. Si la guía se coloca suficientemente alta, puede añadir una guardamalleta lisa o con volantes a todo lo largo del borde para darle un aspecto coordinado al conjunto.

Las cortinas para ventanas arqueadas deben diseñarse de manera que su bello perfil quede realzado en vez de oculto. La opción más sencilla es colgar cortinas, hasta el alféizar o hasta el suelo, desde una barra o guía convencionales con la suficiente longitud y colocadas a la suficiente altura como para evitar, ante todo, que las cortinas eclipsen el marco.

▶ *Las ventanas redondas pueden enmarcarse con estilo mediante cortinas y cenefas.*

GUÍAS Y BARRAS

Para cuando haya decidido el estilo apropiado de sus cortinas, ya se habrá formado una idea del método con que las colgará. Aunque las opciones básicamente están entre guías o barras, existen tantas variedades de ambas que merece la pena dedicar algún tiempo a estudiar todas sus posibilidades antes de decidirse por unas o por otras.

Tal vez, la consideración más importante sea si el tipo que usted elija será lo suficientemente fuerte para soportar el peso de las cortinas —muchos fabricantes publican folletos con información al respecto, y no estaría de más acudir a ellos en busca de asesoramiento—. Las tiendas especializadas y numerosos grandes almacenes poseen una amplia (y continuamente actualizada) selección de guías, barras y accesorios, y deberían contar con personal especializado que desee compartir sus conocimientos con usted. Si no es así, ¡vaya a comprar a otro sitio!

Sus preferencias por una guía o una barra estarán en función, en gran medida, del aspecto general que tenga la habitación. Las barras constituyen elementos decorativos por sí mismas, mientras que muchas guías están diseñadas para pasar a un insignificante segundo plano. Para colgar accesorios decorativos, como cenefas y guardamalletas, necesitará usar guías. Una barra es muy apropiada para dar un aspecto informal a un drapeado: basta con arrojar un largo de tela por encima de la barra y que caiga en cascada por los laterales.

Hace años, el inconveniente de usar barra era que las cortinas no podían abrirse y cerrarse fácilmente, en especial cuando las ventanas eran altas. Sin embargo, con la aparición de las barras con correderas y con un mecanismo de tracción que queda oculto, se ha incrementado considerablemente su eficacia así como sus posibilidades decorativas.

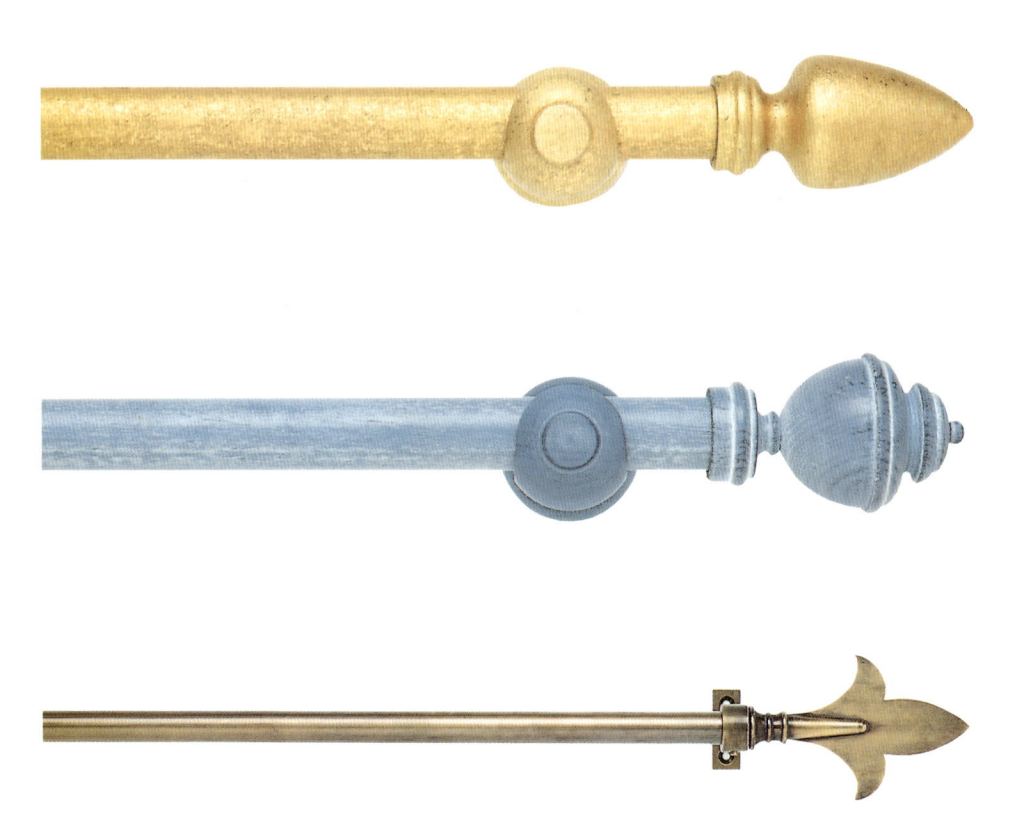

Guías de cortinas

Si piensa en cuántas veces van a abrirse y cerrarse sus cortinas durante toda su vida útil, se dará cuenta de la importancia de comprar guías y elementos de ajuste bien hechos y que garanticen su perfecto funcionamiento. Casi todas las guías son de plástico flexible y ligero, su precio es económico y no resultan ruidosas. Existen diferentes modelos y hay incluso guías «universales», pero suele ser mejor comprar una específicamente diseñada para el tratamiento que usted tenga en mente. Una guía sencilla y barata es apropiada para cortinas sin forrar o con un forro simple; sin embargo, para ventanas grandes y cortinas pesadas necesitará una guía de plástico o metal más resistente que le ofrezca cierta garantía.

Las guías suelen adquirirse en unos largos determinados (que pueden cortarse a medida), aunque las hay también extensibles, lo que permite ajustarlas al tamaño exacto según se están colocando. La mayoría se vende en un juego que incluye todos los accesorios; pero si usted desea comprarlas por separado, probablemente necesitará un gancho y una corredera por cada 10 cm de ancho de cortina, más otro centímetro para el borde.

Como el fin principal de la guía es ofrecer apoyo, se debe prestar igual atención al método con que se fija a la pared: algunas son más fáciles de instalar que otras, si bien todas ellas van acompañadas de instrucciones detalladas de instalación. La casi totalidad de las guías, aunque no todas, puede montarse tanto en el techo como en la pared: cerciórese antes de comprarla.

Los tipos principales son:

Guías con correderas

Las guías con correderas (o anillas deslizantes), que se introducen en una ranura en la parte posterior de la guía, son las más comúnmente usadas para todo tipo de cortinas.

◀ *Las barras —perfectas para festones, cortinas estilo café y cortinas meramente ornamentales— se encuentran en cualquier tamaño y forma. Escoja una que combine con los colores del tejido de la cortina y cuyos remates se hagan eco del estilo general de la habitación.*

Guías invisibles

Las guías ultrafinas se utilizan cuando lo que se busca es la máxima discreción: por ejemplo, cuando la guía va instalada en la cara interior del marco de una ventana. Son adecuadas para cortinas ligeras, pueden montarse en el techo o en la pared y se adaptan a superficies curvas.

Guías visibles

Si la guía va a estar a la vista (es decir, si no va a cubrirse con una cenefa o con una guardamalleta) escoja una que sea discreta o que pueda decorarse para hacer juego con el conjunto de la habitación, ya sea con la pintura, con el papel pintado o con los tejidos. Otra posibilidad se basa en las guías decorativas (por ejemplo, con un acabado dorado, plateado o metálico, con remates a juego) en armonía con el estilo de cortinajes y complemento a su decoración.

Cortinas

Guías para ventanas saledizas

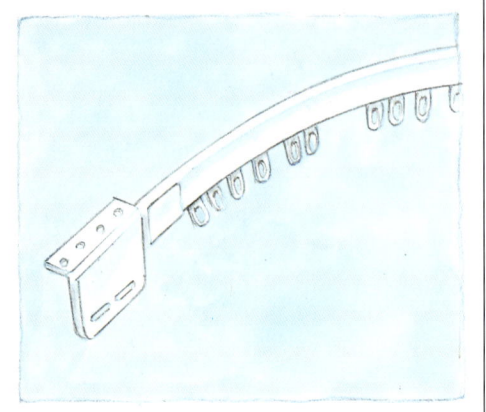

Para las ventanas en saledizo necesitará una guía lo suficientemente flexible para que pueda combarse hasta quedar ajustada a la curva, lo cual es posible con la mayor parte de las mismas. Si la guía está templada se hace más fácil su combadura, por lo que se recomienda mantenerla a temperatura ambiente antes de comenzar. No obstante, algunas son ligeramente más rígidas que otras y no pueden combarse tan ajustadamente, por lo que pueden no ser adecuadas para un saledizo en ángulo recto. Así pues, consulte los folletos de los fabricantes para asesorarse sobre la opción que más le convenga.

Para cortinas largas y muy pesadas necesitará una guía metálica lo suficientemente fuerte como para soportar su peso. La mayoría de las guías metálicas que hay a la venta pueden también combarse manualmente, pero hay unas cuantas —suelen ser las que usan los diseñadores profesionales— a las que ha de «ajustar a la medida» el propio vendedor.

Cordajes y brazos de superposición

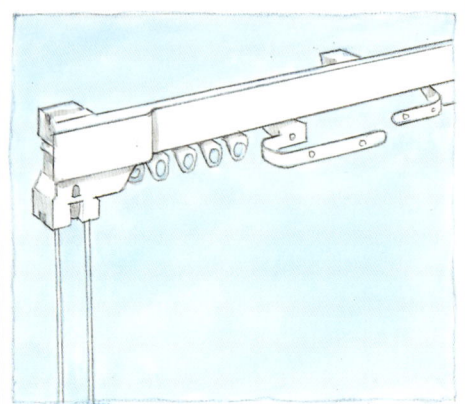

Cuando la cantidad de tela que ha de deslizarse por una ventana de grandes dimensiones o en saledizo es grande o cuando es difícil llegar a las cortinas, merece la pena invertir el dinero en una guía con un sistema de tracción completo por cordajes. Estas guías, que se venden ya montadas con todas las cuerdas en su sitio y con brazos superpuestos cuando las cortinas se juntan en el centro de la ventana, ayudan a mejorar la «caída» de las cortinas, a mantener su forma y a protegerlas del uso diario y del desgaste. Y ya que las cortinas se superponen, más que coincidir, es fundamental calcular un poco más de ancho cuando se mide la tela.

Aunque estas guías son más caras, compensa hacer ese gasto adicional, en especial si se trata de tejidos delicados o con pelillo, que se estropearían con el roce frecuente. No obstante, algunas guías con cordajes son sólo adecuadas para recorridos rectos. No se olvide de comprobarlo antes de hacer su compra.

Si usted ya posee una guía, es posible comprar un juego de cordajes, que suele incluir brazos superpuestos para enganchar; pero, por lo general, dan peor resultado que las que vienen ya montadas.

Guías con doble guardamalleta

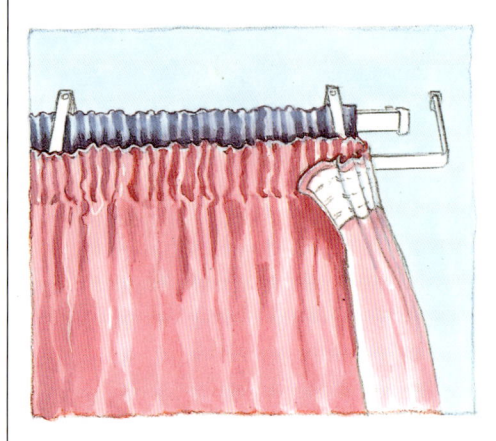

Con el nuevo auge experimentado por las guardamalletas como tratamiento decorativo de la parte superior de las cortinas, es fácil encontrar ahora una combinación de guía y riel para dobles guardamalletas. El riel se acopla a la guía con enlaces extensibles y viene ya con enganches que permiten que la guardamalleta quede firmemente sujeta en su sitio, aunque sin dificultar su retirada cuando haya que desmontarla para su limpieza. También puede, por supuesto, utilizar una guía ya colocada y poner una balda sobre la misma donde vaya la guardamalleta; de hecho, éste es el único modo de soportar una galería más rígida.

▶ *Si tiene una ventana saledizo, opte por una guía flexible que se combe para adaptarse a la curva.*

▶ *Para una ventana metida en un hueco muy profundo (página siguiente, a la derecha), una cortina fija a ambos lados dentro del hueco elimina la necesidad de una guía flexible.*

Cortinas

Guías para visillos o cortinas finas

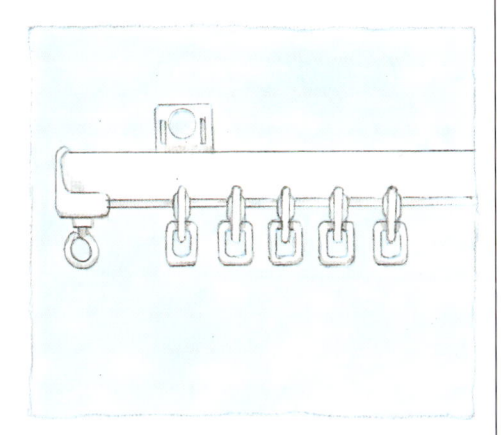

Cuando se utilicen visillos o cortinas sin ningún otro tipo de cortinaje, existen diversas posibilidades: desde el gusanillo forrado, las guías para poco peso o las varillas de tracción con brida. En todas ellas pueden colgarse cortinillas sin soportes de pared. Si se emplean dentro del marco de la ventana, se extienden hasta engancharse a los lados.

Guías de varios niveles

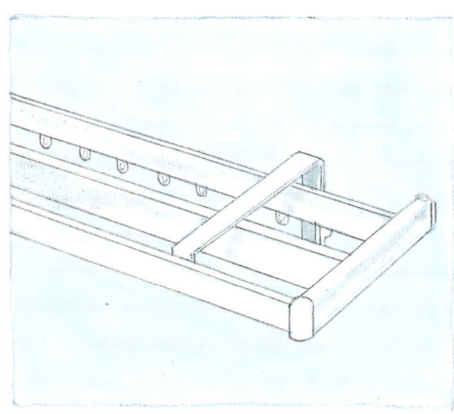

Si está pensando en ponerle a su ventana «varias capas» de cortinas, guardamalleta y visillos, por ejemplo, puede comprar un sistema que incluye tres o cuatro filas con guías individuales para cada una de ellas.

Tiradores de cortina

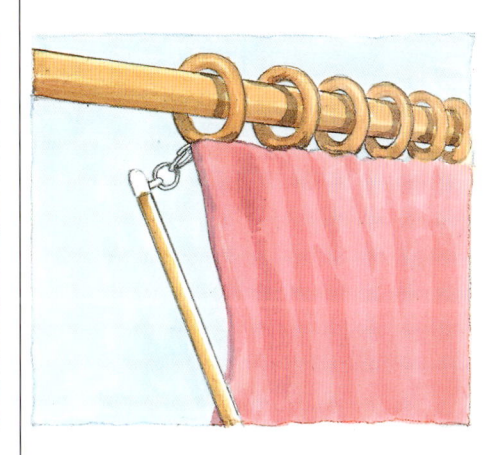

Si no dispone de un juego de cordajes, también es posible colocar tiradores en las correderas guía del centro de la ventana y utilizarlas como sistema de tracción. Fabricados en madera o metal, los tiradores quedan ocultos tras el borde de la cortina.

Barras de cortinas

Si su estilo decorativo requiere una barra, cuenta con una amplia selección de tamaños y estilos. Las encontrará tanto en madera —natural, coloreada, barnizada o pintada— como con un acabado metálico —latón, hierro y acero—, y suelen incluir soportes para su fijación al muro así como un número de anillas acorde con la longitud de la barra que se adquiera. Si las cortinas llevan en la parte superior una jareta o «canal» por donde se inserta la barra, no necesitará, evidentemente, anillas. Los remates de los extremos completan el efecto decorativo de las barras de cortina, y sus diseños varían desde simples pomos esféricos hasta aquellos que tienen forma de bellota, piña o flor de lis.

Los soportes de pared más comunes para barras de cortina permiten que ésta se coloque a una distancia de 9 cm de la pared, un factor importante cuando es preciso dejar espacio para un radiador o para el alféizar. Sin embargo, también puede encontrar soportes de menor longitud que permiten colgar una barra, sin remates decorativos, dentro del marco de una ventana. Es esencial emplear el número exacto de soportes en función de la longitud de la barra: si emplea pocos, corre el riesgo de que la barra se doble por el peso de las cortinas.

Barras comunes

Las barras pueden adquirirse en numerosos anchos: su diámetro varía entre 25 mm y 35 mm, y la elección debe depender del peso de las cortinas que vayan a sostener. Los largos son igualmente numerosos: si no encuentra el que usted necesita, pueden cortarse a medida (excepto los de latón macizo), y algunos incluyen un mecanismo extensible que permite ajustar la barra al tamaño exacto deseado según se está colocando.

Las barras antes sólo se encontraban rectas, pero ahora puede comprar conexiones para unir dos barras de cortinas situadas a ambos lados de una esquina.

Minibarras

Diseñadas especialmente para cortinas de tipo café, estas barras tienen un diámetro de entre 12 mm y 19 mm. Se venden tanto en latón como en madera barnizada e incluyen anillas o pinzas (que se prenden a la parte superior de la cortina) que hacen innecesarios los ganchos.

Barras para jaretas

Las barras más comunes pueden emplearse para cortinajes que llevan en la parte superior una jareta por la que se inserta la barra y la cortina se dispone de manera que el efecto sea el de los ruches. De este modo puede conseguir fácil y rápidamente elegantes guardamalletas, cortinas estáticas e incluso remates festoneados con caídas de tela en cascada en los laterales.

Cortinas

Barra con cordajes

Cuando resulte importante contar con un mecanismo de tracción por cordajes, las barras que van provistas de él tienen un aspecto similar a las tradicionales, pero llevan unas medias anillas (sólo decorativas) y correderas ocultas en la parte posterior. Estas barras, al ser extensibles, ofrecen mayores posibilidades de colgar cortinajes más amplios.

Las barras con cordajes pueden usarse en conjunción con guías cuando se desee un efecto de múltiples niveles.

▶ *Coloque una cortina con tirantes en la parte superior en una barra que combine con el papel y que contraste con la tela de las cortinas.*

Colocación

Cuando vaya a comprar una guía o una barra, no olvide contar con la longitud suficiente para conseguir que las cortinas puedan abrirse hasta quedar completamente en los laterales de la ventana, de forma que permitan que entre el máximo de luz diurna. La distancia depende del ancho y del tipo de tejido que se use, pero, siempre que sea posible, las guías y las barras sobrepasarán el borde de la ventana entre 20 cm y 45 cm aproximadamente.

Cuando decida dónde va a colocar la guía, tenga en cuenta los comentarios del apartado «Consideraciones previas», ya que si, por ejemplo, desea mejorar las proporciones de su ventana, la colocación de la guía a más o menos altura sobre el marco puede afectar considerablemente el aspecto de una ventana que sea o muy corta o muy alta.

Todo el dispositivo de barras o guías deberá estar colocado antes de empezar a medir el tejido.

La pared situada encima de la ventana

Es generalmente en esta pared donde suele colocarse la barra o la guía de una cortina. La dificultad o facilidad de llevarlo a cabo depende de si hay o no un dintel de hormigón en ese tramo. Una solución consiste en poner una tabla de madera donde colocar la guía o la barra, pero recuerde que resaltará ligeramente y se hará visible cuando las cortinas se abran. Si ha optado por una guía, puede clavar una hembrilla en el extremo de la tabla próximo al muro, de manera que introduzca en él el último gancho de la cortina, ocultando así la «vuelta» de los laterales.

Cuando la ventana llega hasta el techo

En este caso no le queda otra alternativa que usar una guía específica para ese propósito o una barra con unos soportes especialmente adaptados que permitan fijarla al techo. Cerciórese bien de que el dispositivo queda fijado al techo, en especial cuando vaya a poner cortinas pesadas. Es fundamental que los tornillos se inserten directamente en las viguetas, con tacos de cartón—yeso, o en las vigas de madera si vive en una casa moderna con este tipo de estructura.

AJUSTE DE LA GUÍA O DE LA BARRA

El ajuste en sí dependerá del fabricante, de forma que siga atentamente las instrucciones que suelen acompañarlas.

Cortinas

Cuando el hueco de la ventana es profundo

En este caso puede montar una guía con la parte superior fija o una barra con soportes rebajados. De nuevo aquí puede enfrentarse con el problema de tener que hacer taladros en hormigón, lo que hará inevitable colocar una tabla.

▲ *Las barras son una solución con estilo para las cortinas colgadas encima del marco de la ventana.*

El marco de la ventana

Para cortinas que necesitan estar próximas a la ventana (los visillos, por ejemplo) pueden fijarse al mismo marco, sin ningún riesgo, guías o barras ligeras. Pero con cualquier otra guía no es recomendable esta posición, ya que se correría el riesgo de dañar la madera con los tornillos de fijación.

▲ *Las cortinas que penden del techo constituyen el marco final de una ventana.*

La parte superior de las cortinas

Antes de calcular y comprar la tela para sus cortinas, es necesario decidir cómo quiere que sea la parte superior de las mismas. Existe ahora una amplia gama de cintas de fruncido que dan lugar a variados efectos decorativos, desde simples frunces a plisados más formales, incluso en nido de abeja. Sus posibilidades dependerán del efecto que usted quiera conseguir y, en cierta medida, de su presupuesto. Algunas cintas de fruncido precisan más vuelo en la tela que otras, por lo que es fundamental decidirse por un tipo de cinta determinado antes de comprar el tejido.

Las cintas de fruncido más comunes consisten en tiras estrechas de tejido rígido, generalmente de color blanco o crema, que se venden por metros. Poseen unas ranuras que albergan los ganchos de la cortina, que a su vez se introducen en las correderas de la guía, lo que facilita su retirada para el lavado o la limpieza en seco. Para las cortinas fijas o guardamalletas, acuda a las cintas de velcro, que no precisan de ganchos ni de anillas.

La mayoría de las cintas están atravesadas en sentido longitudinal por cordones que forman automáticamente frunces o tablas al tirar de ellos, adaptándose al ancho necesario. Existe también otro tipo de cinta, llamada de pliegues triples, en la cual los ganchos, más que los cordones, son los que forman los pliegues y dan un aspecto puntiagudo muy profesional.

Algunas de las cintas más elaboradas cuentan con más de una fila de ranuras, permitiendo así el ajuste de la altura de la cortina según la fila donde se introduzcan los ganchos. Si se usa una barra, se utilizará para los ganchos la fila superior de ranuras para así dejarla a la vista, mientras que con una guía, los ganchos se introducen en la fila inferior para que quede oculta cuando se abran las cortinas.

Antes de calcular la tela precisa, es necesario decidir qué fila de ranuras va a utilizar e incluir este punto en sus cálculos. El margen que se deja para el dobladillo superior será mayor si va a utilizar la fila inferior de ranuras. Lo que mida la cinta por encima del gancho más unos centímetros para el remate superior es la medida que se tendrá en cuenta.

La mayoría de los fabricantes de tejidos de cortinas cuentan con una amplia selección de cintas entre las que poder elegir, y ellos le asesorarán y le proporcionarán catálogos con directrices para la utilización de sus productos. Asegúrese de acudir a ellos antes de hacer el cálculo de la tela.

◀ *Los botones forrados en el mismo color, o en uno que combine con el conjunto, son un detalle que añade atractivo en muchos artículos y pueden coserse en la parte inferior de un frunce de copa o de cualquier plisado, dándole un toque especial.*

Cinta fruncida común

Es adecuada para usarla con cortinas de poco peso colgadas de una guía o en los casos en que va a quedar oculta por una guardamalleta o una cenefa. La más barata mide aproximadamente 2,5 cm de ancho y suele estar colocada de manera que no queda mucho espacio entre su borde superior y el extremo superior del tejido, para formar así un fruncido cuando se tira de los cordones. Cuando se requiere un volante mayor, emplee un endurecedor en el planchado para que no quede fláccido el volante; de cualquier forma, es una buena idea en general, pues da más cuerpo a los tejidos o visillos.

- Filas de ranuras para ganchos: 1
- Ancho que ha de tener el tejido: entre 1,5 y 2 veces la longitud de la guía.
- Distancia entre la parte superior de la cinta y el extremo superior de la cortina: 2,5 cm.

◀ *Unos elegantes pliegues triples forman la parte superior de la cortina, colgada mediante anillas a una barra.*

Cinta de pliegues en canutillo

Es un tipo de cinta muy versátil, que suele favorecer a casi todos los tipos de cortinas y que se encuentra en numerosos anchos. Los pliegues que se forman al tirar de los cordones son uniformes, dispuestos a distancias regulares. El tipo estándar de estas cintas puede emplearse con cualquier clase de guía o barra. El vuelo que se necesita para el tejido estará en función del tipo de tejido empleado: cuanto más fino sea éste, más vuelo se necesitará. Puede adquirirse, asimismo, una minicinta de pliegues en canutillo, apropiada para tejidos finos, y otra especial para visillos.

- Filas de ranuras para ganchos: 2 (la estándar); 1 (la mini)
- Ancho que ha de tener el tejido: entre 2,25 y 2,50 veces la longitud de la guía.
- Distancia entre la parte superior de la cinta y el extremo superior de la cortina: 3 mm.

Cinta de pliegue triple

Este tipo de cinta da lugar a grupos de pliegues en abanico con espacios entre ellos. Los pliegues se forman automáticamente al tirar de los cordones e insertar unos ganchos especiales que los mantienen firmemente sujetos en su sitio. Es más rígida que otras cintas y confiere un aspecto elegante y esbelto muy apropiado para cortinas forradas, aunque es igualmente favorecedora en algodones y tejidos de peso medio—alto.

Debido a que no puede alterarse la posición de los pliegues y de los espacios intermedios, es necesario colocar con exactitud la cinta, para asegurarse de que se adapta a lo largo de toda la cortina, consiguiendo un efecto de continuidad cuando las cortinas estén cerradas.

Cuando, al cerrarse, dos cortinas se encuentren en el centro, comience siempre a poner la cinta por el borde guía de la cortina, que quedará en el centro de la ventana, empezando por la mitad de un grupo de pliegues, lo que le dará un margen de medio espacio en cada extremo. Cuando haya un brazo de superposición, bastará con un espacio completo en cada cortina.

- Filas de ranuras para ganchos: 2
- Ancho que ha de tener el tejido: 2 veces la longitud de la guía.
- Distancia entre la parte superior de la cinta y el extremo superior de la cortina: 3 mm.

Cinta de pliegues tableados

Es adecuada para cualquier tipo de cortina, en particular, las pesadas y las forradas. En ella, el tejido forma pliegues limpios y regulares. Viene muy bien para cortinas fijas de adorno o para las que acompañan a una guardamalleta, en cuyo caso la fila superior de ranuras para ganchos se usaría para la guardamalleta y la inferior para las cortinas.
- Filas de ranuras para ganchos: 2
- Ancho que ha de tener el tejido: 3 veces la longitud de la guía.
- Distancia entre la parte superior de la cinta y el extremo superior de la cortina: 3 mm.

Cinta de pliegues triples sin cordones

Es una cinta ancha con ranuras largas y estrechas repartidas a intervalos a lo largo de la cinta, y con unos orificios en la parte inferior. En lugar de cordones, aquí se usan unos ganchos de púas largas con los que se fijan los pliegues (al insertar las púas en las ranuras, pueden hacerse pliegues sencillos, dobles o triples). Esta cinta permite tener una cortina «a la medida», según la longitud exacta de la guía, ya que la cantidad de tela de cada pliegue y de los espacios intermedios puede ajustarse.

Al usar esta cinta es importante calcular la distancia aproximada hasta dónde se desea que el tejido se pliegue, para lo cual debe seguir las instrucciones del fabricante al respecto. Un buen truco consiste en plegar la cinta antes de colocarla sobre la cortina y engancharla a la guía o a la barra para ver el efecto. Coloque el primer gancho de manera que se forme un pliegue sencillo en cada uno de los extremos laterales y reparta el resto de forma regular, procurando que case el dibujo en el centro de un par (véase más arriba).
- Filas de ranuras para ganchos: (véase más arriba).
- Ancho que ha de tener el tejido: entre 2,25 y 2,50 veces la longitud de la guía.
- Distancia entre la parte superior de la cinta y el extremo superior de la cortina: 3 mm.

Cinta con pliegues acanalados y de copa

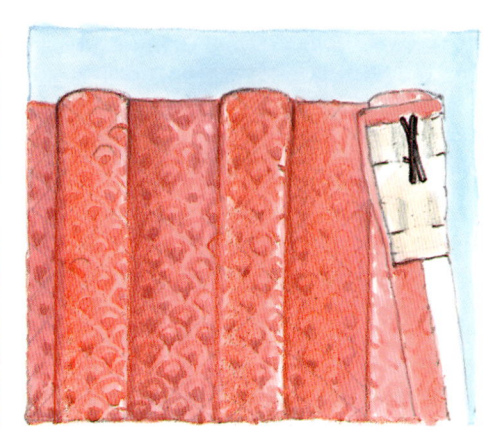

Ésta es una cinta ancha (hasta 9 cm) que produce pliegues en forma cilíndrica y es especialmente adecuada para cortinas pesadas y forradas que lleguen hasta el suelo. Al caer las cortinas en pliegues regulares más que en frunces, es un buen acompañamiento para las guardamalletas. Unos ganchos especiales afianzan firmemente los pliegues y la adición de un trocito de relleno o tisú en los orificios donde se forman los pliegues acentúa aún más su silueta sólidamente redondeada.

Los pliegues en forma de copa pueden formarse con esta misma cinta (aunque actualmente existe una específica), dando unas cuantas puntadas a mano en la base de cada pliegue.
- Filas de ranuras para ganchos: 2
- Ancho que ha de tener el tejido: 2 veces la longitud de la guía.
- Distancia entre la parte superior de la cinta y el extremo superior de la cortina: 3 mm.

Cortinas

Cinta de velcro

Las cintas de velcro pueden utilizarse para fijar simples guardamalletas de frunces, visillos y cortinas para ventanas de formas extravagantes. Parecida a la cinta convencional, con cordones del los que se tira para formar los frunces, cuentan con una parte posterior con «bucles», la cual se engancha a la parte con «ganchos» colocada en la guía, la tabla o, en el caso de los visillos, en el marco de la ventana. La parte que se engancha es autoadhesiva.

• Ancho que ha de tener el tejido: entre 2 y 3 veces la longitud de la guía (dependiendo de la cinta que se emplee y cómo se use).

• Distancia entre la parte superior de la cinta y el extremo superior de la cortina: 3 mm.

▶ *Las cortinas en las que la barra va insertada en una jareta en la parte superior son fáciles de hacer y resultan perfectas para cortinas ornamentales que permanecen fijas en la misma posición.*

Remate superior con jareta

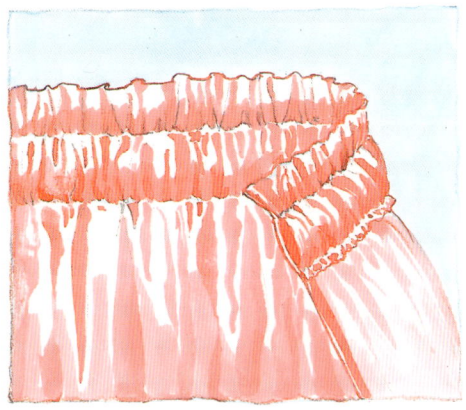

Es uno de los remates de cortina más sencillos, pues no precisa de cinta, de ganchos ni de anillas; basta con hacer una jareta a lo largo de la tela (en doble grueso), por debajo del borde superior de la cortina e insertar una varilla, una barra o un cable. El vuelo de la tela se reparte en frunces, creando un volante por la parte superior, si así se desea. El ancho necesario para este tipo de remate estará en función del peso del tejido: cuanto más ligero sea éste, más vuelo tendrá la cortina.

Las cortinas hechas de esta manera no pueden moverse, pero sí sujetarse graciosamente en los laterales mediante alzapaños a juego, o recogerse con abrazaderas de latón o madera atornilladas al marco de la ventana. Constituye un remate ideal para guardamalletas que están fijas en un sitio.

• Ancho que ha de tener el tejido: entre 1,5 y 3 veces la longitud de la guía (dependiendo del grosor del tejido).

Colocación de la cinta de fruncido

Cuando esté lista para colocar la cinta, consulte las instrucciones del fabricante y compruebe la cantidad exacta de tela que ha de dejarse entre el borde superior de la cinta y el extremo de la cortina en el tipo específico de cinta que usted haya elegido. Se permite un margen de variación entre 3 mm (para cintas anchas) y 2,5 cm o más para cintas estándar de frunces que llevan un volante por encima. Cerciórese de dejar unos márgenes para las vueltas laterales a la hora de calcular la cantidad de tejido necesario.

▲ 1 Corte un largo de cinta de fruncido correspondiente al ancho de la cortina, añadiendo un margen de 3 cm para las vueltas laterales. Si va a utilizar cinta con cordones, aflójelos en el extremo de la cinta que quedará en el borde interno de la cortina, haciendo un nudo en cada uno por la parte posterior de la cinta a 1,5 cm del corte. Deje los cordones que no se han atado en el borde exterior para poder hacer los frunces tirando de ellos desde la parte frontal de la cinta y haga un nudo en los extremos.

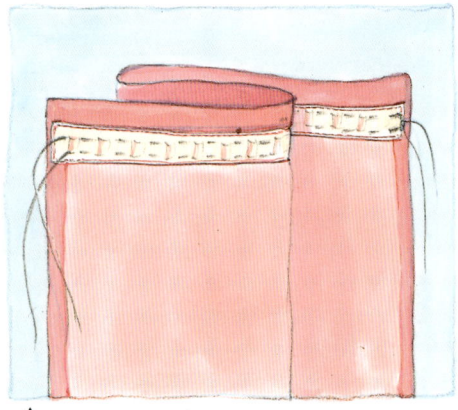

▲ 2 Doble hacia dentro los 1,5 cm de cinta que se dejaron para cada extremo, préndalo con alfileres e hilvánelo a continuación. Cosa a máquina todo el borde de la cinta.

▲ 3 Para fruncir una cortina mediante una cinta con cordajes, sujete los cordones que no se han atado con una mano, mientras que con la otra va deslizando el tejido por éstos hasta que consiga el ancho deseado. Distribuya el vuelo homogéneamente por toda la cortina y anude todos los cordones en el borde exterior. Inserte ganchos a intervalos de aproximadamente 8 cm a lo largo de toda la cortina.

▲ 4 No corte el largo sobrante de los cordones, para así facilitar la tarea de retirarlos para su lavado o limpieza. Puede pasarlos por los ganchos de la parte posterior de las cortinas o bien enrollarlos a un cordón más grueso que quedará oculto tras el borde exterior de la cortina.

Cortinas

La selección de las guías, las barras y la cinta de fruncido de las cortinas ha de hacerse cuidadosamente para asegurar la consecución del efecto deseado.

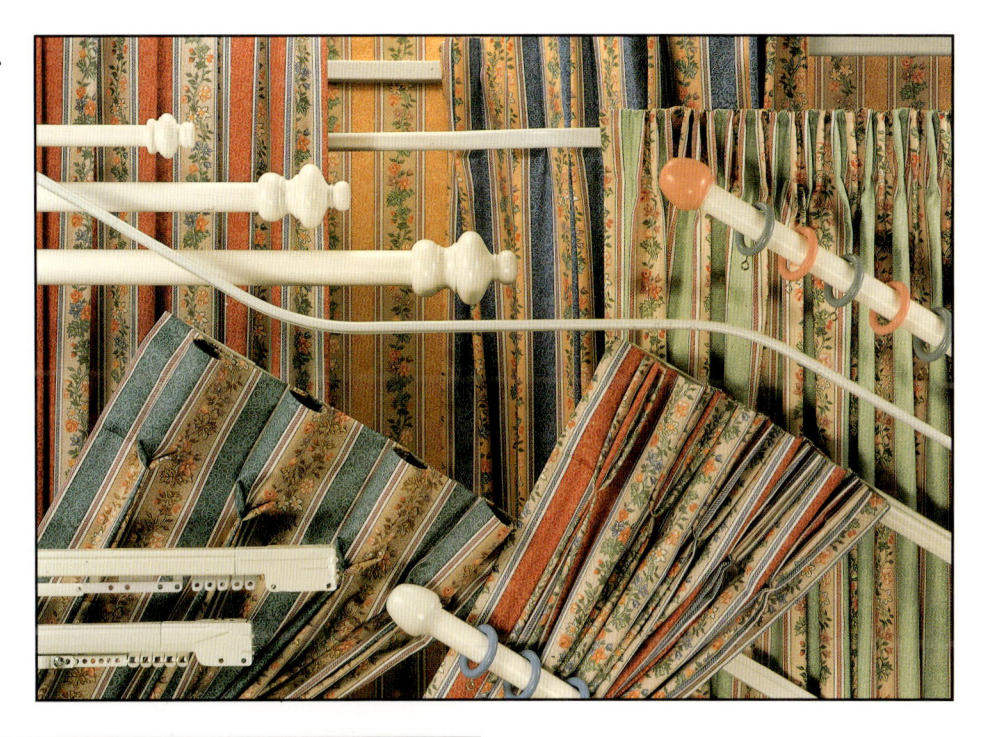

EL TABLEADO

Para confeccionar una cortina tableada mediante cinta con cordajes, proceda como se ha indicado anteriormente, poniendo cuidado para que no se hagan bolsas entre los pliegues. Sujete firmemente con una mano el borde superior de la cortina, con el pulgar justo delante del primer grupo de pliegues, y con la otra sujete los cordones sueltos. Coloque el primer pliegue en su sitio y proceda a hacer lo mismo con el segundo. A continuación, vuelva al primero, ya que se habrá desplegado, y así sucesivamente por toda la cortina hasta que todo el ancho esté plegado. Anude los cordones e inserte ganchos (si es lo que está usando) en las dos ranuras contiguas a ambos lados de un pliegue para que quede fijo.

Para tablear una cortina con cinta sin cordajes, decida con antelación dónde van a ir los pliegues, espaciándolos a lo largo de la cortina homogéneamente, e inserte los ganchos según se indique en las instrucciones del fabricante.

MEDICIÓN DEL TEJIDO

Una vez decidido el estilo del remate superior de sus cortinas y ya colocadas la guía o la barra en la pared, puede calcular la cantidad de tela que va a necesitar.

Al hacer cortinas únicamente se requieren dos medidas: la caída para la cortina ya hecha (desde el punto de suspensión del enganche de la guía) y la longitud de la guía más el brazo de superposición si se emplea el método de tracción por cordajes.

Emplee una cinta métrica profesional de acero o una de madera para mayor precisión y tome nota de las medidas adecuadas reflejándolas en un dibujo que haga de su ventana, tal como se indica más adelante.

PARA CALCULAR LA CAÍDA

Para calcular la caída definitiva de sus cortinas necesitará, en primer lugar, decidir hasta dónde van a llegar: hasta el alféizar, justo por debajo de éste o hasta el suelo.

▲ **Las cortinas que llegan hasta el alféizar** deberían llegar, si éste sobresale, hasta una distancia entre 1,5 cm y 2 cm por encima del mismo, para dejar espacio.

▲ **Las cortinas cuyo largo sobrepasa el alféizar** no lo harán más allá de entre 5 cm y 10 cm. No obstante, si hay un radiador justo debajo de la ventana, las cortinas llegarán hasta una distancia entre 1,5 cm y 2 cm por encima del mismo.

▲ **Las cortinas en el interior del hueco** de la ventana deberían llegar hasta una distancia entre 1,5 y 2 cm por encima del alféizar, para dejar espacio.

▲ **Las cortinas que llegan hasta el suelo** requieren dejar un espacio de 2,5 cm para proteger el dobladillo. Sin embargo, si desea que sean extralargas, de forma que el tejido caiga en pliegues sobre el suelo, no olvide ajustar sus medidas de acuerdo con esto antes de hacer el cálculo de la tela.

Cortinas

Medida de la caída

Mida la distancia desde el punto donde van a colgar sus cortinas hasta el largo que desee.

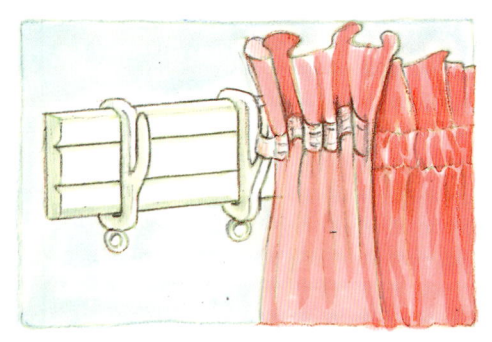

Si van a ir con barra, ésta sera la medida definitiva.

Cuando se utilice una guía, una varilla o un cable, necesitará añadir lo correspondiente a la distancia que hay desde el punto de suspensión hasta el borde superior de las cortinas.

Los dobladillos

A la medida definitiva de la caída tendrá que añadir los márgenes correspondientes para los dobladillos superior e inferior de la cortina, lo que le dará el largo real.

Márgenes para el dobladillo inferior

Sin forro	8 cm
Cortinas de tipo café	no procede
Jareta para insertar barra	8 cm
Forro tubular	10 cm
Forro fijo	15 cm
Forro y entretela fijos	10 cm
Forro de quita y pon	no procede

Margen para el dobladillo superior

La cantidad de tela que necesita dejar para el dobladillo superior depende del tipo de cinta de fruncido que elija. Por ejemplo, para una cortina sin forro con una cinta corriente se dejarían 7,5 cm, de los que 2,5 cm formarían el volante por encima de la cinta.

Para las cortinas forradas, mida desde la fila de ranuras para los ganchos hasta el extremo superior de la cinta de fruncido, añadiendo después las siguientes medidas:

Cortinas de tipo café	no procede
Jareta para insertar barra	mida la circunferencia de la barra
Forro tubular	7,5 cm
Forro fijo	1,5 cm
Forro y entretela fijos	7,5 cm
Forro de quita y pon	no procede

MEDICIÓN DEL ANCHO

Una vez que tenga la caída medida, ha de calcular el ancho. Cuando tenga estas dos medidas, vaya a la página siguiente para calcular cuánto tejido necesitará.

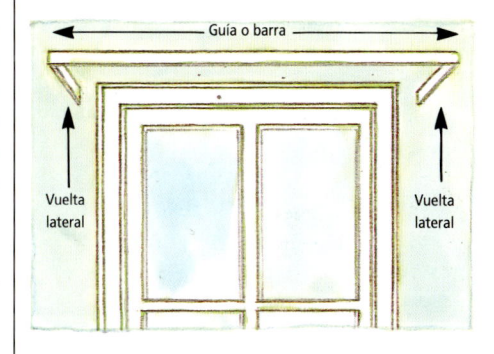

- Mida la longitud de su guía o barra para calcular el ancho de las cortinas cuando estén fruncidas. Deje un margen para el brazo de superposición y para las vueltas laterales.

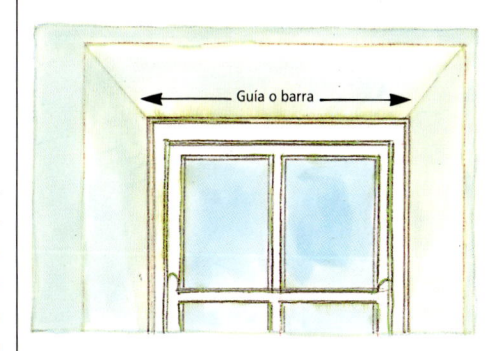

- Para cortinas que vayan a colgarse junto al cristal de la ventana, mida el ancho del hueco de la misma.

CÁLCULO DEL TEJIDO

COMPRUEBE EL ANCHO que ha de tener la tela para el tipo de cinta que ha elegido (véase pággina 48). Puede variar entre 1,5 y 3 veces la longitud de la guía o de la barra.

• Compruebe en qué anchos se vende el tejido que ha seleccionado.

• Si va a trabajar con telas estampadas, en especial si el dibujo es grande y visible, piense a dónde va a llegar el dobladillo e intente evitar el corte de un motivo del dibujo. Teniendo presente que el vuelo de la cortina hará menos evidente el estampado, considere también el aspecto definitivo den el borde superior de la cortina, teniendo en cuenta dónde van a ir los ganchos en el tipo de cinta que haya escogido.

• Recuerde que si desea hacer otros artículos que combinen con las cortinas, necesitará más tela.

• Consulte el apartado «El trabajo con el tejido» de la página 136.

CUATRO PASOS FÁCILES

Multiplique la longitud de la guía o de la barra por el ancho necesario para el tipo de cinta que haya elegido. Divida esa cifra por el ancho de la tela, redondeando el número hacia arriba. Eso le da el número de anchos que necesita.

↓

Normalmente, una misma guía o barra soportará dos cortinas, una para cada lado, así que tendrá que dividir por la mitad la cifra para averiguar el número de anchos que requerirá cada cortina. Si ello supone dividir por la mitad los anchos, una las mitades de ancho al borde exterior de cada cortina.

↓

Una vez que ha establecido el número total de anchos que necesita para cubrir la ventana, multiplique esa cifra por el largo de corte y obtendrá el total del tejido que precisa. Es recomendable calcular un poco más de tela para enderezar los bordes de corte y para hacer cualquier ajuste de precisión al largo definitivo.

↓

Si la tela es estampada, necesitará dejar un margen para casar el dibujo; por regla general, deje (por cada ancho excepto el primero) el equivalente a la distancia que separa dos motivos repetidos.

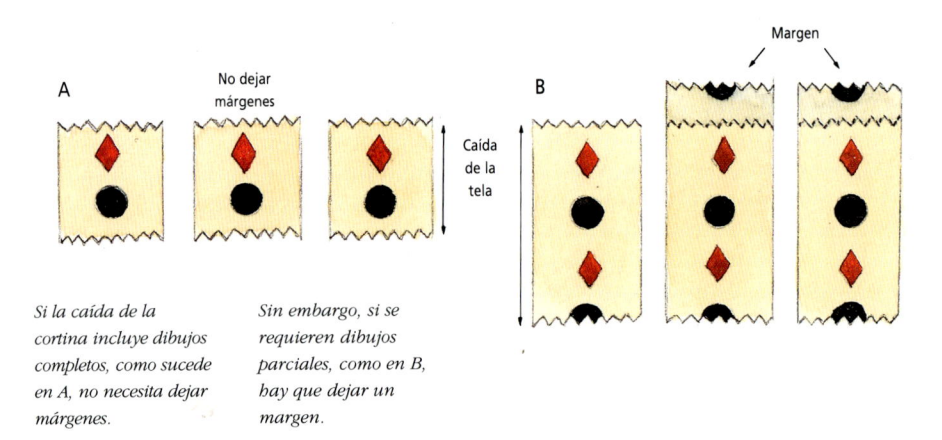

TRUCOS PARA CORTAR CORTINAS

• Al preparar el tejido para cortarlo, elimine cualquier arruga. Si hay una marca de un pliegue central, plánchelo con un trapo húmedo y en caliente para eliminarlo.

• Lo mejor para preparar y cortar la tela es una mesa grande. Si no fuera posible, hágalo en el suelo.

A

Si la caída de la cortina incluye dibujos completos, como sucede en A, no necesita dejar márgenes.

Sin embargo, si se requieren dibujos parciales, como en B, hay que dejar un margen.

B

El forro

CÁLCULO DEL TEJIDO

Medidas necesarias para unas cortinas cuyo borde superior esté situado por encima de la ventana y que lleguen hasta el suelo (el ancho del tejido elegido es de 137 cm):

		cm
1	Mida la longitud de la guía (de **A** hasta **B**)	127
	brazo de superposición	+15
	vueltas laterales	+20
2	Para cinta de canutillo, la tela necesaria es 2,5 veces la longitud de la guía	=405
3	Divida esta cifra por el ancho de la tela, por ejemplo 137 cm, redondeando hacia arriba **anchos**	3
	Esto dará dos cortinas de un ancho y medio cada una,	
4	Para la longitud, mida (de a hasta c)	215,5
5	Reste el espacio hasta el suelo	2,5
		=213
6	Añada para dobladillos y remate	2,5 cm
7	Multiplique por el número necesario de anchos (3)	238
	Compre:	**7,3 metros**

Esto permite contar con un poco más de tela para enderezar los bordes de corte y para hacer cualquier ajuste de precisión al largo definitivo.

GENERALMENTE, LA CANTIDAD de forro que se necesite será la misma que la cantidad de tela de cortina; además, al ser lisas, no requieren añadidos para casar el dibujo. No obstante, como los forros se hacen ligeramente más pequeños que las cortinas, compre un poco menos por cada caída. El ancho se reduce recortando un margen de los bordes exteriores, pero no en cada uno de los anchos.

Forro tubular
Corte el forro 15 cm más corto que cada largo.

Recorte el forro 5 cm en cada borde exterior.

Forro fijo
Corte el forro 9 cm más corto que cada largo.

Recorte el forro 4 cm en cada borde exterior.

Forro y entretela fijos
Corte el forro 10 cm más corto que cada largo.

Recorte el forro 5 cm en cada borde exterior.

Corte la entretela igual que la cortina, una vez unidos los anchos y descontados todos los dobladillos.

Forro de quita y pon
Mida desde el borde inferior de la cinta de fruncido hasta el dobladillo. Reste 2,5 cm y añada 8 cm. El forro puede tener el mismo ancho que la cortina o 1,5 veces la guía.

PLISADO

Incluso las cortinas más profesionales no ofrecerán un aspecto adecuado si no están correctamente plisadas.

Sujete el dobladillo inferior por la parte saliente del pliegue y tire suavemente de él. A continuación, deslice los dedos hacia abajo recorriendo los pliegues creados de forma natural.

Si las cortinas cuelgan por debajo de la guía, empuje hacia adentro los espacios entre pliegues mientras mueve con suavidad las cortinas hacia un lado de la ventana. Si el remate de la cortina tapa la guía, deberá tirar de los espacios que hay entre un pliegue y otro hacia fuera de forma que sobresalgan de la guía. Sujete los pliegues suavemente con algún material suave, como restos de la tela, en varios puntos a lo largo de la cortina. Déjela así al menos durante una noche para que el drapeado vaya «acostumbrándose».

CORTINAS SIN FORRAR

Las cortinas sin forrar resultan fáciles de hacer. Son las más adecuadas para cuartos como la cocina o el baño, donde las cortinas necesitan frecuentes lavados y también para ventanas que requieren cortinas cortas. Para la cocina, lo mejor es el algodón o la mezcla de algodón y poliéster, y la felpa para el cuarto de baño, ya que soporta bien los ambientes húmedos.

▲ **1** Coloque el tejido con el derecho hacia abajo y doble en cada lateral 1,5 cm de tela hacia el revés. Prenda alfileres cerca del borde de corte y planche los dobleces (si emplea tejido de felpa, no lo planche).

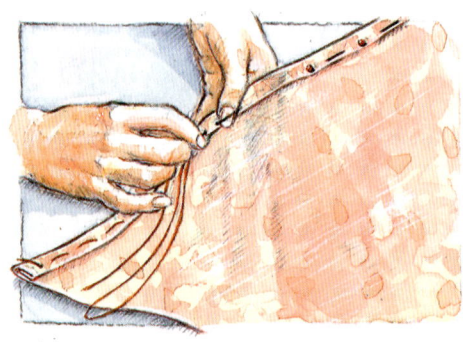

▲ **2** Vuelva a doblar 1,5 cm de tela en cada lateral para hacer un dobladillo doble. Prenda los alfileres, hilvane y retire los alfileres después. Planche los dobladillos.

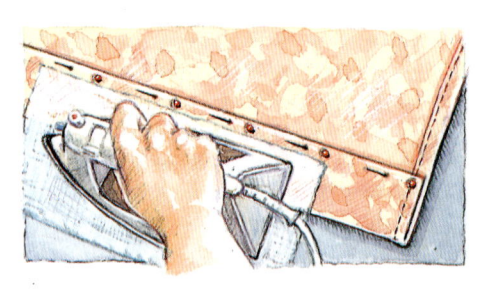

▲ **3** Cosa a máquina ambos dobladillos. Retire el hilván y vuelva a plancharlos. Haga un dobez de 4 cm en el borde inferior hacia el revés. Prenda alfileres y plánchelo.

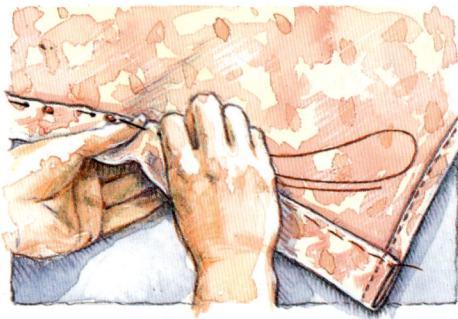

▲ **4** Vuelva a doblar 4 cm de tela en el borde inferior de la cortina. Prenda alfileres, hilvane y retire los alfileres después. Planche el dobladillo.

▲ **5** Cosa a máquina el dobladillo inferior. Retire el hilván y planche de nuevo el dobladillo inferior.

▲ **6** Doble hacia el revés 4 cm de tela en el borde superior. Prenda alfileres, hilvane y retire los alfileres después. Planche el dobladillo. Coloque la cinta de fruncido, frunza la cortina y cuélguela.

SE NECESITA LO SIGUIENTE:

Materiales

tela	página 54
cinta de fruncido corriente	
ganchos de cortina	
equipo de costura básico	página 134

Técnicas

corte de tela para cortinas	página 136
hilvanado	página 138
planchado	página 137
cosido a máquina	página 140
colocación de la cinta de fruncido	página 52

58

Cortinas

CORTINAS DE TIPO CAFÉ

1 Corte una pieza de tela del mismo ancho que la ventana más 10 cm; y de largo, el de la caída necesaria más 15 cm. Corte una tira de 12,5 cm de ancho y lo suficientemente larga para hacer numerosos tirantes. A modo de guía, coloque un tirante en cada extremo y el resto a intervalos de 10-15 cm.

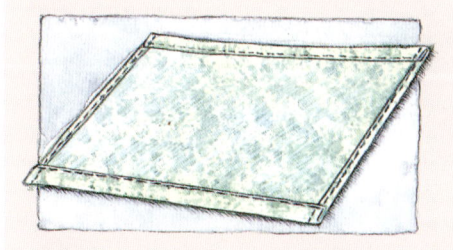

2 Haga un dobladillo en la pieza de tela mediante dos dobleces de 1,5 cm a los lados, y un doble dobladillo de 5 cm arriba y abajo. Doble a la mitad (en sentido longitudinal) la tira para los tirantes con los derechos encarados y cósalo a máquina a 1,3 cm de los bordes pelados. Planche la costura abierta, colocándola en el centro de la tira.

3 Corte la tira en cuantos largos necesite. Márquelos y de una puntada en uno de los extremos de cada pieza. Recorte lo que sobra y vuélvalos del derecho. Plánchelos.

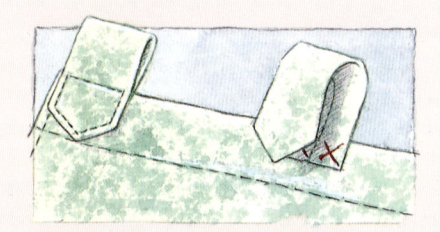

4 Coloque un tirante en el extremo derecho, a unos 2,5 cm del borde superior de la cortina. Doble el extremo puntiagudo de manera que oculte los bordes pelados. Hilvánelo y haga un pespunte al canto en la parte con más grosor. Ponga otro tirante en el otro extremo y distribuya regularmente el resto a lo largo de la cortina.

5 Introduzca la barra por los tirantes y ya está lista para colgar.

Las cortinas sin forro son un modo sencillo y rápido de dar una aspecto coordinado a un cuarto de baño, una cocina o un dormitorio infantil. Añada tirantes o lazos el la parte superior para causar un mayor efecto.

CORTINAS CON FORRO TUBULAR

Un forro protege el tejido de una cortina de los efectos del sol y de la suciedad y el polvo que entran por la ventana. El forro tubular, al coserse a máquina, resulta un método rápido y sencillo de forrar cortinas y es muy apropiado para aquellos casos en los que las cortinas van a cambiarse con frecuencia.

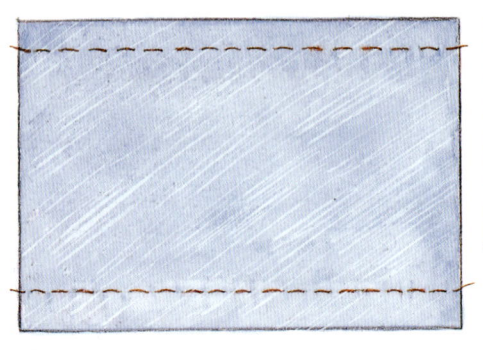

SE NECESITA LO SIGUIENTE:

Materiales

tela	página 54
forro	página 57
cinta de fruncido	
ganchos de cortina	
equipo de costura básico	página 134

Técnicas

corte de tela para cortinas	página 136
hilvanado	página 138
planchado	página 137
cosido a máquina	página 140
colocación de la cinta de fruncido	página 52
esquinas a inglete	página 144
punto invisible	página 139

1 Haga un hilván para marcar los márgenes de los dobladillos, a 7,5 cm del borde superior y a 10 cm del inferior respectivamente.

2 Coloque el tejido con el derecho hacia abajo y haga un doblez hacia el revés de 3,5 cm en ambos lados. Prenda alfileres cerca de los bordes de corte y plánchelos. Retire los alfileres.

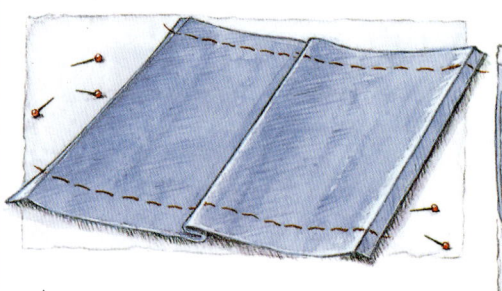

3 Coloque a continuación la tela con el derecho hacia arriba y abra los bordes planchados. Haga un doblez a todo lo largo del tejido para obtener así el ancho completo de la cortina, ya que éste es mayor que el del forro.

4 Coloque el forro con el derecho hacia abajo sobre la cortina, alineando los bordes laterales y colocando los bordes superior e inferior del forro a 7,5 cm de los bordes de corte de la cortina.

5 Prenda con alfileres el forro sobre la cortina en los laterales. Hilváneos juntos y retire los alfileres.

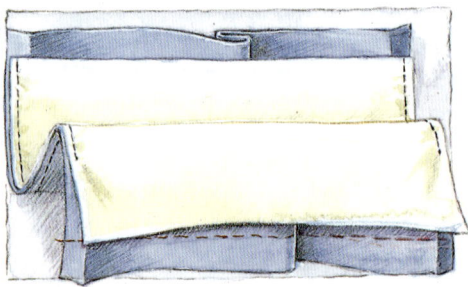

6 Cosa a máquina las costuras laterales, a 1 cm de los bordes pelados, comenzando por arriba y acabando a 20 cm del borde inferior.

Cortinas

7 Vuélvalo del derecho y planche los bordes laterales otra vez. Hilvane el forro a la parte superior de la cortina recorriendo toda la línea del dobladillo.

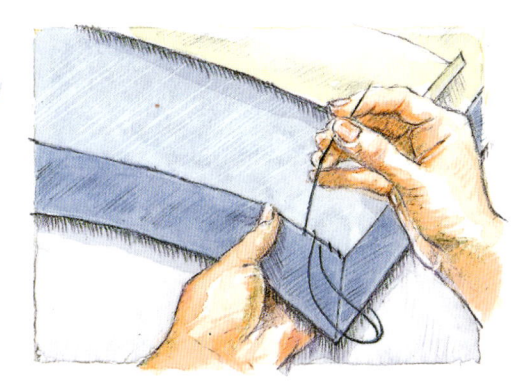

10 Remate las esquinas inferiores a inglete. Cosa las esquinas y el dobladillo a punto invisible y plánchelos.

8 Doble el margen dejado para el dobladillo superior, préndalo con alfileres y plánchelo. Retire los alfileres y coloque la cinta de fruncido.

11 Haga dos dobleces de 2,5 cm que formen un dobladillo doble en la parte inferior del forro, y préndalo con alfileres. Hilvánelo, retire los alfileres, cosa el dobladillo a máquina y plánchelo.

9 Haga dos dobleces de 5 cm en la parte inferior de la tela de la cortina, que formen un dobladillo doble. Prenda alfileres y plánchelo. Retire los alfileres.

12 Cosa a punto invisible el forro suelto a los lados de la cortina, y un tramo de unos 2,5 cm a cada lado del dobladillo. Coloque la cinta de fruncido y cuelgue la cortina.

Una cortina forrada, aunque su confección ha sido rápida, pues se ha hecho a máquina: un método excelente para tejidos no muy caros. La guardamalleta forrada le proporcionará un toque especial.

FORRO FIJO

Este tipo de forro se hace a mano, por lo que lleva algo más de tiempo. Pero los resultados son mejores, ya que se asegura que el forro quede fijo en su sitio además de acompañar la caída de las cortinas. Es un método ideal para cortinas de las que se espera una larga duración.

1 Coloque el tejido de la cortina con el derecho hacia abajo y doble los bordes laterales 4 cm hacia el revés. Prenda alfileres cerca de los bordes de corte y planche los dobleces. Retire los alfileres.

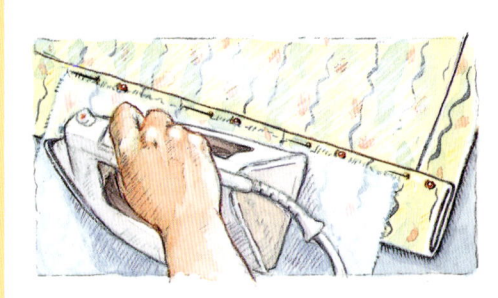

2 Haga dos dobleces de 7,5 cm en el extremo inferior que formen un dobladillo doble y prenda alfileres. Plánchelo y retire los alfileres.

3 Remate las esquinas inferiores a inglete. Cosa a punto invisible las esquinas y el dobladillo. Cosa los dobladillos laterales a punto de escapulario (puntadas de tamaño mediano-grande). Planche los lados y el dobladillo.

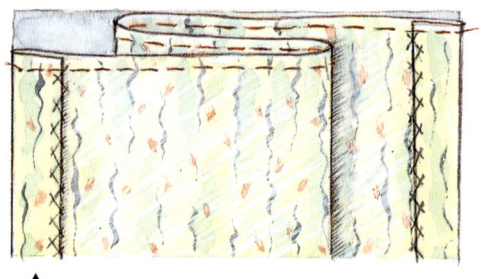

4 Marque el margen para hacer el doblez en la parte superior de la cortina con un hilván a 1,5 cm por debajo del borde pelado.

5 Marque líneas verticales por el revés con jaboncillo de sastre, trazando la primera justo en el centro y las demás a partir de ésta hacia los lados, con un espacio entre ellas de 30 cm.

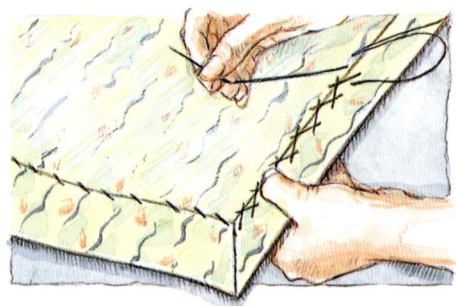

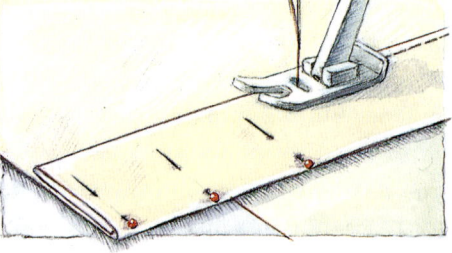

6 Haga dos dobleces de 5 cm en la parte inferior del forro que formen un dobladillo doble y préndalos con alfileres. Cosa a máquina el dobladillo y plánchelo después.

SE NECESITA LO SIGUIENTE:

Materiales

tela	
forro	página 57
cinta de fruncido	
ganchos de cortina	
equipo de costura básico	página 134

Técnicas

corte de tela para cortinas	página 136
planchado	página 137
esquinas a inglete	página 144
punto invisible	página 139
punto de escapulario	página 139
cosido a máquina	página 140
punto calado	página 139
hilvanado	página 138
colocación de la cinta de fruncido	página 52

Cortinas

7 Con los derechos encarados, doble el forro por la mitad. Haga un pliegue en el centro de arriba abajo.

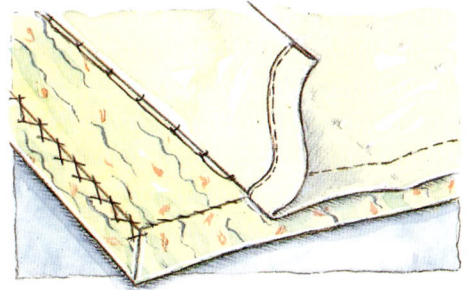

10 Cosa, asimismo, a punto calado todas las líneas marcadas, haciéndolo desde la línea central hacia fuera y alternando de un lado a otro.

8 Coloque el tejido de la cortina con el derecho hacia abajo y ponga sobre él el forro con el revés hacia abajo. Coloque el dobladillo del forro 4 cm por encima del dobladillo de la cortina y alinee los bordes pelados del forro con los extremos lateral y superior, de manera que casen la línea del pliegue y la línea hecha con el jaboncillo. Préndalo con alfileres e hilvane el forro a la cortina.

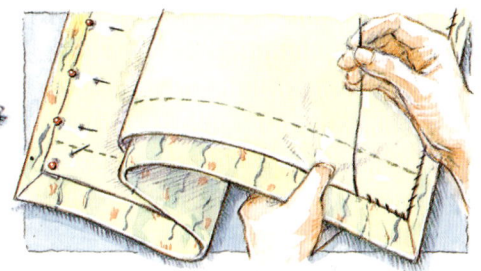

11 Alise el forro hacia los lados. Doble 2 cm hacia abajo los bordes pelados y préndalos con alfileres a los dobladillos laterales de la cortina. Cosa a punto invisible los laterales y un tramo de unos 4 cm a cada lado en el dobladillo. Planche los laterales y el dobladillo.

9 Retire los alfileres. Pliegue hacia atrás el forro. Haga un pespunte calado suelto comenzando a 15 cm del extremo superior y terminando a 10 cm de la parte inferior del dobladillo del forro.

12 Prenda alfileres e hilvane el forro y la cortina a todo lo largo del extremo superior. Doble hacia abajo el margen que se dejó e hilvánelo. Coloque la cinta de fruncido, frunza y cuelgue la cortina.

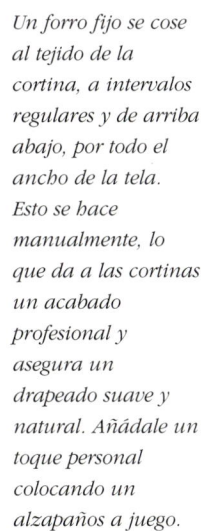

Un forro fijo se cose al tejido de la cortina, a intervalos regulares y de arriba abajo, por todo el ancho de la tela. Esto se hace manualmente, lo que da a las cortinas un acabado profesional y asegura un drapeado suave y natural. Añádale un toque personal colocando un alzapaños a juego.

ENTRETELA FIJA

Las cortinas pueden armarse insertando una pieza de entretela entre el tejido y el forro de la cortina, proporcionando así mayor aislamiento, reduciendo la cantidad de luz y ayudando a amortiguar el ruido exterior. Este método debe utilizarse con cortinas de calidad, ya que confiere un acabado sumamente profesional y protege el tejido contra el desgaste y los desgarrones.

SE NECESITA LO SIGUIENTE:

Materiales

tela	página 54
forro	página 57
entretela	
cinta de fruncido	
ganchos de cortina	
equipo de costura básico	página 134

Técnicas

corte de tela para cortinas	página 136
hilvanado	página 138
punto calado	página 139
planchado	página 137
esquinas a inglete	página 144
punto de escapulario	página 139
colocación de la cinta de fruncido	página 52

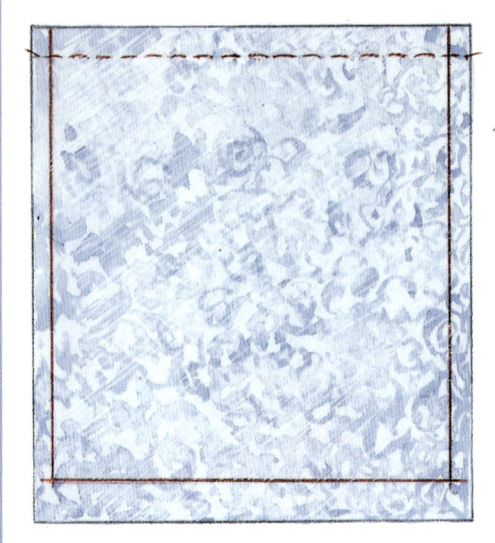

1 Coloque la tela de las cortinas con el derecho hacia abajo. Marque los márgenes para doblar: 7,5 cm en el borde superior con un hilván, 5 cm a los lados y 10 cm en el borde inferior con jaboncillo.

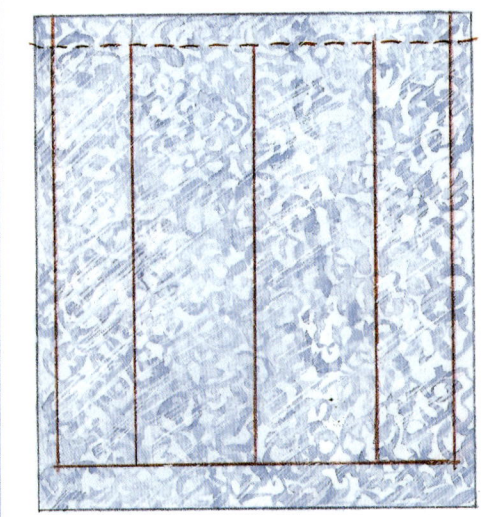

2 Trace con jaboncillo una línea vertical en el centro de la tela. A partir de ésta y hacia los lados, marque otras, separándolas entre sí 30 cm.

3 Coloque la entretela sobre el revés del tejido de la cortina, con los bordes de corte contra los márgenes que se han marcado para doblar.

4 Pliegue hacia atrás la entretela y préndala con alfileres a la tela. Haga un pespunte calado suelto que recorra toda la línea, comenzando y terminando a 7,5 cm del borde de la entretela.

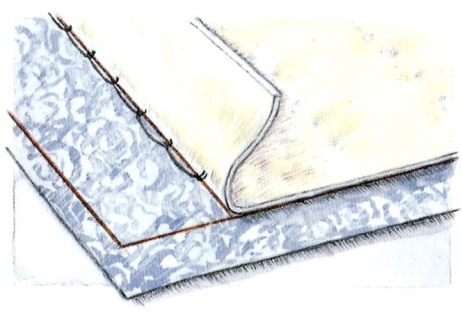

5 Cosa, asimismo, a punto calado todas las líneas verticales marcadas, haciéndolo desde la línea central hacia fuera y alternando de un lado a otro. Alise la entretela entre cada una de las filas antes de prender los alfileres.

Cortinas

6 Doble los márgenes dejados en los laterales y el dobladillo inferior sobre la entretela, préndalo con alfileres y plánchelo. Remate las esquinas inferiores a inglete y cosiéndolas a punto invisible.

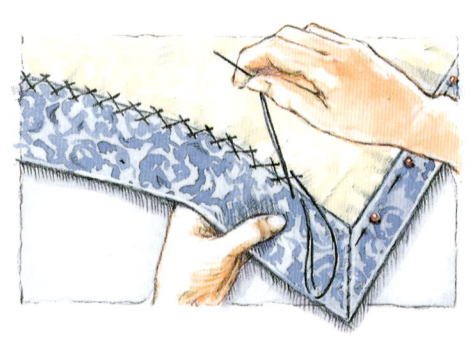

7 Cosa a punto de escapulario los laterales y el dobladillo de la cortina a la entretela. Hilvane el tejido de la cortina y la entretela juntos en la parte superior.

8 Coloque el revés del forro sobre la entretela y alinee los bordes pelados con los bordes de la cortina.

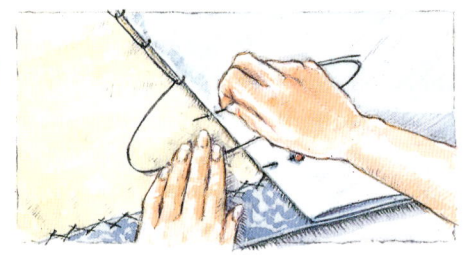

9 Doble el forro por la mitad y préndalo con alfileres a la entretela a lo largo de la línea central, a 2,5 cm del anterior pespunte, comenzando y terminando a 15 cm de la parte superior e inferior respectivamente. Cosa a punto calado el forro a la entretela, a 2,5 cm del pespunte anterior de punto calado. Retire los alfileres.

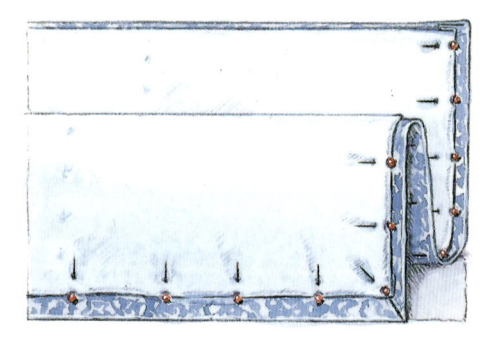

10 Alise la entretela hacia los lados, la parte superior y el dobladillo. Doble 2,5 cm hacia abajo los lados de la entretela y 5 cm la parte inferior. Préndala con alfileres y luego cósala a punto invisible a los laterales y el dobladillo de la cortina. Retire los alfileres.

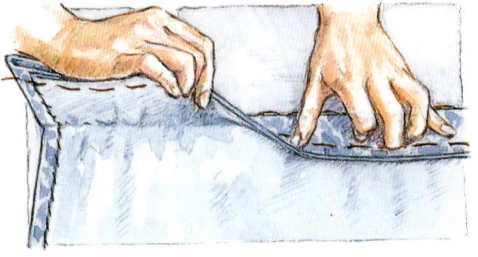

11 Hilvane el forro y toda la parte superior de la cortina. Doble hacia abajo el margen marcado y préndalo con alfileres. Planche el pliegue y retire los alfileres. Coloque la cinta de fruncido, frunza y cuelgue la cortina.

Una cortina con entretela es ideal para el salón o el comedor, donde suele emplearse un tejido más lujoso. Si desea añadir glamour a la estancia, coloque unos remates festoneados con caídas laterales, haciendo juego o contraste con las cortinas.

FORRO DE QUITA Y PON

Son varias las ventajas de los forros de quita y pon: pueden lavarse por separado, lo que resulta sumamente útil en aquellos casos en que se requieren lavados frecuentes; pueden sustituirse fácilmente y pueden emplearse para forrar una cortina que ya tengamos y que no lleve forro. No es necesario que el forro tenga el mismo ancho que la cortina en sí. Se hacen de la misma manera que las cortinas sin forrar, pero con un tipo de cinta de fruncido diferente.

SE NECESITA LO SIGUIENTE:

Materiales

forro	página 57
cinta de fruncido para forro	
ganchos de cortina	
velcro (opcional)	
equipo de costura	página 134

Técnicas

cosido a máquina	página 140
planchado	página 137
colocación de la cinta de fruncido	página 52
hilvanado	página 138
colocación del velcro (opcional)	página 146
punto de pestaña (opcional)	página 139

1 Coloque el forro con el derecho hacia abajo. Haga dos dobleces de 1,5 cm hacia dentro en cada lado y prenda alfileres. Cosa a máquina por los lados más próximos al pliegue interior, retirando los alfileres según va cosiendo. Planche los lados.

2 Haga dos dobleces hacia arriba de 4 cm en la parte inferior y préndalo con alfileres. Cóselo a máquina por el lado más próximo al pliegue superior, retirando los alfileres según va cosiendo. Planche el dobladillo.

3 Asegúrese de que el forro va a quedar 2,5 cm más corto que la cortina, sin olvidar que no necesita dejar margen en la parte superior.

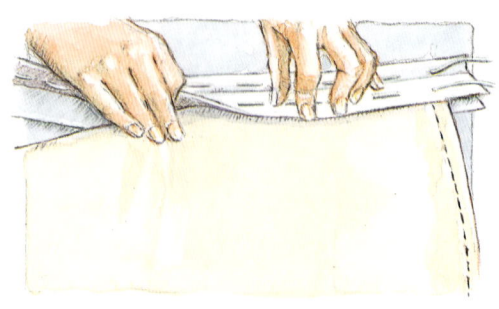

4 Inserte los dos bordes pelados del forro entre las dos solapas de la cinta de fruncido del forro de quita y pon, dejando 2,5 cm de cinta a cada lado.

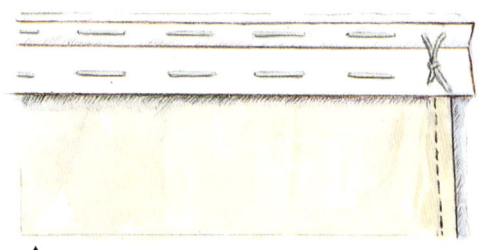

5 Anude entre sí los cordones en el lado que quedará en el centro de la ventana.

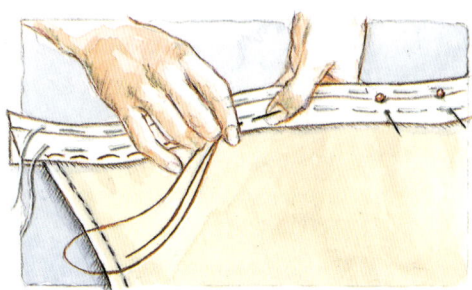

6 Préndalo con alfileres e hilvane la cinta en su sitio, retirando los alfileres según va cosiendo y asegurándose de que la tela del forro queda completamente recogida por la cinta.

Cortinas

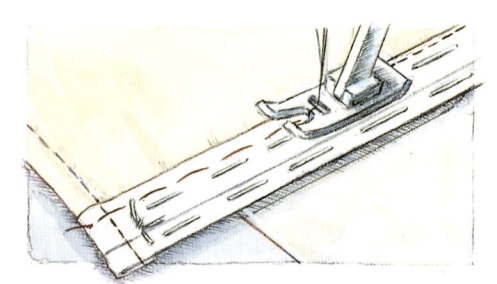

7 Doble ambos extremos de la cinta sobre los bordes laterales del forro y cosa estos extremos y por toda la cinta en su parte inferior. Retire el hilván y planche el forro.

8 Tire de los cordones que no están atados, frunciendo el forro hasta que quede 5 cm más estrecho que la cortina. Inserte los ganchos en la cinta del forro y luego en la cortina, para que queden los dos niveles juntos.

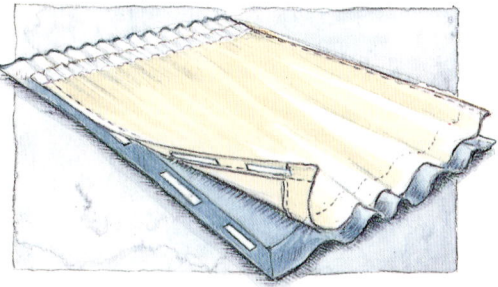

9 Una el forro a la cortina a intervalos regulares: puede hacerlo mediante puntadas de pestaña o cosiendo a mano unas tiras de velcro tanto al forro como a la cortina.

La confección de un forro de quita y pon es fácil y rápida y podremos usarlo tanto para una cortina que ya tenemos pero que carece de forro, como para una cortina temporal o para una tela de cortina que sólo puede limpiarse en seco. Añada un toque especial poniéndole un remate festoneado de una tela a juego.

67

VISILLOS

Los visillos son cortinas hechas en tejidos muy ligeros, con diversos niveles de transparencia, y comprenden desde la muselina al encaje. Generalmente, requieren un ancho que oscila entre el doble y el triple del de la ventana. Puede comprar este tipo de tela fina para hacer sus propias cortinas (consulte el Primer Método) o adaptar cortinas ya listas para colgar (consulte el Segundo Método). Los Métodos Tercero y Cuarto emplean tela con los bordes laterales terminados, y algunos cuentan con un borde adicional de quita y pon que sirve para adornar el dobladillo inferior.

SE NECESITA LO SIGUIENTE:

Materiales

tela	página 54
cinta de fruncido (opcional)	página 48
equipo de costura básico	página 134

Técnicas

costuras francesas	página 143
cosido a máquina	página 140

Primer Método

1 Corte la tela en largos y recorte los bordes. Una los largos mediante costuras francesas, si fuera necesario, hasta conseguir el ancho que necesite.

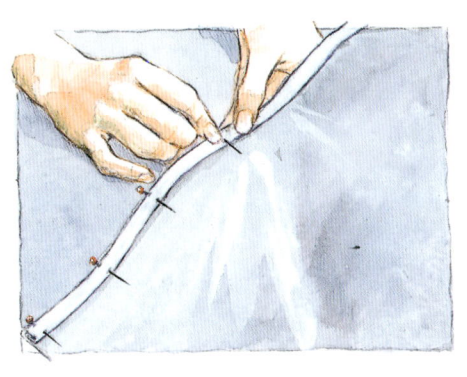

2 Haga dos dobleces de 1 cm que formen un dobladillo doble a lo largo de cada lado y prenda alfileres. Cosa a máquina los dobladillos y retire los alfileres conforme va cosiendo.

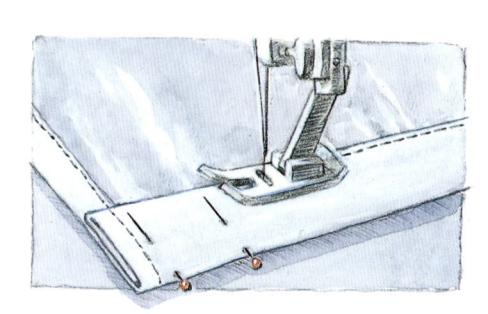

3 Haga dos dobleces de 2,5 cm que formen un dobladillo doble en la parte inferior y prenda alfileres. Cosa a máquina el dobladillo y retire los alfileres según va cosiendo.

4 Haga la jareta en la parte superior doblando hacia abajo 1 cm y colocando los alfileres a continuación. Planche el doblez y retire los alfileres.

5 Doble hacia abajo otros 4 cm y prenda alfileres. Planche el doblez y cósalo a máquina por el borde inferior del dobladillo, retirando los alfileres conforme va cosiendo.

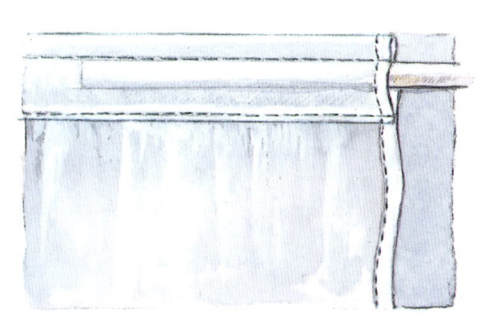

6 Haga otro pespunte a máquina a 1 cm del borde superior. Introduzca el cable o la barra a través de la jareta formada entre los dos pespuntes.

Segundo Método

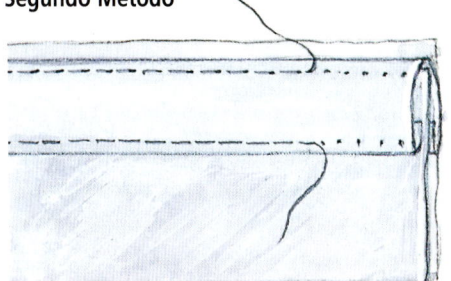

1 Antes de hacer los dobladillos laterales necesita descoser unos 2,5 cm el dobladillo superior a ambos lados. Continúe en el paso 2 del Primer Método para hacer los dobladillos dobles en ambos laterales.

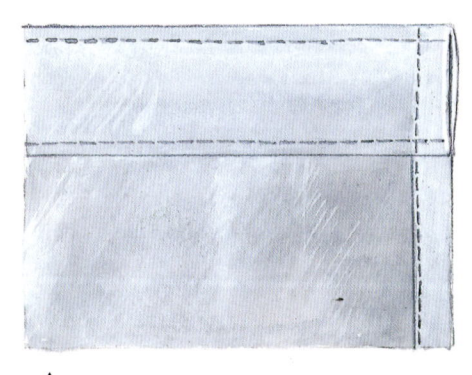

2 Recorte 1 cm de cada lado de la parte superior, dóblelos hacia abajo 1 cm para alinearlos y cósalos a máquina.

Tercer Método

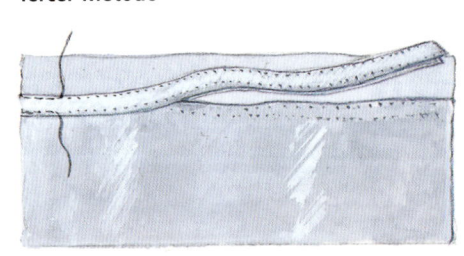

Para acortar este tipo de tela, descosa y retire la parte superior. Recorte desde el borde superior para dar la medida correcta de la caída. Haga los dobladillos laterales y vuelva a colocar la parte superior, alineando los extremos como en los pasos anteriores.

Cuarto Método

1 Haga la jareta de la parte superior según lo indicado en pasos 4, 5 y 6 del Primer Método.

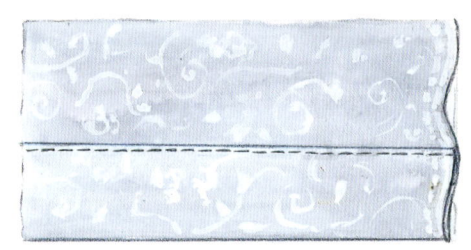

2 Haga un dobladillo inferior doble como se indica en el paso 3 del Primer Método o, si su tela de encaje lleva un borde lateral de quita y pon, continúe con los pasos 3 y 4.

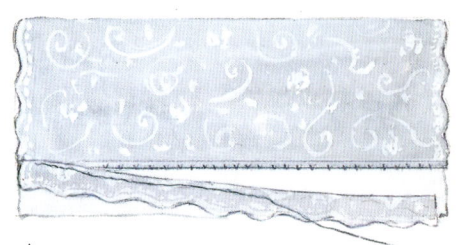

3 Retire el borde tirando de él. Haga un doblez hacia el derecho de 6 mm en la parte inferior de la cortina. Hilvane el dobladillo y plánchelo después.

4 Cosa a máquina el encaje del borde sobre el doblez mediante puntadas en zigzag con un hilo a juego. Alinee los bordes con los de los lados.

UN TRUCO

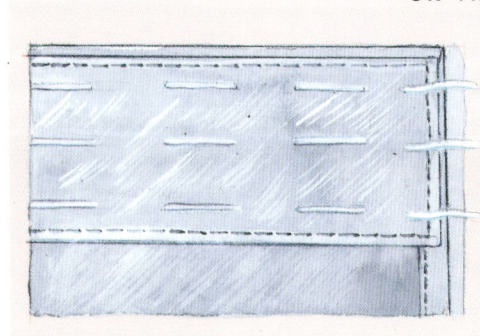

Si va a usar cinta y ganchos para una guía con correderas o con un velcro, añada únicamente 6 cm al largo para el dobladillo. Haga un doblez hacia el revés y coloque la cinta a 3 mm del borde superior. Cósalo según se indique en las instrucciones del fabricante.

Accesorios para cortinas

Los alzapaños, las cenefas y las guardamalletas son accesorios de cortinas que añaden un acabado especial y ayudan a conseguir un aspecto de coordinación en el conjunto. En esta sección encontrará toda una gama de alzapaños —fruncidos, trenzados, ribeteados— entre los que escoger el que más convenga a sus cortinas. Los alzapaños pueden hacerse a juego con las cortinas o con otros objetos de la habitación. También se dan explicaciones sobre cómo hacer una cenefa para una galería o una guardamalleta fruncida con cinta de velcro, si lo que desea es un método rápido y fácil. Asimismo le ofrecemos instrucciones para hacer un remate festoneado con caídas en cascada laterales.

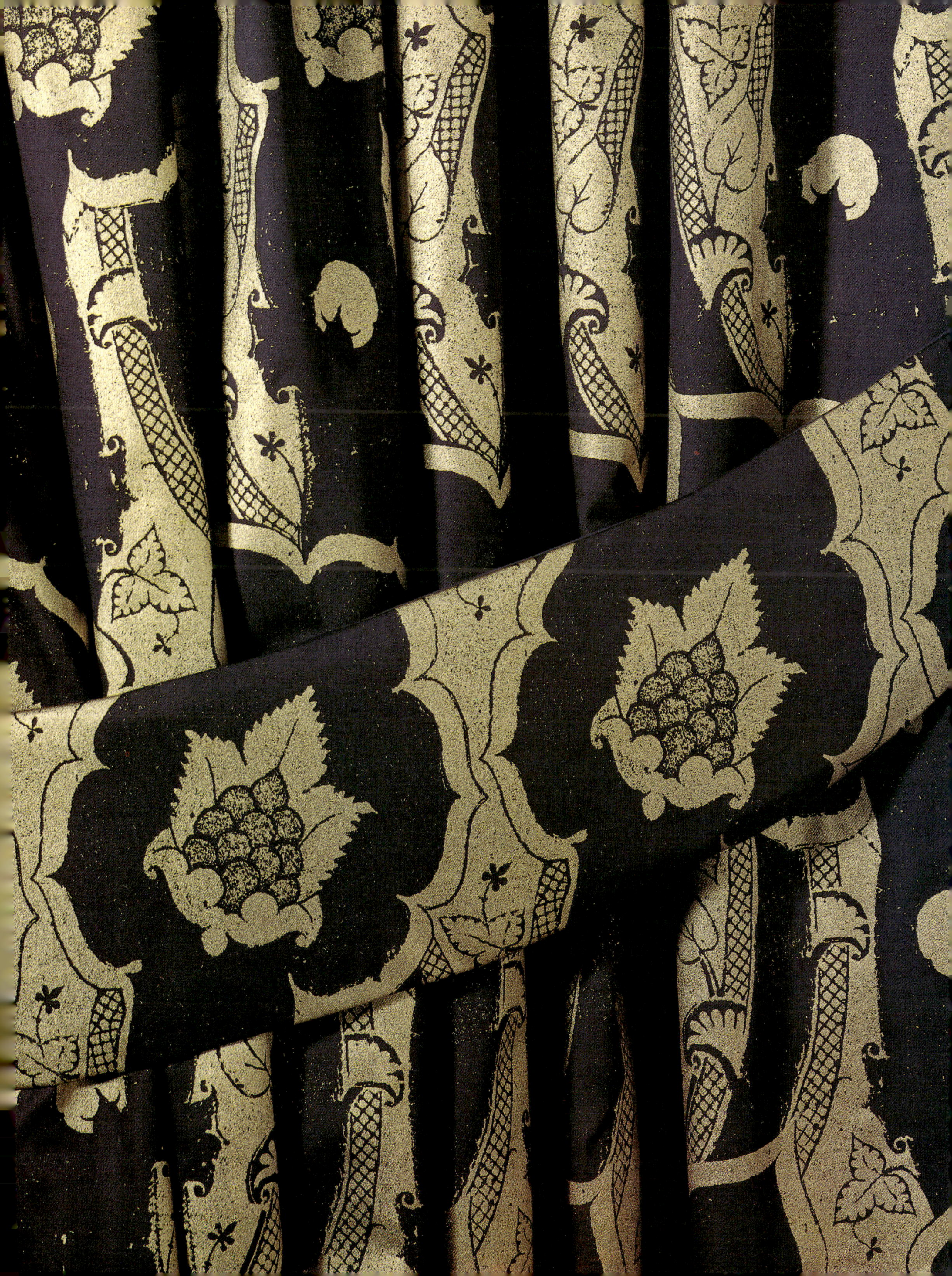

ALZAPAÑOS DE CONFECCIÓN RÁPIDA

Los alzapaños son ideales para conjuntar sus cortinas con otros elementos de la habitación. Este método resulta rápido y fácil de hacer con una cinta de fruncido colocada sobre una pieza doble de tejido.

1 Para cada alzapaño corte una pieza de tela de 25 cm de ancho por el doble del largo necesario para confeccionarlo.

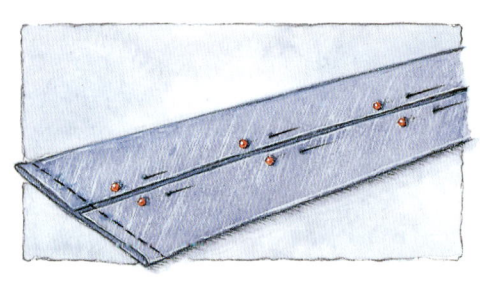

2 Doble hacia el derecho y a lo largo la tira de tela, de manera que los borde pelados se junten en el centro y préndalo con alfileres. Cosa a máquina los extremos. Retire los alfileres, vuélvalo del derecho y plánchelo.

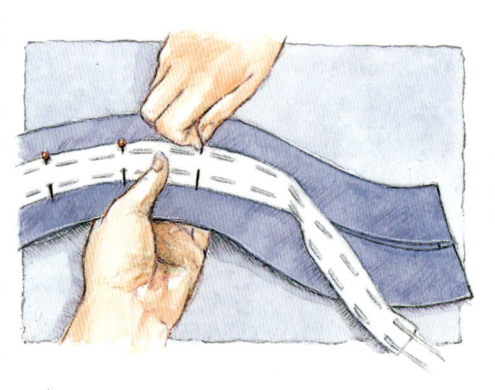

3 Prenda con alfileres la cinta de fruncido sobre los bordes, doblando hacia abajo 1,2 cm en cada uno de los extremos de la cinta para nivelar. Cósala a máquina longitudinalmente y en la misma dirección. Retire los alfileres conforme va cosiendo.

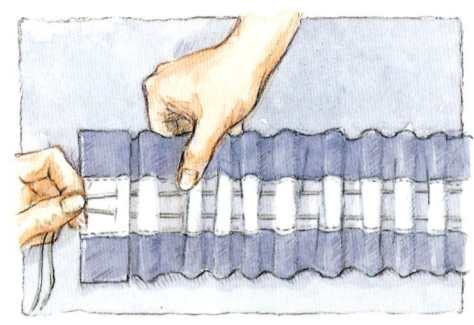

4 Tire de los cordones de la cinta hasta que el alzapaño tenga la longitud deseada. Anude bien los cordones y ocúltelos por la parte posterior.

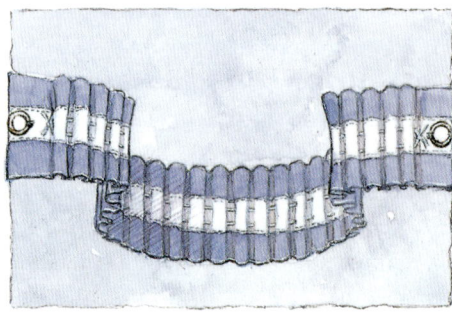

5 Cosa los ojales metálicos a punto de ojal en el revés del alzapaño, a unos 2 cm de cada extremo.

SE NECESITA LO SIGUIENTE:

Materiales

tela
cinta de fruncido corriente — largo igual al de la tela
dos ojales metálicos
equipo de costura básico   página 134

Técnicas

cosido a máquina   página 140
punto de ojal   página 139

Medidas

Véase página 154

ALZAPAÑOS RIBETEADOS

Este estilo de alzapaño es muy apropiado para una cenefa y consiste en una pieza en forma de gajo de naranja de bucarán recubierto de tela. A lo largo de todo el contorno lleva un ribete decorativo cuyo material puede ir a juego con el de la cenefa o coordinar con otros elementos de la habitación. Puede comprar la pieza preparada ya en forma de gajo de naranja o hacerla usted mismo a partir de la plantilla que se ofrece en la página 154.

SE NECESITA LO SIGUIENTE:

Materiales

bucarán en forma de gajo de naranja
tela de cortina
forro
aros
equipo de costura básico   página 134

Técnicas

plantilla   página 154
cosido a máquina   página 140
tira al bies   página 148
punto invisible   página 139
punto de ojal   página 139

Medidas

Véase página 154

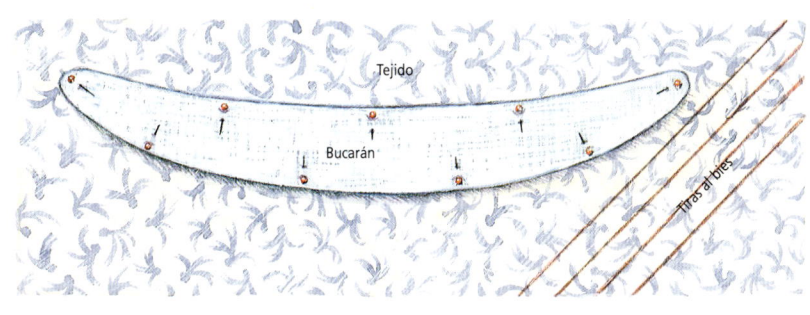

1 Corte el tejido principal guiándose por la pieza en forma de gajo de naranja de bucarán. Corte al bies algunas tiras de 2,5 cm de ancho para hacer el ribete. Una las tiras hasta formar una tan larga como para poder cubrir el perímetro del gajo.

2 Coloque el bucarán sobre el revés de una pieza de forro y ponga el derecho del alzapaño ya cortado sobre el bucarán. Plánchelo en caliente y con un paño húmedo para que se unan. Recorte el tejido de forro que sobresalga del patrón del bucarán, teniendo cuidado de no cortar éste.

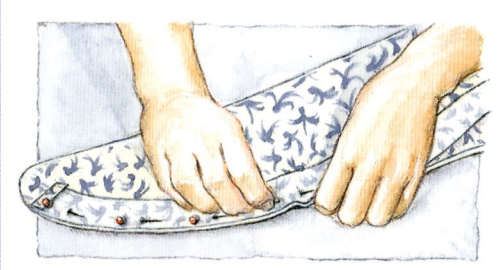

3 Haga un doblez de 6 mm hacia el revés en uno de los extremos de la tira de remate. Con los derechos encarados y los bordes pelados al mismo nivel, prenda alfileres en el borde que ha doblado del remate, a lo largo de la curva del alzapaño, hasta que haya prendido todo el perímetro.

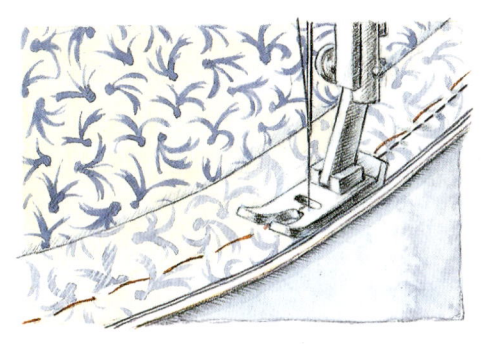

4 Cosa a máquina el remate al alzapaño a 6 mm del borde por todo el contorno, doblando hacia abajo y cubriendo los bordes irregulares que asomen del remate. Retire los alfileres conforme vaya cosiendo.

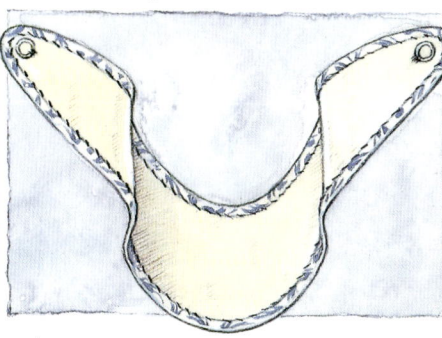

5 Doble el remate sobre el borde del alzapaño hacia el lado del revés. Haga un doblez en el borde pelado del remate de 6 mm y cosa el forro a punto invisible. Cosa los ojales metálicos a punto de ojal en el revés del alzapaño, a unos 2 cm de cada extremo.

ALZAPAÑOS TRENZADOS

Este interesante tipo de alzapaño se consigue trenzando tres tubos de tela acolchada. Como mejor resulta es confeccionando dos de los tubos con la misma tela y el tercero en un color que contraste con los primeros. Otra posibilidad es hacer dos tiras en tela lisa y la tercera en una estampada que haga juego con otros materiales que haya en la habitación.

SE NECESITA LO SIGUIENTE:

Materiales

tela principal — tiras según se necesite
1/2 metro de forro
1/2 metro de relleno fino
cordón de ribetear
aros
equipo de costura básico   página 134

Técnicas

punto invisible	página 139
hilvanado	página 138
cosido a máquina	página 140
punto de ojal	página 139

Medidas

Véase página 154

1 Para cada alzapaño corte tres tiras de tejido de 10 cm de ancho por 1,5 veces la longitud definitiva que se necesite. Corte tres tiras de forro de 15 cm de ancho por el mismo largo que el tejido. Corte tres piezas de paño de 12 cm de ancho y 4 cm más cortas que el forro.

2 Coloque el relleno sobre el revés del forro, con los bordes alineados en uno de los lados más largos. Enrolle forro y relleno.

3 Haga un doblez de 1 cm en el otro lado largo del forro y de un pespunte a punto invisible a lo largo del centro del rollo. Cosa los extremos con un pequeño hilván.

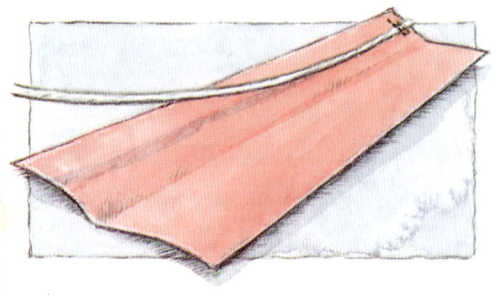

4 Sujete un largo de cordón de ribetear a la tira de tejido principal, cosiéndolo a máquina en uno de los lados más cortos y por el derecho.

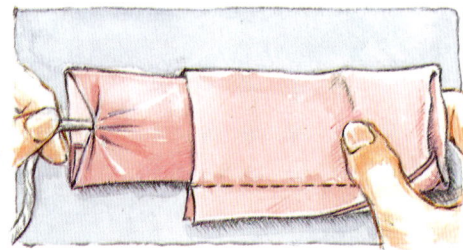

5 Doble la tira por la mitad en sentido longitudinal, con los derechos encarados, de manera que el cordón quede entre ellos. Cosa a máquina los bordes del lado largo. Vuélvalo del derecho tirando del cordón y de un corte al cordón, próximo al borde del tejido.

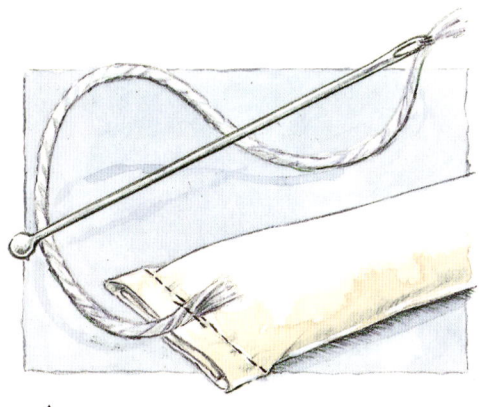

Accesorios para cortinas

▲ **6** Cosa uno de los extremos del cordón al rollo acolchado y el otro a un pasacintas (o a una aguja larga, de ojo grande y despuntada).

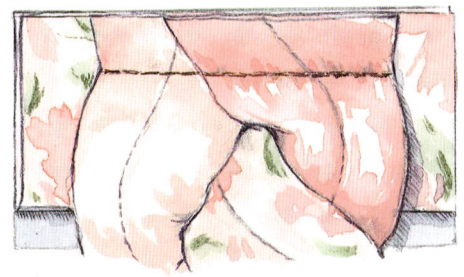

▲ **9** Haga un ribete en cada extremo con un cuadrado de tela principal de 10 cm. Doble el cuadrado por la mitad, con los reveses enfrentados. Alinee los bordes pelados con los bordes del extremo de la trenza y cósalos a máquina juntos.

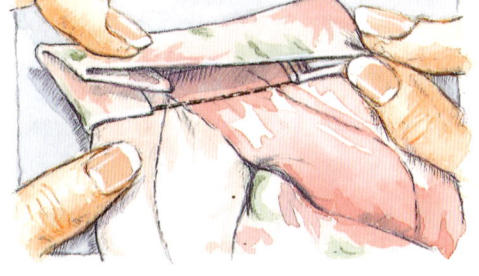

▲ **7** Inserte la aguja o el pasacintas por uno de los extremos del tubo de tela y tire de él hasta que vaya pasando el rollo acolchado. Corte el cordón. Repita los pasos del 2 al 7 para hacer las otras dos tiras acolchadas.

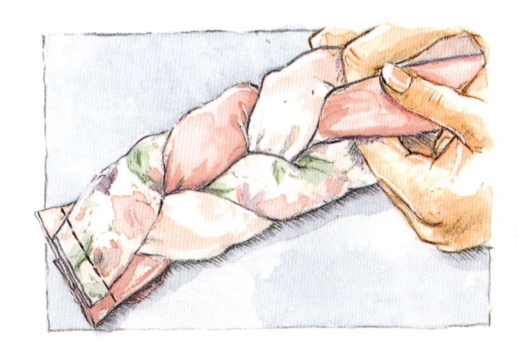

▲ **10** Doble ahora uno de los lados del cuadrado más cortos y, a continuación, el otro. Haga un doblez en el tercer lado de manera que oculte lo que se ha cosido a máquina, y cósalo a punto invisible. No olvide hacer los dobleces hacia el mismo lado en ambos extremos de la trenza.

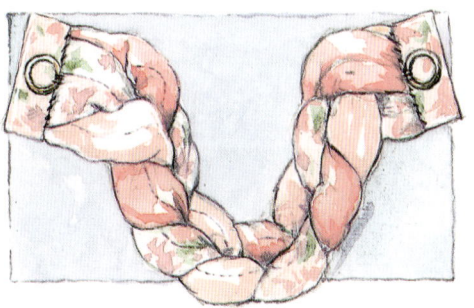

▲ **8** Cosa las tres tiras acolchadas superponiéndolas en un extremo y tréncelas a continuación. Cósalas todas en el otro extremo para que no se deshaga la trenza. Compruebe si el tamaño del alzapaño es correcto.

▲ **11** Cosa los aros metálicos con punto de ojal en el revés del alzapaño, a unos 2 cm de cada extremo.

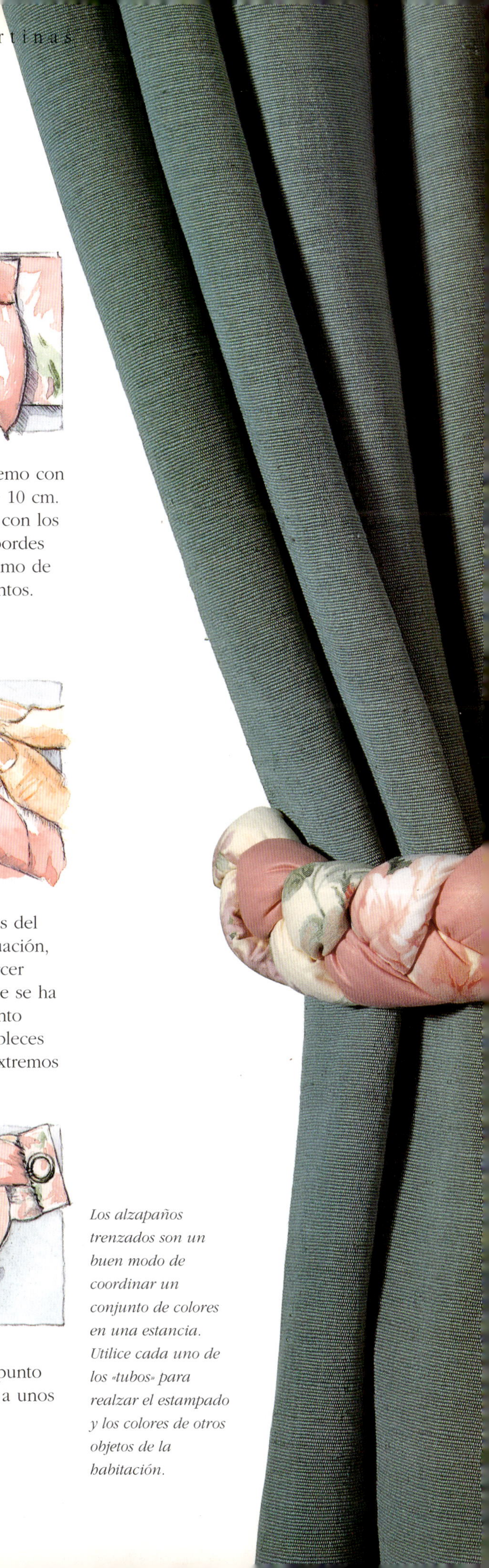

Los alzapaños trenzados son un buen modo de coordinar un conjunto de colores en una estancia. Utilice cada uno de los «tubos» para realzar el estampado y los colores de otros objetos de la habitación.

Alzapaños con volante

Este tipo de alzapaño se hace con un entreforro cortado previamente y que se adhiere con el planchado. Puede combinarse con una guardamalleta o con almohadones con volantes, si se emplea un material para el volante que contraste o haga juego con ellos. El entreforro se usa para que el alzapaño quede rígido y así adquiera un aspecto profesional. Corte la tira del volante en una una sola pieza si fuera posible. Si no, corte tiras más cortas y únalas con costuras abiertas hasta conseguir el largo necesario.

SE NECESITA LO SIGUIENTE:

Materiales

entreforro en forma de gajo de naranja — se adhiere al planchar
tela
tira de tela para el volante
forro
dos ojales metálicos
equipo de costura básico   página 134

Técnicas

planchado	página 137
costuras abiertas	página 142
cosido a máquina	página 140
punto invisible	página 139
punto de ojal	página 139

Medidas

Véase página 154

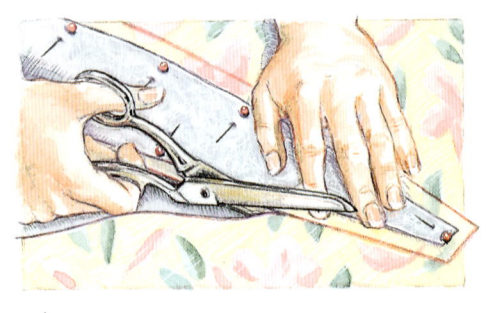

1 Guiándose por el entreforro en forma de gajo de naranja, corte el tejido principal para cada alzapaño, añadiendo 1,5 cm de margen para el doblez en todo el contorno. Para el volante, corte una tira de 15 cm de ancho por el doble de la medida de la parte inferior del entreforro.

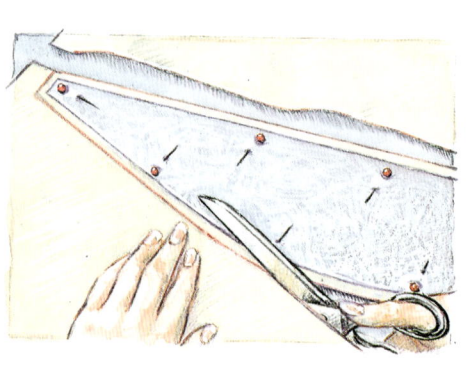

2 Corte el forro guiándose de nuevo por el entreforro y añada otros 6 mm de margen para el doblez en todo el perímetro.

3 Coloque el entreforro con el lado adhesivo hacia el revés del tejido principal, cerciorándose de que el margen para doblar es igual en todo el contorno. Plánchelo.

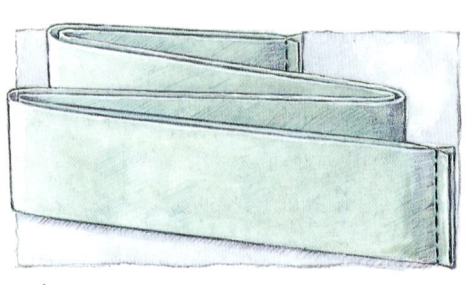

4 Una varias tiras de tejido si fuera necesario para alcanzar el largo del volante. Con los derechos encarados, doble la tira del volante por la mitad en sentido longitudinal y cosa a máquina los dos extremos cortos. Vuélvalo del revés y plánchelo.

5 Haga a máquina dos pespuntes para fruncir, uno a 1,5 cm y el otro a 6 mm del borde del volante. Marque el centro y tire de los hilos, frunciendo el volante hasta que se adapte a la medida de la parte inferior del alzapaño menos 1,5 cm a cada extremo.

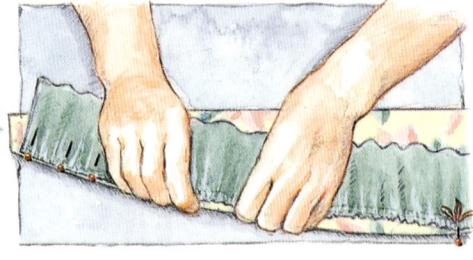

6 Marque el centro del alzapaño. Coloque el volante sobre el frente del alzapaño, casando ambas marcas centrales, y calculando 1,5 cm más de longitud en el alzapaño en cada extremo. Alinee los bordes con el borde inferior del alzapaño y préndalo con alfileres.

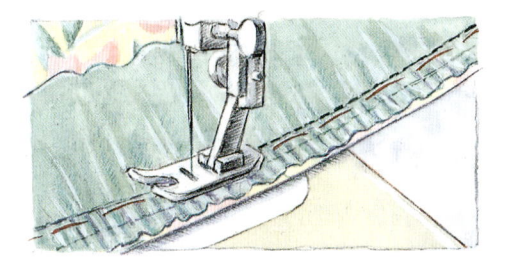

Los alzapaños con volante son ideales para dormitorios o estancias de estilo rústico. Si los coloca en un dormitorio, combínelos con los volantes de las fundas de las almohadas. Si la cortina es lisa, haga el alzapaño en tela estampada para darle un baño de color.

7 Distribuya los frunces e hilvane el volante al alzapaño, procurando que las puntadas estén próximas al borde del entreforro. Retire los alfileres y cosa a máquina el volante.

8 Recorte la costura. Haga un doblez hacia abajo en el volante e hilvánelo. Doble e hilvane el margen para la costura a todo lo largo del borde recto y de los laterales.

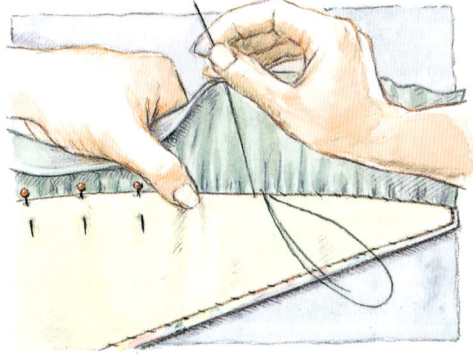

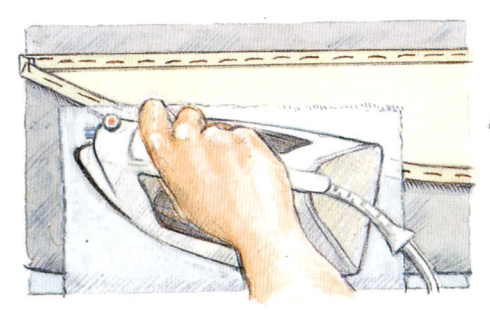

9 Prepare el forro haciendo un doblez hacia abajo de 1 cm en todo el perímetro. Hilvánelo y plánchelo.

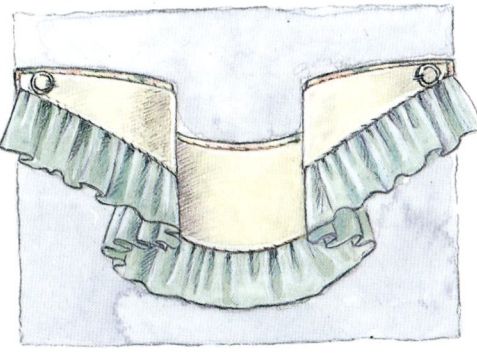

10 Coloque el forro con el revés hacia abajo sobre el revés del alzapaño. Préndalo con alfileres y cosa el forro a punto invisible.

11 Cosa los ojales metálicos a punto de ojal en el revés del alzapaño, a unos 2 cm de cada extremo.

ALZAPAÑOS CON RUCHES

Consisten, básicamente, en rollo acolchado de tejido, como ya vimos para los alzapaños trenzados, que se inserta en un tubo más largo de tela y que se recoge hasta crear un elegante tipo de fruncido denominado «ruche».

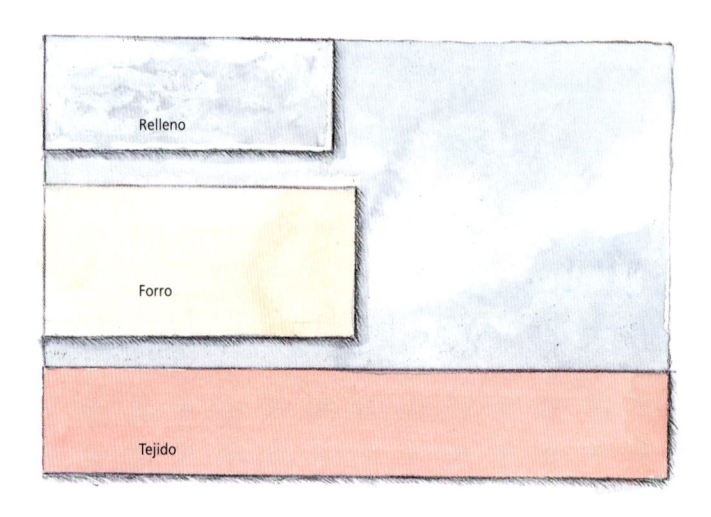

SE NECESITA LO SIGUIENTE:

Materiales

tela
forro
relleno de grosor medio
cordón de ribetear
dos ojales metálicos
equipo de costura básico　　　página 134

Técnicas

punto invisible　　　página 139
hilvanado　　　página 138
cosido a máquina　　　página 140
punto de ojal　　　página 139

Medidas

Véase página 154

1 Para cada alzapaño corte una tira del tejido principal de 15 cm de ancho por el doble del largo definitivo que se requiera. Corte una pieza de forro de 20 cm de ancho por el largo definitivo. Corte una pieza de relleno con 16 cm de ancho y 3 cm menos que el largo del forro.

2 Coloque el relleno sobre el revés del forro, con los bordes alineados en uno de los lados más largos. Enrolle forro y relleno.

3 Haga un doblez de 1 cm en el otro lado largo del forro y cósalo a punto invisible a lo largo del centro del rollo. Cosa los extremos con un pequeño hilván.

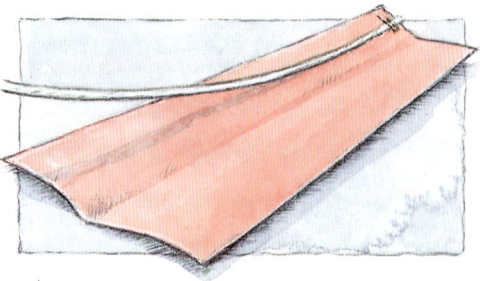

4 Sujete un largo de cordón de ribetear a la tira de tejido principal, cosiéndolo a máquina en uno de los lados más cortos y por el derecho.

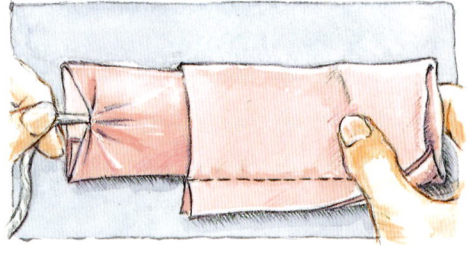

5 Doble la tira por la mitad en sentido longitudinal, con los derechos encarados, de manera que el cordón quede entre ellos. Cosa a máquina los bordes del lado largo. Vuélvalo del derecho tirando del cordón y de un corte al cordón, próximo al borde del tejido.

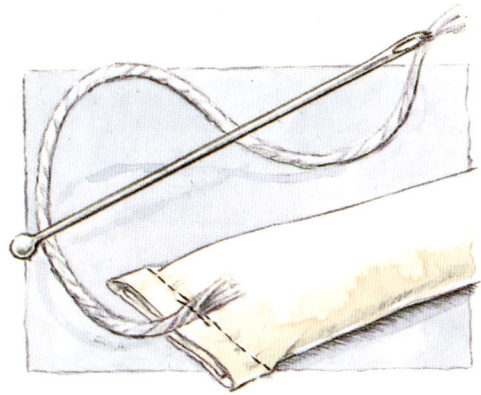

Un alzapaño fruncido en un solo tejido añade textura y causa un gran impacto visual. Utilice una tela que haga contraste o, si la cortina es lisa, haga el alzapaño en el mismo material que el resto de la tapicería.

▲ 6 Cosa uno de los extremos del cordón al rollo acolchado y el otro a un pasacintas (o a una aguja larga, de ojo grande y despuntada).

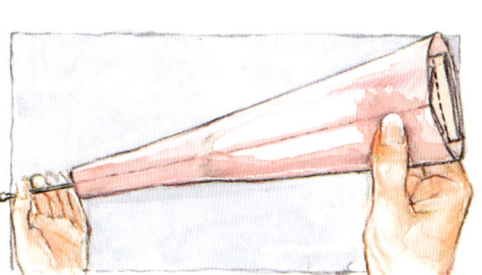

▲ 7 Inserte la aguja o el pasacintas por uno de los extremos del tubo de tela y tire de él hasta que el final del rollo quede al mismo nivel que el principio del tubo de tejido.

▲ 8 Nivele el extremo del tubo doblando hacia adentro ambas esquinas. A continuación, doble dos veces el extremo y cosa a punto invisible cuidadosamente. Asegúrese que el rollo está bien sujeto al extremo del tubo de tejido.

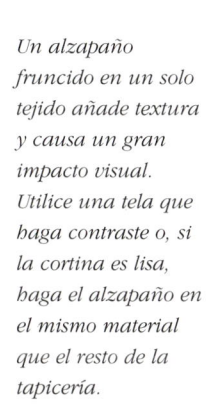

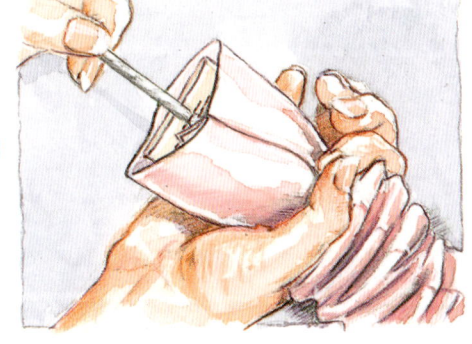

▲ 9 Continúe tirando del cordón y frunciendo el tejido simultáneamente hasta que el rollo acolchado salga por el otro extremo. Prenda alfileres y corte el cordón cerca del borde. Nivele el extremo como se hizo en el paso 8.

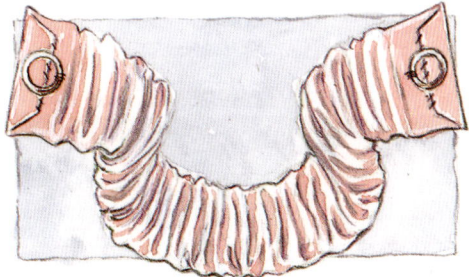

▲ 10 Cosa los ojales metálicos con punto de ojal en el revés del alzapaño, a unos 2 cm de cada extremo.

Festón (caída central)

Las instrucciones que se dan a continuación corresponden a la caída central o festón. Haga una de prueba, junto con las caídas laterales, utilizando tejido de forro o una sábana para calcular la tela que necesita.

SE NECESITA LO SIGUIENTE:

Materiales
tela (véase más abajo)
forro (véase más abajo)
velcro
equipo de costura básico   página 134

Técnicas
corte	página 136
hilvanado	página 138
punto invisible	página 138
punto en zigzag	página 141
planchado	página 137
colocación del velcro	página 146

Medidas

Mida la longitud de la tabla de la galería y de las vueltas laterales (desde una parte de la pared a la otra), así como la caída de la cortina. La parte superior del festón acabado debería equivaler a la longitud de la tabla de la galería, y la caída debería equivaler a un sexto aproximadamente de la caída de la cortina. Una vez que haya decidido el tamaño que quiere que tenga el festón, guíese por el diagrama para las proporciones.
A a B= la mitad del ancho definitivo.
C a D= 2,5 veces la caída definitiva
E a F= 1,5 veces el ancho definitivo. Advierta que esta línea está 3/4 por debajo de la parte superior de la medida de la caída de corte.

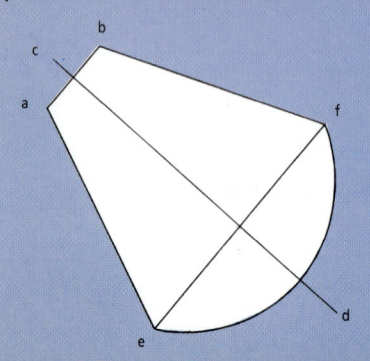

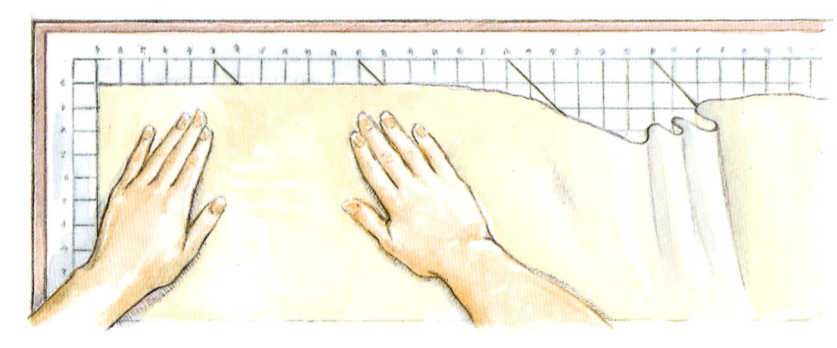

1 Coloque el forro, con el derecho hacia abajo, sobre un panel de corte o papel cuadriculado y alinee el borde con una de las líneas rectas del panel.

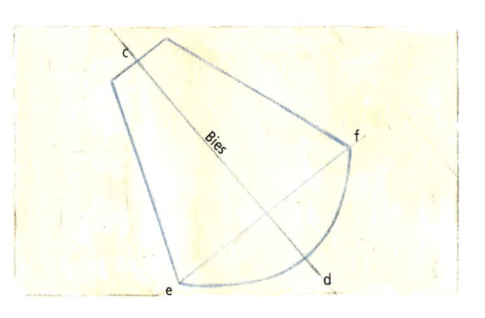

2 Trace la forma del festón sobre el forro con un jaboncillo o con un lápiz marcador de tela, comenzando con la línea al bies CD y siguiendo las directrices que se dan en el diagrama «Medidas». Añada un margen de 1,2 cm para la costura en el borde pelado.

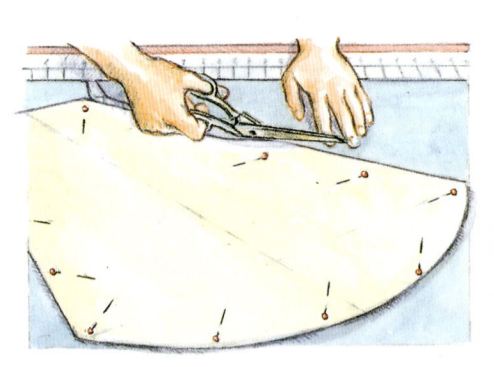

3 Corte todo el patrón y a partir de él corte el tejido principal, asegurándose de que la línea central está al bies. Corte una tira para el ribete de 10 cm de alto por el ancho del festón ya acabado más 3 cm.

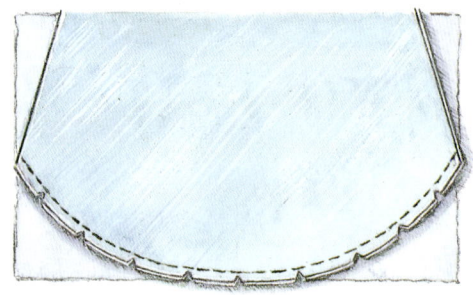

4 Con los derechos encarados, cosa a máquina el forro y el tejido a lo largo de la curva, a 1,2 cm del borde. Recorte la costura, haga incisiones en forma de V, vuélvalo del derecho y plánchelo. Hilvane los laterales y la parte superior.

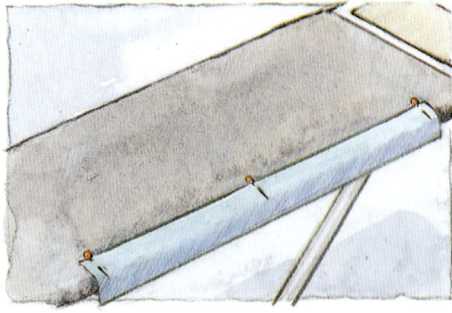

5 Prenda con alfileres la tira para el ribete sobre una superficie apropiada, como la tabla de la plancha, de manera que el lado más largo sobresalga 2,5 cm por el borde. Marque con alfileres el punto central y un margen para doblar de 1,5 cm en cada extremo.

Accesorios para cortinas

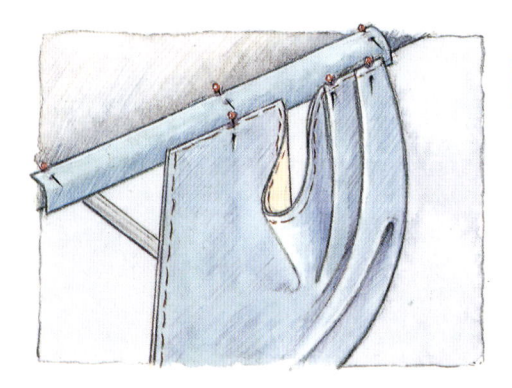

6 Marque el punto central del festón y préndalo con alfileres a la tira del ribete, casando los centros. Plise los lados más largos uniformemente, comenzando por el punto F, y haciendo primero un lado y después el otro.

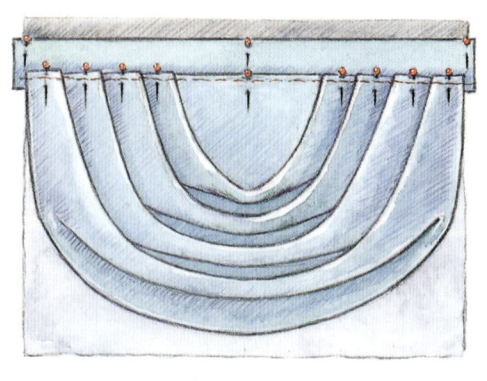

7 Cuatro pliegues en cada lado recogerán todo el vuelo del material. Los pliegues a ambos lados del punto central están situados en el borde superior recto del festón (AB), mientras que los puntos E y F corresponderían a los alfileres exteriores a ambos lados.

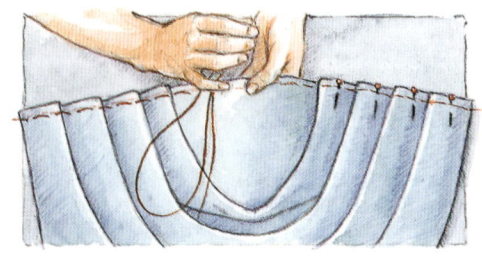

8 Retire los alfileres que sujetan el festón a la tira de ribeteado, y vuélvalos a poner para marcar los pliegues. Hilvane los pliegues.

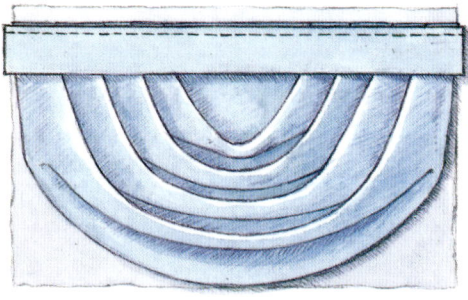

9 Con los derechos juntos, coloque la tira del ribete sobre el borde superior del festón y prenda alfileres. Hilvánela y retire los alfileres. Cósala a máquina a 1,2 cm de los bordes pelados.

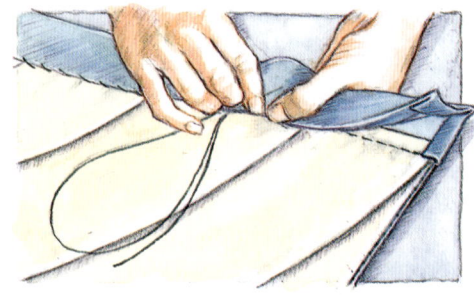

10 Doble la costura y la tira del ribete hacia el revés. Haga un doblez de 1,5 cm en los lados y de 1,2 cm en todo el largo. Doble el ribete hacia abajo y cóselo a punto invisible para que las puntadas queden ocultas.

11 Cosa en zigzag la parte del velcro con «bucles» en el revés del ribete. Cosa a máquina un tramo de 15 cm de la parte del velcro con «ganchos» al derecho del festón y a ambos extremos para sujetar firmemente las caídas laterales.

FESTÓN DE CONFECCIÓN RÁPIDA

Para conseguir el efecto de drapeado con caídas laterales de manera fácil y rápida, aunque no por ello menos llamativa, haga un festón sin forro. Mida la longitud de la barra y la caída a ambos lados, dejando un margen para el alto del drapeado que desee. El modo más sencillo de calcular la cantidad de tela es utilizar una cuerda y colgarla en la barra como si fuera el festón en sí.

1 Corte el tejido y recorte los bordes. Drapee el largo del tejido sobre la barra para comprobar el efecto que hará cuando se utilice todo el ancho. Reduzca algo el largo si fuera necesario, cortando lo que sobre de uno de los extremos más largos del tejido.

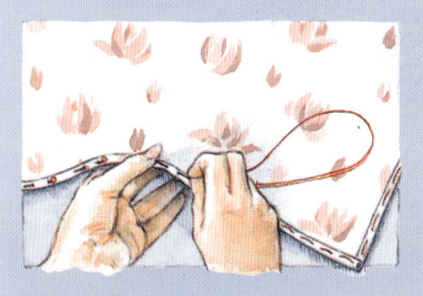

2 Realice un dobladillo doble en todo el perímetro haciendo dos dobleces de 6 mm hacia el revés y préndalo después con alfileres. Hilvane el dobladillo, retire los alfileres y cóselo a máquina por donde vaya el hilván. Plánchelo.

CAÍDAS LATERALES

Las instrucciones que se ofrecen a continuación corresponden a unas caídas situadas a la izquierda. Para hacer las de la derecha, invierta el patrón cuando corte la tela. Las caídas caen sobre el festón una longitud de 15 cm en cada extremo.

SE NECESITA LO SIGUIENTE:

Materiales

tela (véase más abajo)
forro de distinto color (véase más abajo)
velcro
velcro autoadhesivo con «ganchos»
equipo de costura básico   página 134

Técnicas

corte	página 136
hilvanado	página 136
planchado	página 137
cosido a máquina	página 140
punto invisible	página 139
colocación del velcro	página 146

Medidas

Tenga en cuenta las medidas necesarias conforme al diagrama.
A a B= la caída del festón terminado
C a D= el doble de A a B
C a E y de D a F= fondo de la vuelta lateral de la tabla, que suele ser de 10 cm.
Estas instrucciones son válidas para tres tablas, de 20 cm de tela cada una. El pliegue de la primera tabla está situado en el borde interior del lateral de la tabla; el segundo y el tercero, a 2,5 cm del primero.

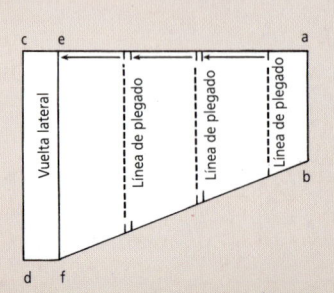

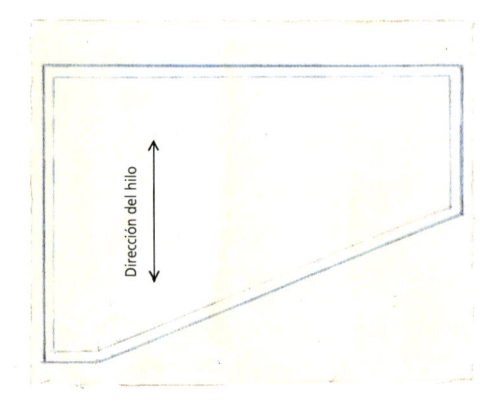

1 Coloque el tejido del forro con el derecho hacia abajo y marque las dimensiones de la pieza para las caídas con jaboncillo o lápiz marcador, añadiendo un margen para la costura de 1,2 cm que recorra todo el perímetro.

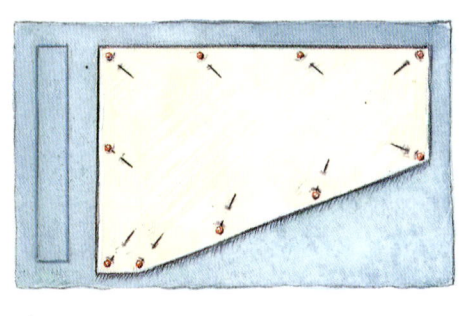

2 Corte el patrón y a partir de él corte el tejido principal, asegurándose de que la línea central está al bies. Corte una tira para el ribete de 10 cm de ancho por la longitud de las caídas ya acabadas.

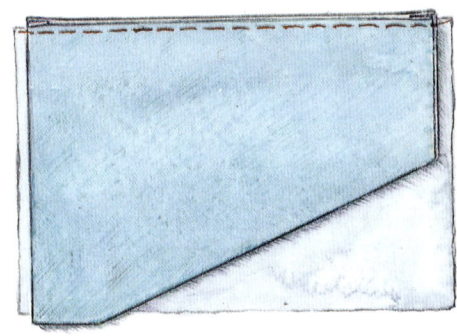

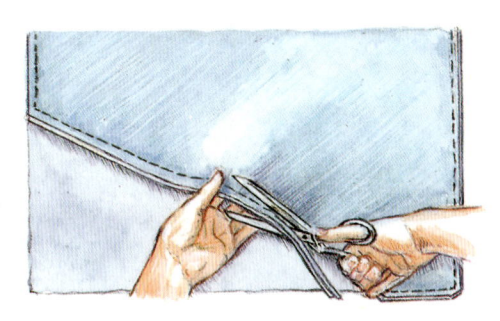

3 Coloque el tejido principal y el forro con los derechos juntos, y cósalos a máquina por los lados y el borde inferior, a 1,2 cm del borde. Recorte las costuras y las esquinas.

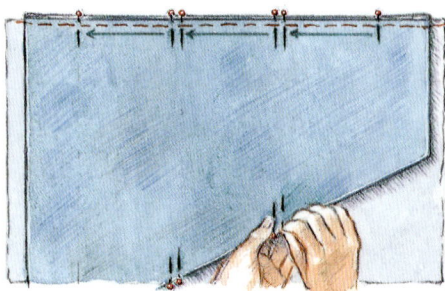

4 Vuélvalos del derecho y planche los bordes. Hilvane la tela con el forro en el borde pelado superior.

5 Marque con alfileres el lugar donde van a quedar las caídas y los espacios entre ellas, tanto en el borde superior como en el inferor, conforme a las medidas que se han dado previamente.

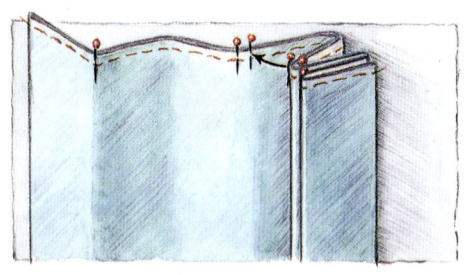

Accesorios para cortinas

6 Forme tres pliegues, comenzando por el borde más corto y vaya planchándolos conforme va avanzando. Planche un pliegue que recorra la línea E a F, donde la cola va a seguir el ángulo de la tabla de madera.

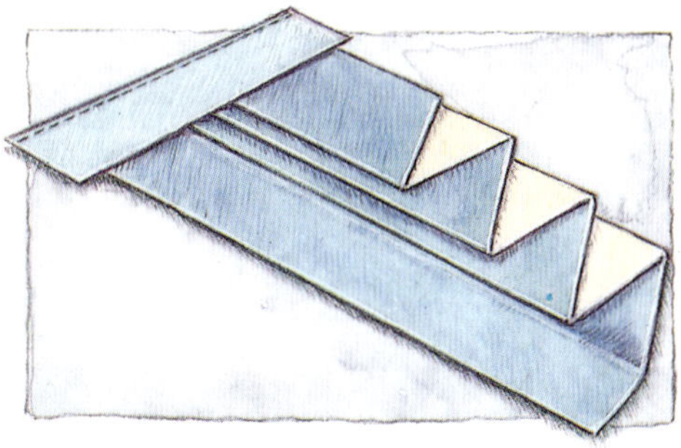

7 Coloque la cinta del ribete con el derecho hacia abajo sobre el derecho de la parte superior de las caídas y préndalo con alfileres. Hilvánelo, retirando los alfileres conforme avanza. Cósalo a máquina a 1,2 cm del borde pelado.

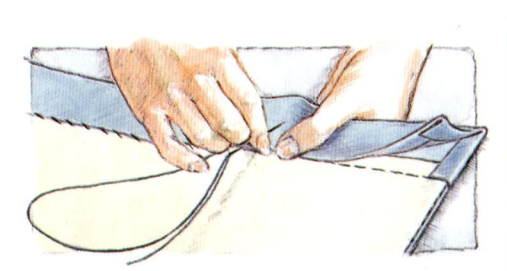

8 Planche la costura y la tira hacia arriba sobre el revés. Haga un doblez hacia abajo de 1,5 cm en los lados y de 1,2 cm en todo el largo. Doble el ribete hacia abajo y cósalo a punto invisible para ocultar las puntadas.

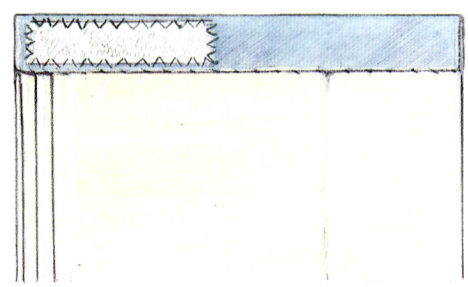

9 Cosa a máquina la parte del velcro con «bucles», sobre el revés del ribete y sobre la parte frontal de las caídas, con puntadas en zigzag.

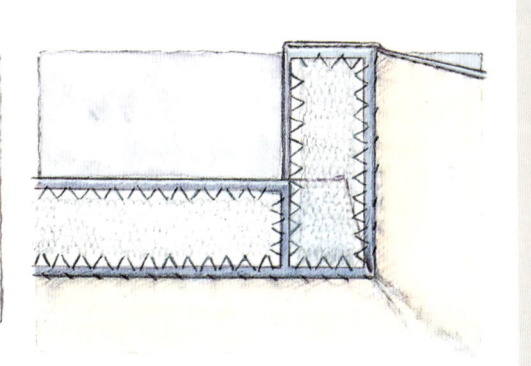

10 Haga un pliegue diagonal en el ribete con el fin de que forme un ángulo para el lateral de la tabla. Coloque una tira de velcro con puntadas en zigzag sobre el revés de la vuelta lateral.

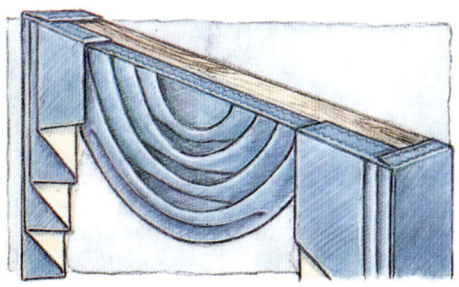

11 Haga las caídas del lado derecho de la misma manera, pero invirtiendo los lados en el diagrama.

COLOCACIÓN DEL FESTÓN Y DE LAS CAÍDAS

Coloque la parte del velcro con «bucle» en la parte superior de la tabla, incluidos los laterales. Sitúe el festón en su sitio y presione firmemente para que la parte del velcro que lleva el festón quede completamente fija en la de la tabla. A continuación, ponga las caídas sobre el festón en la parte superior del listón a ambos lados y en los laterales. Un hilván a cada lado aumentará la seguridad.

CENEFAS

En las instrucciones que se dan a continuación para hacer una cenefa para una galería se emplea un entreforro rígido autoadhesivo de doble cara, que supone un método fácil y eficaz. En el dorso suelen llevar impresas los múltiples usos en los que pueden emplearse.

SE NECESITA LO SIGUIENTE:

Materiales

entreforro rígido autoadhesivo para la galería	
tela	
forro	
velcro con «ganchos» autoadhesivo	
equipo de costura básico	página 134
ribete (opcional) y pegamento para tela	

Técnicas

corte	página 136
cosido a máquina	página 140
esquinas a inglete	página 144
cosido en zigzag	página 141
punto invisible	página 139

Medidas

Para calcular las dimensiones de su galería, mida la longitud de la tabla (A a B), los laterales (B a C) más el alto (D a E).

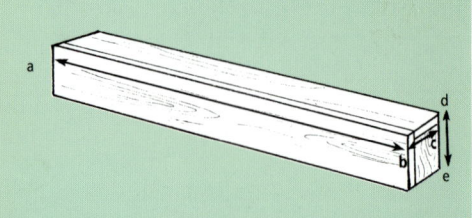

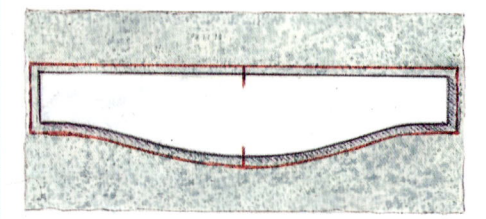

1 Corte el tejido valiéndose del entreforro rígido como plantilla. Deje un margen de 2 cm en todo el perímetro. Marque los puntos centrales tanto en el tejido como en el entreforro.

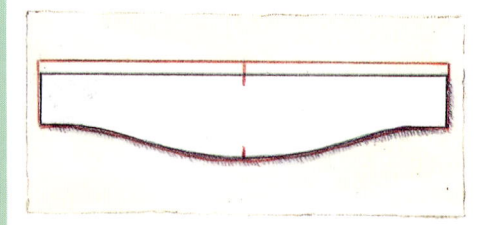

2 Corte el forro al tamaño exacto del entreforro en los lados y en la parte inferior, pero dejando un margen de 2,5 cm en la superior.

3 Comience a retirar, desde el centro, el papel del dorso del entreforro rígido. Coloque el tejido con el revés hacia abajo de forma que quede en contacto con la parte adhesiva y que casen los centros. Continúe retirando el papel, alisando al tiempo el tejido con la mano para evitar que se formen bolsas.

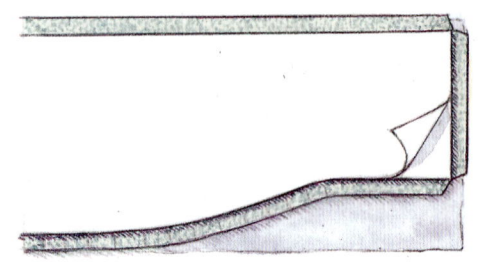

4 Dele la vuelta a la cenefa. Haga un corte en las esquinas del margen de tela que se ha dejado para doblar, pero no llegue hasta el borde del entreforro. Retire el otro papel del reverso del entreforro.

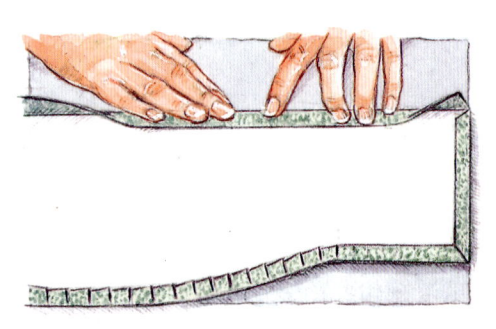

5 Presione bien con los dedos el margen de tela que se ha dejado para doblar, disponiéndolo en las esquinas a inglete.

6 Haga un doblez de 2,5 cm (hacia el revés del forro) en la parte superior, y de 9 mm en la inferior y en los lados y plánchelo después.

Accesorios para cortinas

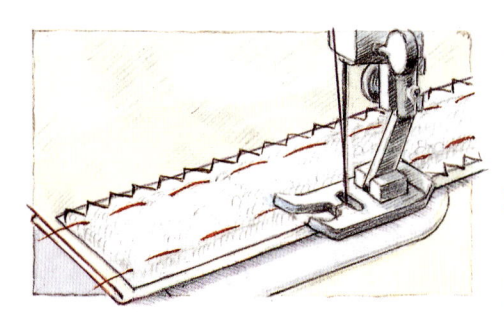

7 Coloque una tira de velcro con «bucles» a todo lo largo del borde superior del forro, por el derecho. Cosa ambos bordes del velcro a máquina, con puntadas en zigzag.

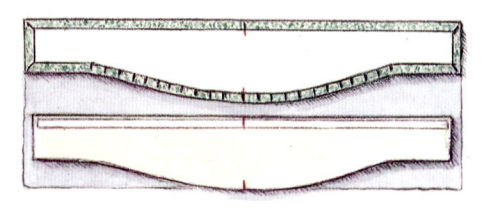

8 Marque el centro del forro por el derecho y el de la cenefa por el revés.

9 Coloque cuidadosamente el forro sobre el dorso de la cenefa, con el revés hacia abajo, alineando las marcas de los centros. Alise el forro sobre la parte adhesiva como se vio anteriormente. Cosa a punto invisible el forro al tejido que recorre el perímetro.

10 Presione bien la parte del velcro con «ganchos» contra el borde frontal de la tabla de madera, donde se haya la otra parte del velcro, comenzando por el centro.

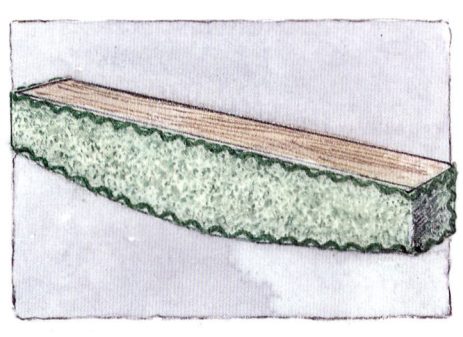

11 Si lo desea, añada un adorno en zigzag que armonice con la cenefa, empleando pegamento para tela.

CENEFAS

Las cenefas dan otra dimensión a las ventanas, sea cual sea el tamaño y el estilo de la habitación. Escójala con una forma que vaya bien con su habitación: encontrará desde un simple cuadrado hasta los estilos más elaborados que se emplean en ventanas de mayor tamaño con cortinajes más pesados y exóticos. Más arriba se ofrece una selección de formas de cenefas. Quizá prefiera usted que esta forma se corresponda con algún motivo del estampado del tejido. Sin embargo, cualquiera que sea el tamaño y estilo por los que se decida, asegúrese siempre de que haya suficiente espacio entre la galería y la guía de las cortinas, para permitir que éstas puedan deslizarse con holgura.

Una vez que haya elegido la forma, revístala con un tejido que haga juego con las cortinas, o que contraste con ellas, y combínela con otros tejidos de la habitación.

GUARDAMALLETAS

Las guardamalletas son una especie de minicortinas. Para establecer el largo que desee, corte papel o tela, aproximadamente de un sexto de la caída de la cortina, y péguelo a la cortina para ver el efecto.

SE NECESITA LO SIGUIENTE:

Materiales

tela	página 54
forro	
cinta de fruncido de canutillo, dorso con «bucles»	
velcro con «ganchos» autoadhesivo	
equipo de costura básico	página 134

Técnicas

corte	página 136
costuras abiertas	página 142
esquinas a inglete	página 144
cosido a máquina	página 140
planchado	página 137
punto invisible	página 139
hilvanado	página 138
colocación de la cinta de fruncido	página 52

Medidas

Mida el largo de la tabla o de la guía de la guardamalleta y las vueltas laterales (desde una parte de la pared a la otra). Calcule el ancho del tejido necesario para dar el vuelo adecuado, como si se tratara de una cortina. Elija la profundidad que va a tener la guardamalleta en relación con la longitud de las cortinas y añádale 4 cm.

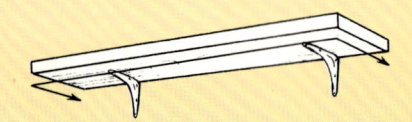

1 Corte el número necesario de anchos en el tejido principal, añadiendo 4 cm a la profundidad definitiva. Corte el forro apropiado al tamaño que va a tener la guardamalleta acabada, descontando los márgenes para dobleces. Una los anchos de tela y forro si fuera necesario.

2 Coloque el tejido con el derecho hacia abajo y haga un doblez de 2,5 cm que recorra la parte inferior y los lados. Prenda alfileres. Plánchelo y retire los alfileres. Doble las esquinas inferiores a inglete.

3 Cosa a máquina las esquinas a inglete desde el doblez hasta 1 cm del borde pelado. Corte la esquina, vuelva la guardamalleta del derecho y vuelva a planchar las esquinas.

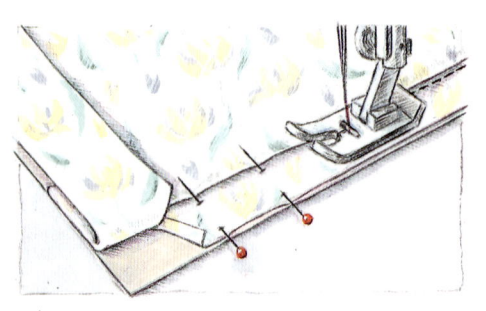

4 Con el derecho del forro hacia arriba, coloque la guardamalleta sobre el mismo con el derecho hacia abajo. Alinee los bordes inferiores y préndalos con alfileres. Cósalos a máquina a 1 cm del borde y retire los alfileres.

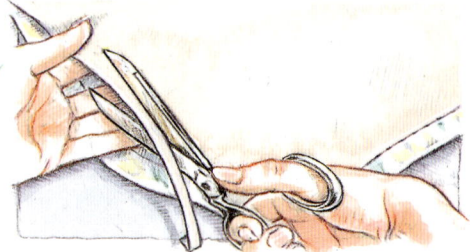

5 Dele la vuelta al forro hacia el revés de la guardamalleta y planche el doblez. Recorte 6 mm de los lados y de la parte inferior del forro.

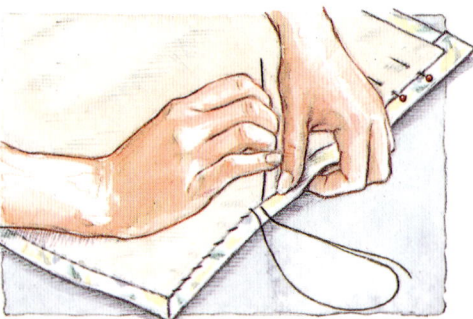

6 Haga un doblez hacia abajo en los lados, de aproximadamente 1 cm. Prenda con alfileres los dobladillos laterales, cósalo a punto invisible y, finalmente, plánchelos.

7 Hilvane el forro por la parte superior (debería ser 1,5 cm más corto que la guardamalleta). Haga un doblez de 1,5 cm en el margen que se dejó en la parte superior, doblando sobre el forro, y plánchelo.

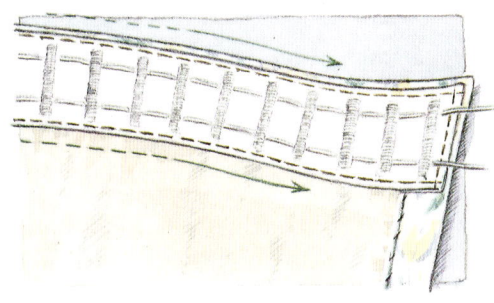

9 Cosa a máquina la cinta, haciéndolo en la misma dirección en ambos bordes, y cosa también los bordes doblados. Frunza la guardamalleta hasta que tenga el ancho deseado a base de tirar de los cordones. Anude los extremos y ocúltelos por detrás.

Como las guardamalletas están fijas, pueden colgarse de muy diversas maneras. Añádales unas «caídas»; o cuélguelas sobre una simple barra de madera con anillas a juego si desea un aspecto más informal para una ventana o para una cama con dosel.

8 Coloque la cinta de fruncido justo por debajo de la parte superior de la guardamalleta y dóblela sobre sí misma hacia abajo 1,5 cm en cada extremo de la cinta. Cerciórese de que los cordones están sueltos. Prenda la cinta con alfileres.

10 Fije la parte del velcro con «ganchos» a la tabla de la guardamalleta y haga presión para que se adhieran sobre ella las tiras de velcro con «bucles» de la cinta de fruncido. Comience a hacerlo desde el centro hacia los bordes.

Estores

Los estores constituyen una manera práctica y económica de cubrir ventanas. En esta sección se dan instrucciones para hacer estores romanos, austríacos y abullonados. Los estores romanos tienen un aspecto plano y sobrio, muy adecuado para una ventana situada sobre la pila o la encimera de una cocina; cuando se sube permite la entrada de gran cantidad de luz en la habitación. El estor abullonado tiene pliegues invertidos que, al elevarlos, forman unos recogidos muy atractivos. Con el vuelo extra que tienen los estores austríacos en la parte superior consiguen un aspecto más lujoso.

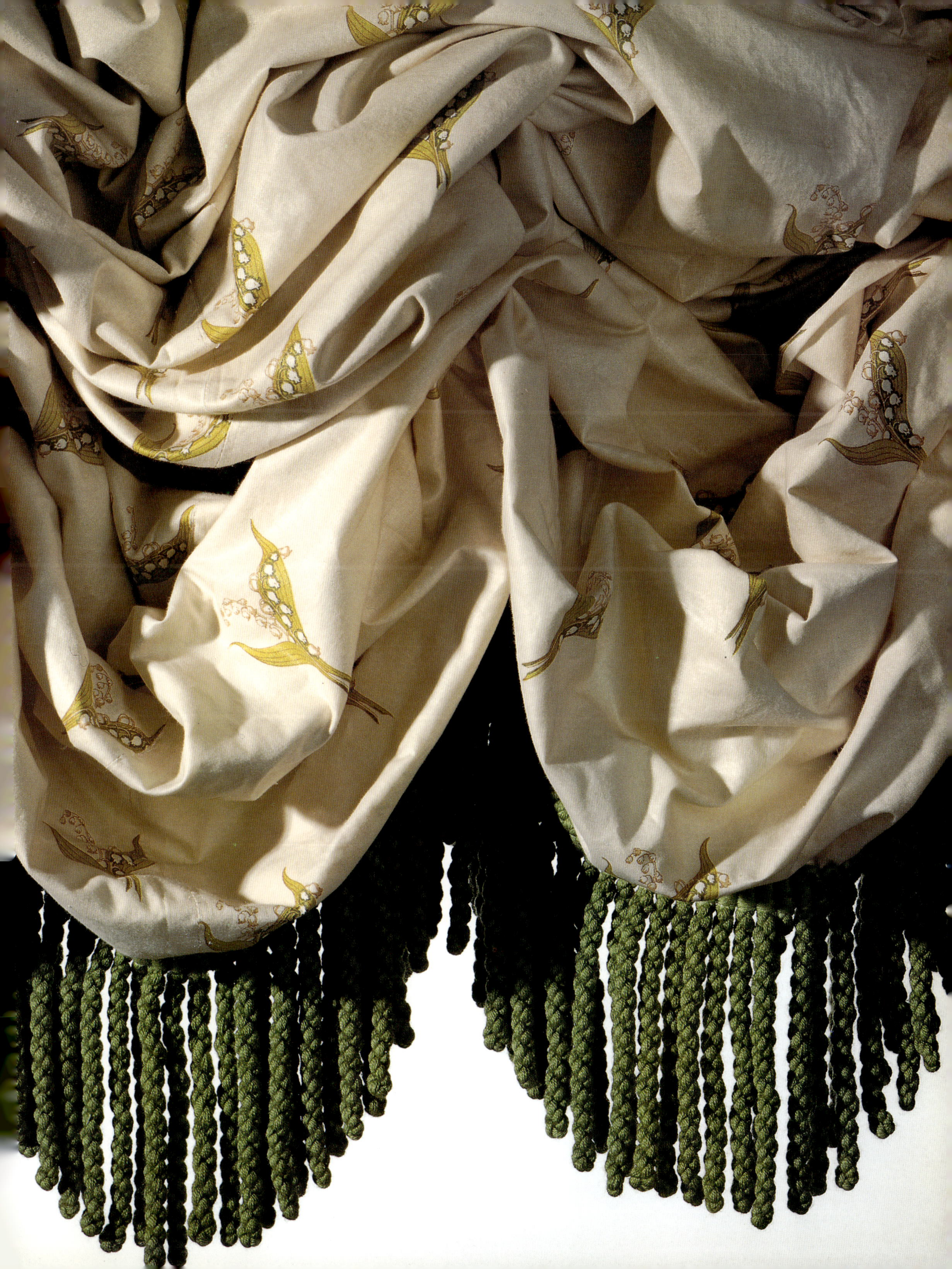

MEDIDAS PARA CONFECCIONAR ESTORES

LOS ESTORES SUELEN CONSTITUIR una alternativa más práctica que las cortinas para vestir ventanas: requieren menos tejido y son relativamente más fáciles de hacer.

A la hora de tomar medidas es imprescindible una exactitud absoluta en cada paso, pero, en particular, al cortar el tejido. Se recomienda forrarlos, ya que ello favorece la caída, protege el tejido y mejora el aislamiento.

Tome buena nota de las instrucciones para medir los diferentes tipos de estores y para disponer las costuras de forma que sean lo más discretas posible.

Cuando esté trabajando con uniones de tejido, asegúrese de que las costuras del forro se corresponden exactamente con las del tejido principal, para evitar, así, un aspecto desagradable cuando estén a contraluz.

Para los estores romanos, si necesita unir tejidos a fin de lograr el ancho necesario, cerciórese de que coloca un ancho completo en el centro, con el tejido adicional agregado a los lados.

Los tres tipos de estor que incluye esta sección se cuelgan de maneras algo diferentes, aunque los métodos de hacerlos son similares. Es importante escoger el tejido adecuado al estilo del estor: la tela de cortina de tejido firme es ideal para los estores romanos o los abullonados, mientras que los materiales de peso ligero/medio son más apropiados para formar las bolsas y los drapeados característicos del estor austríaco.

Colocación de la tabla de madera

Todos los estores que trata esta sección están sujetos a una tabla de madera situada en la parte superior de la ventana. Cada estor se recoge mediante una serie de cordones verticales que atraviesan una serie de anillas cosidas en la parte posterior. Cuando se eleva el estor, los cordones quedan sujetos atándolos a una cuña en forma de ocho que va atornillada a la pared lateral. Para ocultar la tabla, píntela o revístala de tela.

Para la tabla necesitará una pieza de madera blanda de 50 mm x 25 mm, cortada según el largo necesario y fijada a la parte superior de la ventana con escuadras.

Para fijarlo en una ventana inserta en un hueco profundo, el estor debe medir 2,5 cm menos que el hueco de manera que pueda entrar con holgura. En este caso, la tabla se fija al techo del hueco (no es conveniente para un estor abullonado) y la caída del estor se mide desde el techo hasta el alféizar.

Si la tabla se va a fijar a la pared que hay sobre la ventana, córtela lo suficientemente larga para que la sobrepase en 5 cm a cada lado.

Medición

Para calcular el ancho final del estor, mida la longitud de la tabla.
- Para calcular el largo definitivo del estor, mida desde la parte superior de la tabla hasta el alféizar. Si se trata de un estor situado dentro del hueco de la ventan, reste 2 cm para que quede espacio sobre el alféizar. Si se va a colocar fuera de la ventana, añada 10 cm de manera que el estor caiga otro tanto a partir de la parte inferior del alféizar.
- Compruebe las medidas en varios puntos del marco de la ventana para asegurarse de que cuadran.

ESTORES ROMANOS

PARA FORMAR LOS CARACTERÍSTICOS pliegues de un estor romano han de coserse a intervalos regulares unos canales horizontales, a través de los cuales se insertan unas varillas o listones. Estos últimos confieren al estor un aspecto más profesional y más pulcro cuando está subido.

• Calcule el largo y el ancho definitivos del estor y añádale 2,5 cm de margen para doblar el tejido en todo el contorno.

• Para el forro, el ancho será exactamente el mismo que el ancho del estor acabado, no obstante, se necesitará más longitud para dárselo a los canales que van cosidos a lo ancho del forro y que albergan las varillas o los listones. Este largo adicional está en función del número de canales que usted desee.

• Para calcular el número exacto de canales necesarios para el tamaño del estor, haga un dibujo del mismo (véase abajo a la izquierda) y divida el largo en secciones como se indica a continuación: trace la primera línea a 15 cm por encima del borde inferior, trace las líneas centrales a una distancia de 30 cm entre sí y deje 8 cm por encima de la línea superior. Tal vez necesite ajustar ligeramente el tamaño de los espacios para adaptarlo al largo final del estor.

• Una vez que haya decidido el número de canales, añada otros 6 cm al largo de cada uno. (Nota: el tamaño del canal que aquí presentamos permite el uso de listones de madera de 2,5 cm x 4 mm. Si va a utilizar barras de plástico o madera, reduzca el tamaño de los canales proporcionalmente). Para terminar, añada otros 2,5 cm en la parte superior como margen para doblar y tendrá ya el largo total para el tejido del forro.

COLOCACIÓN DE UN ESTOR ROMANO

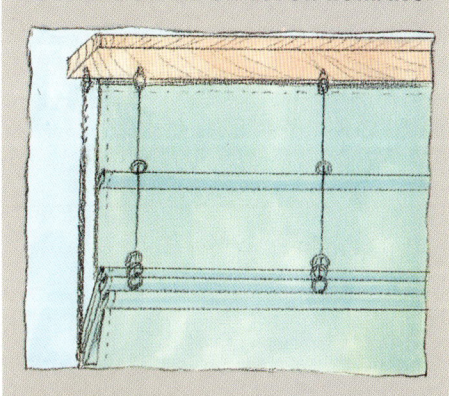

Fije unas hembrillas a la tabla de forma que se correspondan exactamente con las filas de anillas del estor. Coloque otra hembrilla a 2,5 cm del borde de la tabla, en el lado en que va a ser accionado el estor.

• Coloque la parte del velcro con ganchos en el frente de la tabla y haga presión contra la otra parte del velcro colocada en el estor para que queden unidos. Pase los cordones por las hembrillas y anúdelos todos juntos justo después de atravesar el último. Corte los extremos para igualarlos y coloque un tirador para sujetarlos. Atornille la cuña en el lugar que corresponda en la pared.

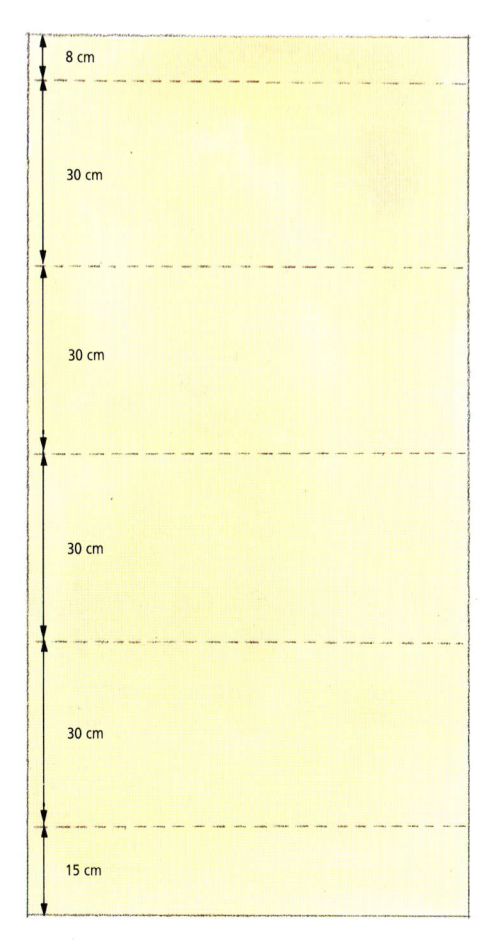

Estores

ESTORES ABULLONADOS

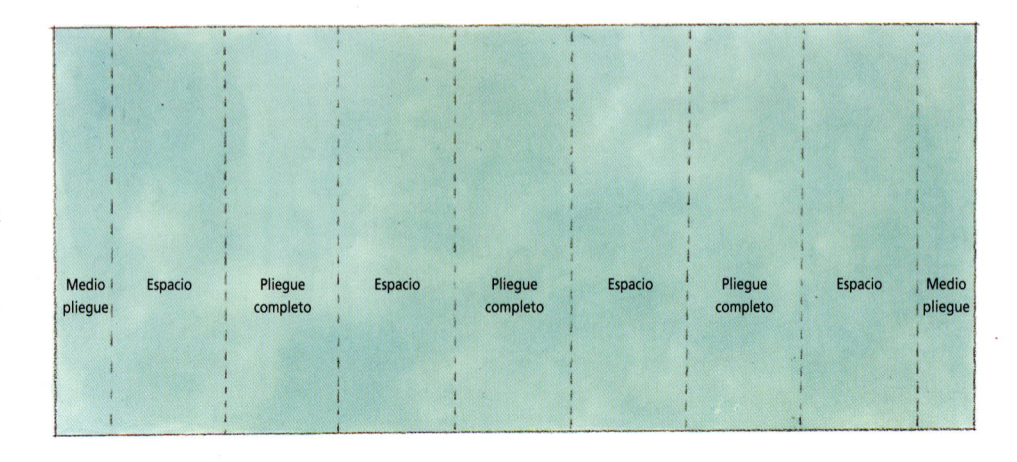

PARA CONSEGUIR EL VUELO de los pliegues invertidos de un estor abullonado necesitará unir anchos de tela. Si se planifica detalladamente la posición de las tablas, las líneas de costura pueden quedar ocultas por un pliegue. El margen que se deja para el largo incluye el tejido añadido que se requiere para las bolsas de la parte inferior, que están «arrugadas» permanentemente.

- Siga las directrices que se proporcionan para colocar la tabla y tome nota del ancho y el largo definitivos que necesita el estor.
- Haga un dibujo (véase a la derecha) para determinar la posición de los pliegues, dejando 30 cm para un pliegue completo y 15 cm para los medios pliegues a ambos extremos. Deje un espacio de 30 cm entre los centros de cada pliegue y divida el ancho final del estor por esta medida para obtener el número de pliegues que necesita. Puede que tenga que ajustar ligeramente las medidas para adaptar el ancho final al ancho del tejido que está usando: cambie entonces el tamaño reservado para los espacios, más que el de los pliegues.
- Una vez que ha calculado el ancho de tela necesario, añada 8 cm para las vueltas laterales y 3 cm para cada costura. Añada 30 cm a la caída definitiva.
- La medida para la tela del forro es la misma que para la de la cortina.

Estor romano

Estor abullonado

92

Estores austríacos

Los estores austriacos tienen un aspecto más lujoso debido a su mayor cantidad de vuelo —se requiere al menos el doble del ancho de la tabla—. Si es necesario unir anchos, las costuras serán más discretas si se unen en la zona donde va a coserse una fila de anillas. Recuerde que, al igual que en el caso de los estores abullonados, el margen que se deja para el largo incluye el tejido adicional para las bolsas que se forman en la parte inferior.

- Siga las directrices para colocar la tabla y tome nota del ancho y del largo definitivos que se necesitan.
- Precisará de al menos el doble del ancho en tejido y otros 30 cm (véase a la derecha) que se añadirán al largo. Deje un espacio de 60 cm entre las anillas en el material sin fruncir, y añada otros 5 cm a ambos lados. No olvide la posición aproximada de las anillas antes de calcular la cantidad de tela, ni tampoco dónde irán las costuras. Si va a poner volantes, recuerde que ha de reducir la medida del largo del estor proporcionalmente a lo que mida el volante, dejando siempre la tela suficiente para hacer éste.
- Las medidas para el forro son básicamente las mismas que para el tejido principal.

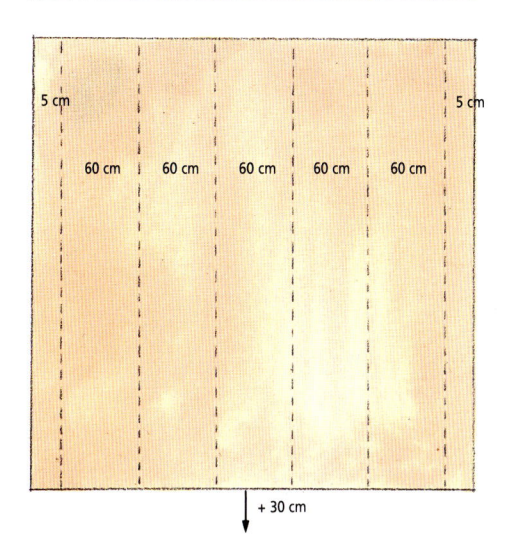

Estor austríaco

COLOCACIÓN

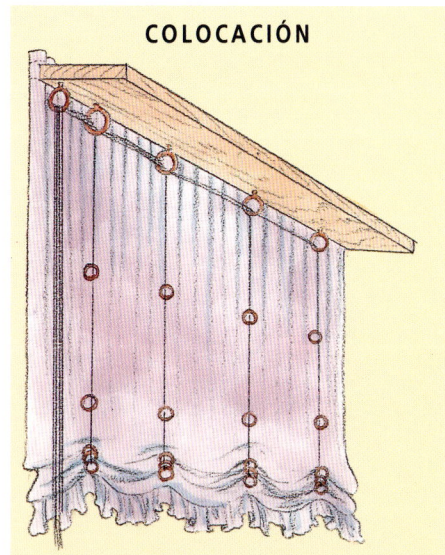

Fije unas hembrillas a la tabla, de forma que se correspondan exactamente con las filas de anillas del estor. Coloque otra hembrilla a 2,5 cm del borde de la tabla, en el lado por el que va a ser accionado el estor (derecho o izquierdo). Si el estor va a ser abullonado, fije la parte con «ganchos» del velcro a la parte superior de la tabla y haga presión contra la otra parte colocada en el estor de manera que éste cuelgue desde el borde de la tabla. Si se trata de un estor austríaco, fije la parte con «ganchos» del velcro al frente de la tabla y tire de los cordones de la cinta de fruncido hasta adaptarla al ancho de la tabla.

Pase los cordones por los ojos de las hembrillas y anúdelos todos juntos justo al salir del último. Corte los extremos para igualarlos y coloque un tirador para sujetarlos. Atornille la cuña en el lugar que corresponda en la pared. Si prefiere mantener la parte inferior permanentemente fruncida, levante el estor hasta que tenga la caída que usted desee y enrolle los cordones en la cuña. Anude o cosa dos o más anillas juntas en las filas verticales.

ESTORES ROMANOS

Lo más adecuado para este tipo de estores es que se confeccionen en un tejido firme y que lleven forro. Los estores romanos son fáciles de hacer, pero es muy importante tomar las medidas exactas en cualquier fase del proceso para asegurarse de que el estor vaya a quedar derecho. Asimismo, coloque siempre una de las filas de anillas que recorren la vertical en el centro, incluso si el estor es estrecho.

SE NECESITA LO SIGUIENTE:

Materiales

tela	
forro	
listones de madera	
anillas según necesidades	
codones	
velcro autoadhesivo de 25 mm de ancho	
hembrillas	
cuña	
equipo de costura básico	página 134

Técnicas

costuras abiertas	página 142
esquinas a inglete	página 144
pespunte al canto	página 141
cosido a máquina	página 140
hilvanado	página 138
punto invisible	página 139
colocación del velcro	página 146
colocación del estor	página 91

Medidas

Para calcular la cantidad de tela, forro, clavijas y cordón que se requiere, consulte la página 90.

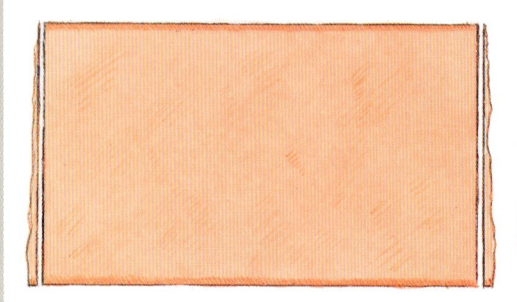

1 Cerciórese de que los bordes de corte del tejido y del forro están rectos y son perpendiculares a los orillos. Recorte los orillos. Corte y una los largos de tejido y forro, con costuras abiertas si fuera necesario.

2 Haga un doblez de 2,5 cm hacia el revés en los lados y en la parte inferior del tejido principal y préndalo con alfileres. Planche los dobladillos y haga las esquinas inferiores a inglete, retirando los alfileres.

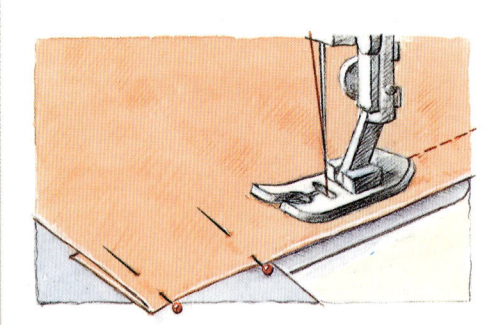

3 Vuelva a prender los alfileres en los dobladillos laterales e inferior, por el derecho, y de un pespunte a 1,5 cm de los bordes doblados, retirando los alfileres conforme va cosiendo.

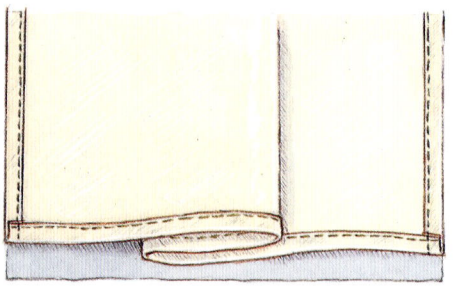

4 Haga un doblez de 1,2 cm hacia el revés en los laterales y la parte inferior del forro y préndalo con alfileres. Planche los dobladillos y cósalos a máquina, retirando los alfileres conforme va cosiendo.

5 Coloque el forro con el derecho hacia arriba sobre una superficie plana y trace las líneas de cosido para los canales donde va a insertarse la barra, de acuerdo con sus medidas.

6 Una las líneas marcadas para formar los canales en el derecho, y préndalo con alfileres e hilvánelo. Retire los alfileres y el hilván. Cosa a máquina cada uno de los canales y retire los hilvanes.

7 Coloque el tejido principal con el derecho hacia abajo y sobre él el forro con el derecho hacia arriba. Alinee los bordes pelados. El forro ha de ser 1,2 cm más pequeño que el tejido en los laterales y en la parte inferior.

8 Alise cuidadosamente el forro, asegurándose de que está recto con respecto al tejido. Prenda con alfileres ambas telas por todo el borde inferior del forro y, después, junto al pespunte de los canales para la varilla, haciéndolo de arriba abajo.

9 Haga un hilván en la parte inferior y, junto a las líneas, pespuntes para los canales. Cosa a máquina únicamente la zona de los canales, asegurándose de que las líneas son horizontales y paralelas entre sí.

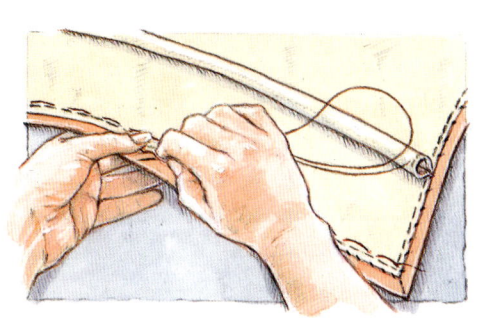

10 Prenda con alfileres el forro al estor en las zonas laterales entre dos canales. Cosa a punto invisible el forro y el estor por los lados y por la parte inferior.

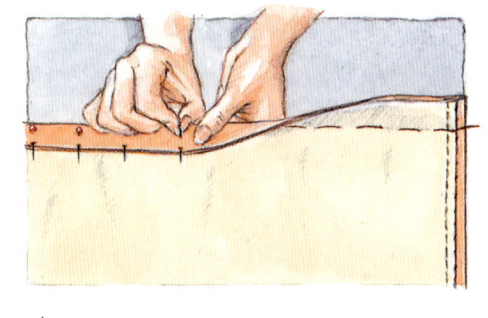

11 Hilvane los bordes pelados de la tela y del forro. Haga un doblez de 2,5 cm hacia el revés y préndalo con alfileres. Cosa a máquina, con puntadas en zigzag, la parte del velcro con «bucles» a dichos bordes, retirando los alfileres conforme va cosiendo.

12 Introduzca una varilla en cada uno de los canales, cosiendo los laterales para que queden sujetas.

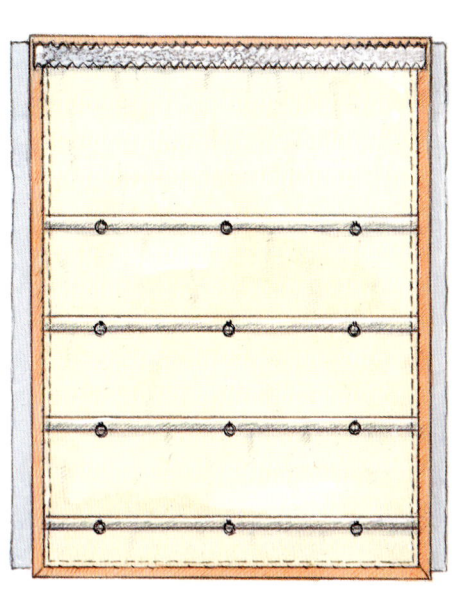

13 Coloque las anillas en los bordes doblados de los canales, a 7,5 cm hacia dentro de cada lateral y a una distancia de 30 cm aproximadamente a lo ancho del estor. Cosa las anillas.

14 Corte las medidas necesarias de cordones, con el margen suficiente para pasarlos por las hembrillas y para que cuelguen por el lado en que se acciona el mecanismo. Anude un largo de cordón firmemente a cada anilla inferior y, después, pase los cordones por las filas verticales de anillas. Coloque el estor en su sitio.

Estores abullonados

Un estor abullonado es una mezcla entre el romano y el austríaco. En la parte superior queda liso, mientras que se recoge en bolsas en la inferior. Se hace con ancho adicional en el tejido, lo que permite obtener pliegues invertidos.

SE NECESITA LO SIGUIENTE:

Materiales

tela
forro
anillas según necesidades
cordones
velcro autoadhesivo de 25 mm de ancho
hembrillas
cuña
equipo de costura básico   página 134

Técnicas

costuras abiertas	página 142
cosido a máquina	página 140
planchado	página 137
hilvanado	página 138
colocación del velcro	página 146
punto en zigzag	página 141
colocación en su sitio	página 93

Medidas

Para calcular la cantidad de tela, forro, clavijas y cordón que se requiere, consulte la página 92.

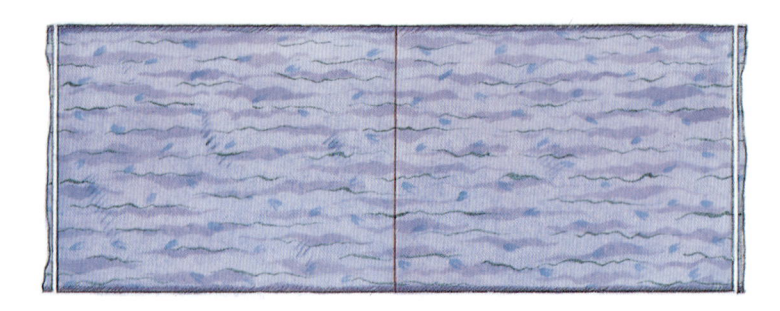

1 Corte la tela y el forro en largos de acuerdo con sus medidas. Recorte los orillos y una los largos con costuras abiertas, casando los dibujos, especialmente en caso de ser tejido estampado o con figuras geométricas.

2 Coloque el tejido principal con el derecho hacia arriba y marque con alfileres los espacios, las tablas y los márgenes laterales, cerciorándose de que todas las costuras queden debajo de un pliegue.

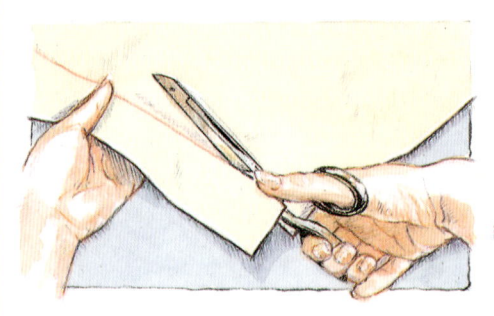

3 Corte el ancho que sobre tanto en el tejido como en el forro, reduciendo otros 5 cm más a cada lado en el forro. Retire los alfileres de la parte superior del tejido principal. Marque el centro (arriba y abajo) tanto del tejido como del forro con un alfiler.

4 Con los derechos juntos, alinee los bordes pelados del tejido principal y del forro en los laterales y préndalos con alfileres. Cósalo a máquina a 1,5 cm de los bordes, retirando los alfileres conforme va cosiendo. Planche las costuras abiertas.

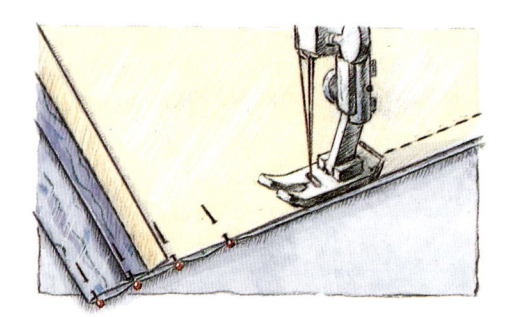

5 Alinee el alfiler central superior del forro con el del tejido y deje visible el mismo margen de tejido a cada lado. Prenda con alfileres los bordes inferiores de tejido y forro, y cósalos a máquina a 1,2 cm de los bordes pelados. Recorte las esquinas. Retire los alfileres.

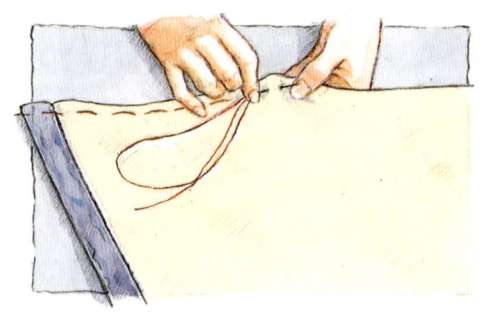

6 Vuélvalo del derecho y planche los lados de forma que por cada uno de ellos asome la misma longitud de tejido principal. Alise el estor, colocado con el derecho hacia arriba, sobre una superficie plana e hilvane juntos los bordes superiores.

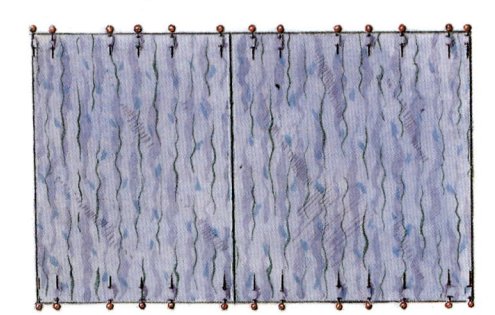

7 Compruebe las medidas de las tablas y de los espacios con su dibujo y prenda con alfileres las marcas del borde superior y sus correspondientes en el inferior. Haga las tablas, préndalas con alfileres y planche a continuación las líneas de plisado.

8 Cosa a máquina en el interior de cada tabla un tramo de 10 cm desde el borde superior. Vuelva a planchar las tablas y luego cósalas transversalmente para fijarlas en su sitio.

9 Haga un doblez hacia el revés de 1,5 cm por todo el borde superior del estor y préndalo con alfileres. Sobre éste, cosa a máquina con punto en zigzag una tira de velcro (correspondiente al lado con «bucles»), retirando los alfileres conforme va cosiendo.

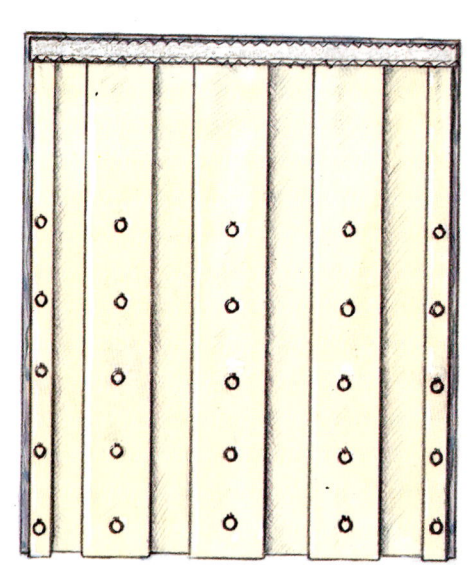

10 Coloque las anillas longitudinalmente en el centro de cada tabla, comenzando a 5 cm de la parte inferior y terminando a 25 cm del velcro. Sitúe las restantes a una distancia de 15 cm entre sí. Cosa firmemente las anillas tanto al tejido como al forro.

11 Anude un largo de cordón firmemente a cada anilla inferior y después pase los cordones por las filas verticales de anillas. Coloque el estor en su sitio. Para mantener los fruncidos de forma permanente a la altura deseada, suba el estor y ate o cosa entre sí dos o más anillas en cada una de las filas verticales, en la parte posterior del estor.

Estores austríacos

Un estor austríaco lleva frunces longitudinales gracias a la cinta de fruncido en canutillo que lleva en la parte superior y, por otra parte, cuando se levanta, se va frunciendo igualmente en sentido transversal formando unas bolsas en el tejido. Si se añade un volante en la parte inferior y a los lados, conseguirá un aspecto lujoso para su habitación, y si añade un único volante a la parte inferior puede contrastarlo con otros elementos de la estancia.

SE NECESITA LO SIGUIENTE:

Materiales

tela
forro
velcro
anillas según necesidades
cordones
cinta de fruncido de canutillo
hembrillas
cuña
equipo de costura básico   página 134

Técnicas

costuras abiertas	página 142
volantes	página 150
cosido a máquina	página 140
hilvanado	página 138
colocación en su sitio	página 91
planchado	página 137

Medidas

Para calcular la cantidad de tela, forro, clavijas y cordón que se requiere, consulte la página 93.

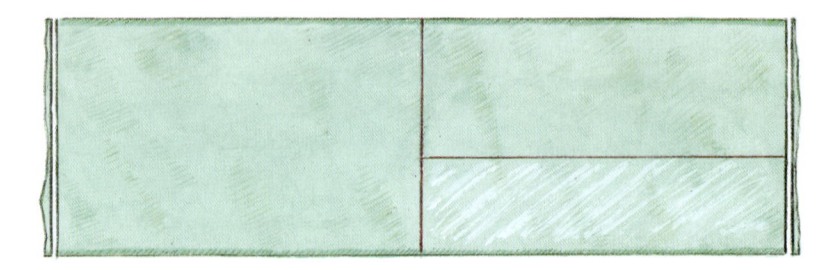

1 Corte la tela y el forro en largos. Recorte los bordes irregulares y mida con exactitud los anchos que va a necesitar conforme a sus cálculos previos, cortándo lo que sobre.

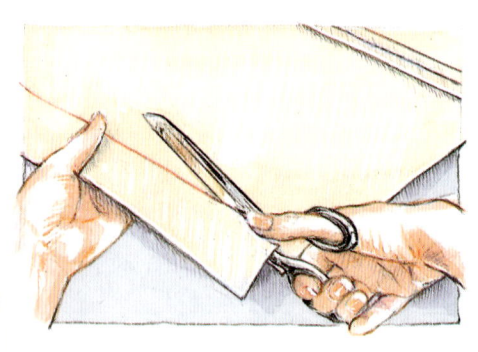

2 Una los anchos de tela dejando las costuras abiertas y haga lo mismo con los anchos del forro. Recorte 5 cm de ambos bordes laterales del forro. Marque el centro de cada uno con un alfiler.

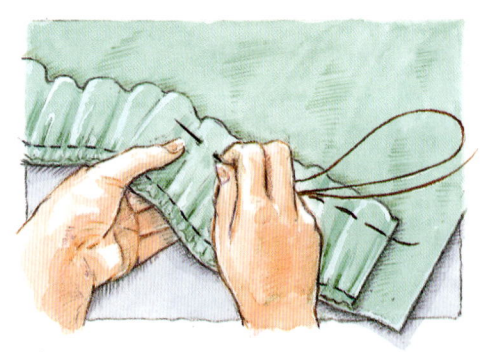

4 Hilvane el volante sobre el derecho del estor para que no entorpezca el trabajo.

3 Haga el volante y colóquelo en la parte inferior del tejido principal, de manera que haya una distancia de 4 cm a cada lado entre éste y el forro. Cósalo a máquina a 1,5 cm del borde.

5 Coloque el tejido y el forro con los derechos juntos (el tejido es más grande que el forro), alinee los bordes laterales, préndalos con alfileres y hilvánelos. Retire los alfileres, cósalo a máquina y plánchelo con las costuras abiertas.

Estores

6 Casando las marcas centrales, alise el forro y colóquelo sobre la costura del volante, dejando visible un tramo de la tela principal igual en ambos lados. Prenda alfileres en la parte inferior del estor y, tras hilvanarla, retírelos.

7 Dele la vuelta al estor y cosa a máquina el borde inferior, siguiendo el pespunte del volante. Recorte la costura y las esquinas.

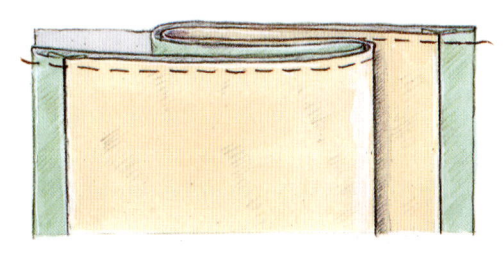

8 Vuelva del derecho el estor y retire el hilván que sujeta el volante. Hilvane tejido y forro por el borde superior. Planche el estor. Retire los alfileres.

9 Haga un doblez hacia el revés de 1,5 cm por la parte superior del estor y coloque la cinta de fruncido de canutillo sobre el mismo, cosiendo con puntadas rectas.

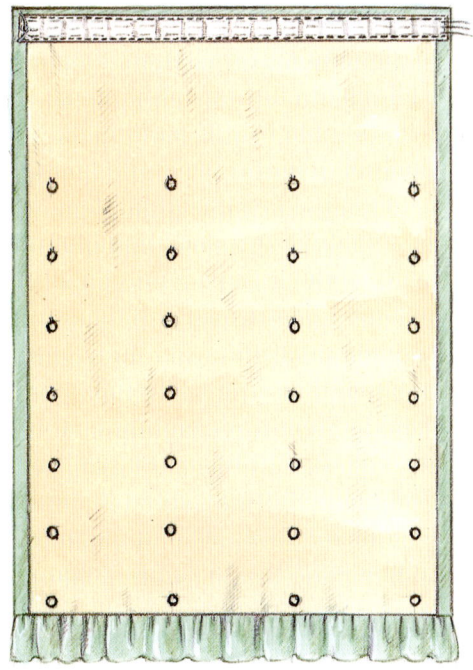

10 Coloque las anillas comenzando a 5 cm de la costura del volante y terminando a 30 cm del velcro. Sitúe las restantes a una distancia aproximada de 20 cm entre sí. Las filas laterales deberían comenzar a 5 cm de los bordes.

11 Cosa las anillas firmemente tanto al tejido como al forro. Anude un largo de cordón firmemente a cada anilla inferior y después pase los cordones por las filas verticales de anillas. Coloque el estor en su sitio.

ESTORES FESTONEADOS

Estos estores se hacen igual que los austríacos. La diferencia reside en que se requiere el doble de tejido y en que, en lugar de coser las anillas, se cose a máquina una cinta especial para este tipo de estor donde van las filas de anillas. Tire hacia arriba de los cordones incorporados a la cinta y anúdelos hasta conseguir el largo que desee. A continuación, inserte las anillas en la cinta, siguiendo las intrucciones del fabricante, y pase cordones por ellas para así subir y bajar el estor (si lo desea).

Los tejidos ligeros consiguen mejores resultados para este tipo de estores. Pueden hacerse con una tela de visillos y pueden también usarse como una alternativa a las mosquiteras.

Cojines

Los cojines pueden confeccionarse en numerosos tamaños y formas y, además de proporcionar comodidad, constituyen un elemento decorativo y un vínculo entre los colores de una estancia. Como requieren poca cantidad de tela, permiten experimentar con diversos tipos de tejido o de color, así como aprovechar restos de otros elementos. Aquí se incluyen instrucciones para hacer almohadones en forma de corazón, redondos, con platabanda, cuadrantes y rulos, con sugerencias para los diferentes métodos de atarlos y adornarlos.

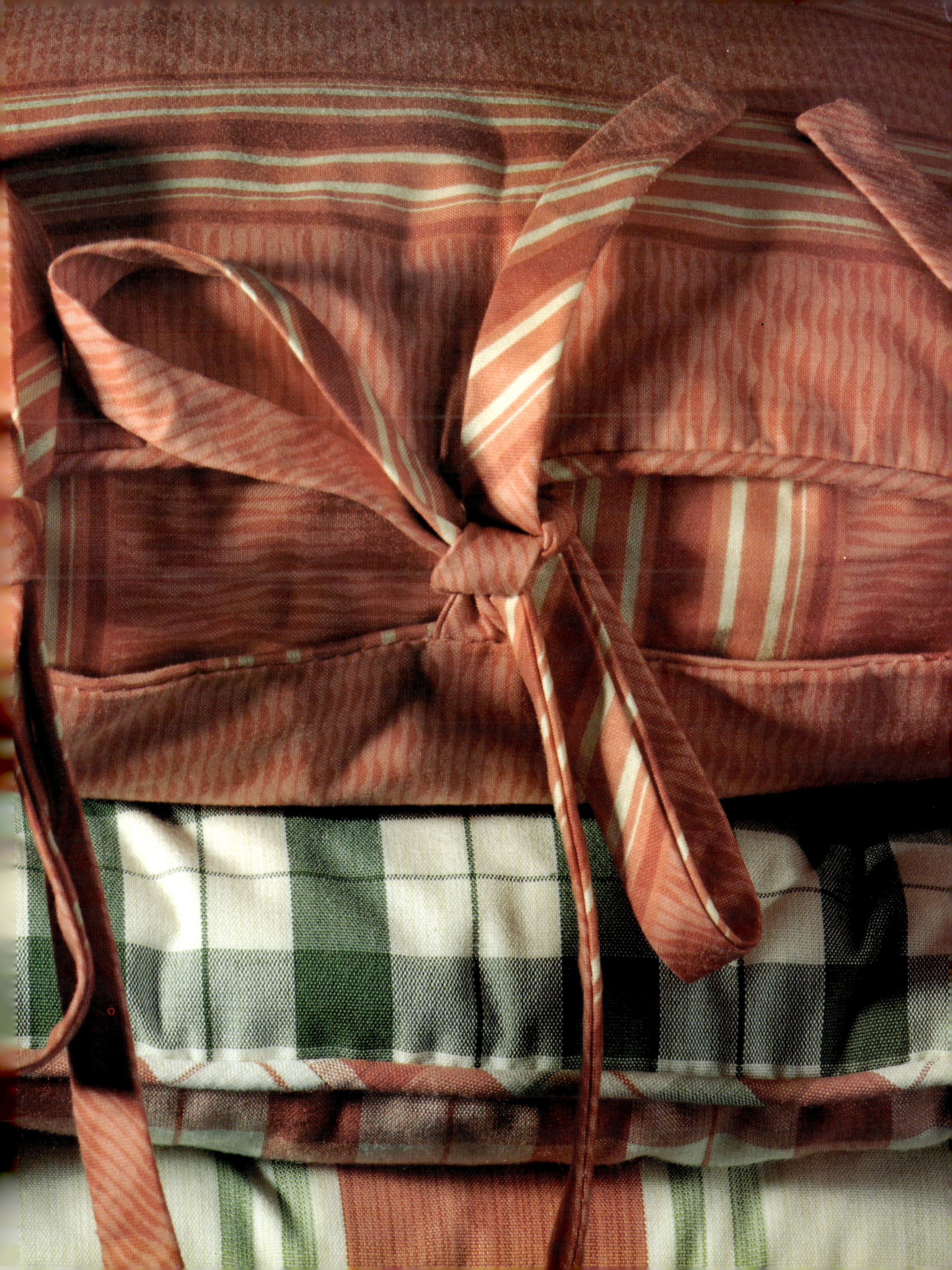

COJINES SIN RIBETEAR

Este tipo de cojín va muy bien para un cuarto de estar o un dormitorio. Es fácil de hacer, ya que el borde está incluido en el corte del almohadón y lleva una cinta de velcro. Ofrecemos aquí instrucciones para un cojín de tamaño normal. Si desea un tamaño diferente, consulte a continuación el apartado de «Medidas».

SE NECESITA LO SIGUIENTE:

Materiales
40 cm de relleno de cojines
60 cm de tejido con un ancho de 122 cm
30 cm de velcro
equipo de costura básico   página 134

Técnicas
corte   página 136
hilvanado   página 138
cosido en zigzag   página 141
cosido a máquina   página 140
planchado   página 137
colocación del velcro   página 146

Medidas
Para calcular la cantidad de tela que se requiere para un cojín especial, mida el relleno tal y como se indica, añadiendo 10 cm a cada medida para el frente y 7,5 cm más a una de las medidas para la apertura posterior.

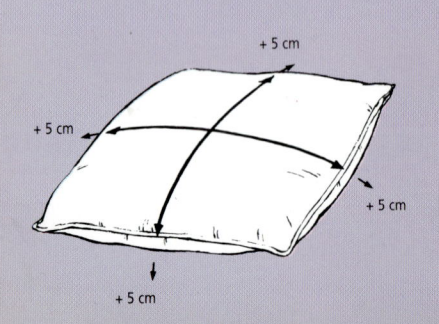

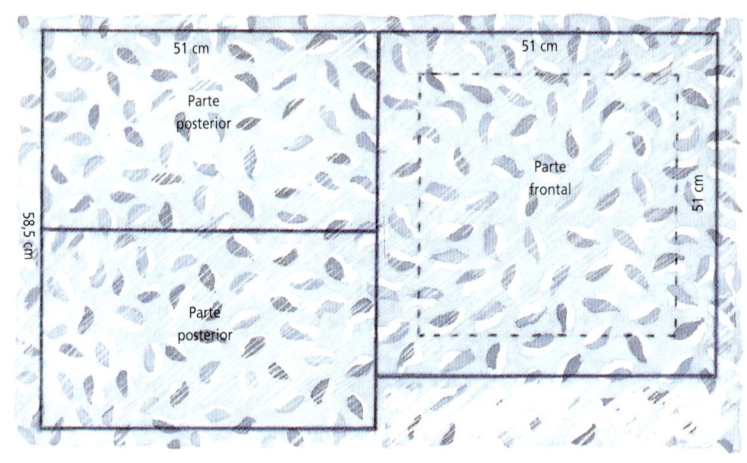

1 Coloque la tela con el derecho hacia abajo y trace con jaboncillo las líneas de corte para una pieza frontal y dos posteriores. Corte estas piezas.

2 Haga un doblez hacia el revés de 2,5 cm en los bordes centrales de una de las piezas posteriores, y préndalo con alfileres. Hilvane el dobladillo, retire los alfileres y cosa el borde en zigzag. Repita la operación con la segunda pieza posterior. Planche los dobladillos.

3 Cosa la parte del velcro con «ganchos» al derecho de una de las piezas posteriores, colocándolo a igual distancia de ambos bordes.

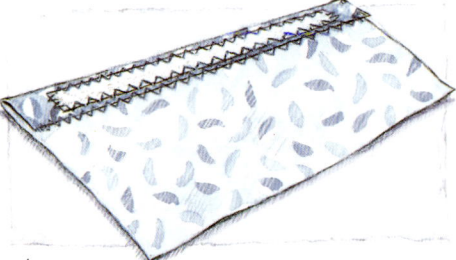

4 Cosa la parte con «bucles» del velcro al revés de la otra pieza posterior, asegurándose de que los dos lados quedarán alineados cuando se junten.

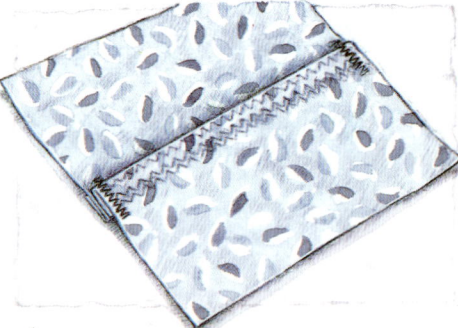

5 Con las tiras de velcro juntas, cosa a máquina los extremos de la apertura.

Cojines

6 Coloque la parte frontal y la posterior de la funda con los derechos juntos, y prenda alfileres por todo el contorno. Hilvánelo y retire los alfileres. Cosa a máquina todo el contorno a 1,3 cm de los bordes pelados.

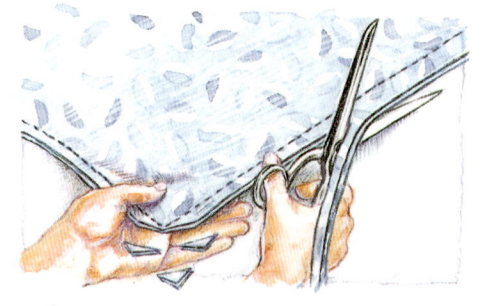

7 Recorte la costura cerca del pespunte de la máquina y haga un corte transversal en las esquinas. Vuelva la funda del derecho y plánchela.

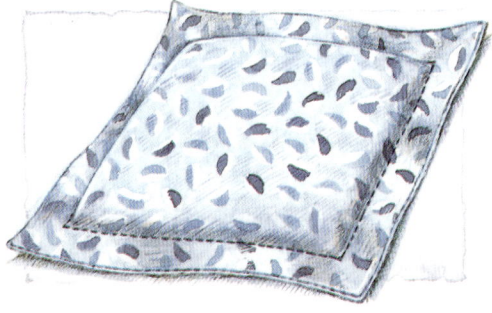

8 Con la parte posterior de la funda del cojín cerrada, marque una línea de costura con el jaboncillo, a 5 cm del borde exterior, que recorra todo el contorno. Haga un pespunte al canto sobre esta línea y retire los alfileres. Planche la funda e inserte el relleno.

Los cojines sin ribetear son muy atractivos y fáciles de coser. Hágalos todos con la misma tela para coordinar con otros elementos de la habitación, o bien, si su tapicería es lisa, haga cada cojín de un color diferente para causar mayor impacto.

COJINES REDONDOS CON VIVO

La funda de almohadón que aquí presentamos va adornada con un vivo. Puede añadirle un volante que haga juego con las cortinas o con la tapicería. Ofrecemos aquí instrucciones para un cojín de tamaño normal. Si desea un tamaño diferente, consulte a continuación «Medidas».

SE NECESITA LO SIGUIENTE:

Materiales

papel para hacer el patrón
40 cm de relleno de cojines
60 cm de tejido con un ancho de 122 cm
1,30 m de cordón de ribetear nº 3 (previamente lavado para que no encoja)
cremallera de 30 cm
equipo de costura básico — página 134

Técnicas

hacer un patrón	página 154
corte	página 136
hilvanado	página 138
cosido a máquina	página 140
colocación de la cremallera	página 147
vivos	página 149
planchado	página 137

Medidas

Mida el diámetro del relleno y haga un patrón (a partir de un cuadrado de papel) con 1 cm más que aquél.

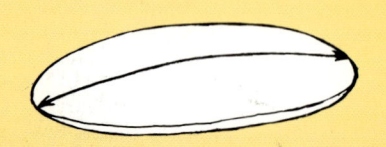

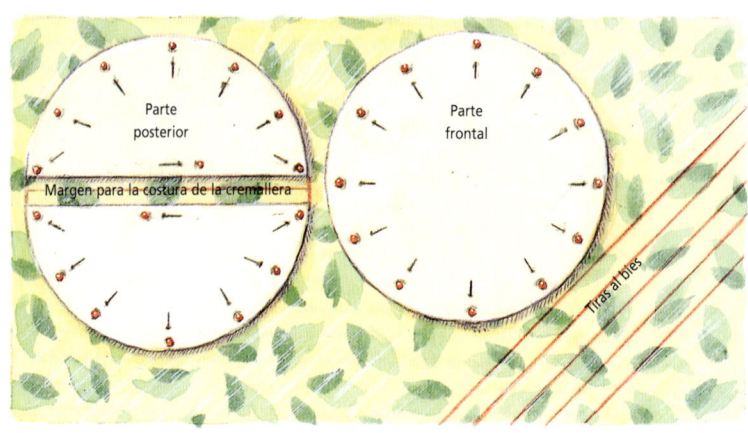

1 Prenda los patrones circulares al tejido con alfileres, marcando el margen para la costura de la cremallera directamente en el material.

2 Corte la tela para la funda del cojín, haciendo un corte para la costura de la cremallera en la pieza posterior. Corte también tiras al bies para el ribete.

3 Para unir las dos piezas posteriores, colóquelas con los derechos juntos. Prenda alfileres en la costura de la cremallera y, después, haga un hilván a 1,5 cm del borde. Retire los alfileres.

4 Cosa a máquina en la costura de la cremallera un tramo de 5 cm en cada lateral. Hilvane a máquina el segmento central y planche las costuras abiertas. Inserte la cremallera.

Cojines

5 Una las tiras al bies del ribete hasta conseguir una longitud igual a la circunferencia del cojín más 2,5 cm. Haga el vivo y colóquelo sobre la pieza frontal. Una los extremos del vivo.

6 Con la cremallera parcialmente abierta, coloque las piezas frontal y posterior con los derechos juntos y prenda alfileres en el borde por todo el diámetro. Hilvánelo y retire los alfileres.

7 Con la parte frontal arriba, cosa a máquina todo el diámetro siguiendo el pespunte del vivo.

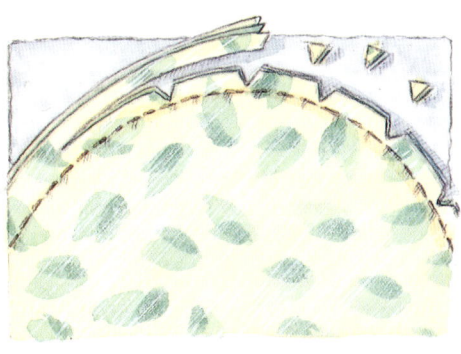

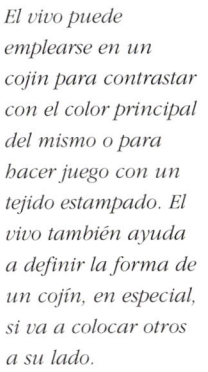

8 Recorte la costura y haga incisiones en forma de V por todo el contorno, teniendo cuidado de no cortar las puntadas.

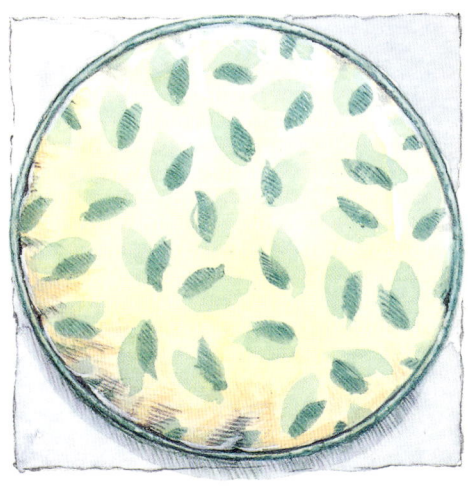

9 Vuelva del derecho la funda, plánchela e inserte el relleno. Cierre la cremallera.

El vivo puede emplearse en un cojín para contrastar con el color principal del mismo o para hacer juego con un tejido estampado. El vivo también ayuda a definir la forma de un cojín, en especial, si va a colocar otros a su lado.

COJINES EN FORMA DE CORAZÓN

Estos cojines son ideales para un dormitorio de estilo romántico. Para conseguir un toque más especial, añada al almohadón una vez terminado una cinta con un color que haga contraste con él. Puede también coser a mano pequeños lazos o rosas en la parte frontal, o pasar una cinta estrecha por los orificios de un volante de bordado inglés. Debido a la forma del cojín, usted mismo habrá de hacer su propio relleno.

SE NECESITA LO SIGUIENTE:

Materiales

papel cuadriculado — véase plantilla	página 156
relleno de cojines: 50 cm de tejido fino de algodón de 90 cm de ancho	
60 cm de tejido con un ancho de 122 cm	
saco de tamaño mediano de relleno de poliéster	
funda del cojín: 50 cm de tejido de 90 cm de ancho	
2 m de bordado inglés de 6 cm de ancho	
3 automáticos	
equipo de costura básico	página 134

Técnicas

corte	página 136
hilvanado	página 138
cosido a máquina	página 140
punto invisible	página 139
costuras	página 142
cosido en zigzag	página 141
punto al canto	página 141
colocación de los automáticos	página 147
planchado	página 137

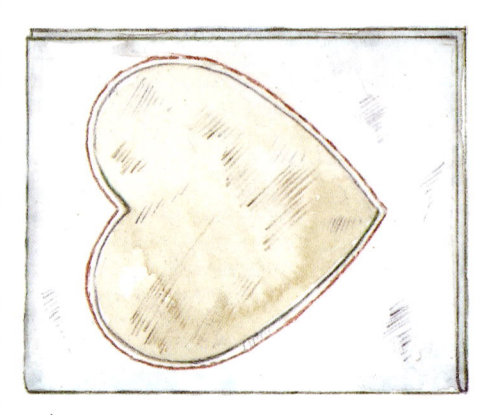

1 Para hacer el relleno del cojín, corte dos piezas del tejido fino de algodón empleando el patrón de la página 156. Añada 1 cm en todo el contorno. Con los derechos encarados, préndalas con alfileres e hilvane ambas piezas unidas, retirando los alfileres a continuación.

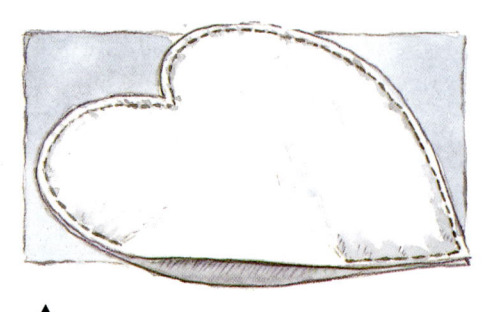

2 Cosa a máquina a 1,3 cm de los bordes pelados, dejando una abertura de 4 cm en uno de los lados.

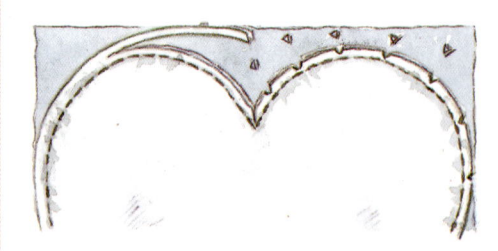

3 Recorte la costura. Haga incisiones en forma de V, sin cortar cerca del pespunte, y corte en la zona menos accesible de unión de las curvas. Vuélvalo del derecho. Introduzca el relleno y cosa la abertura a punto invisible.

4 Para hacer la funda exterior, corte la pieza de tela al mismo tamaño que el patrón para la parte frontal.

5 Para la posterior, corte el patrón en dos piezas y colóquelas sobre el tejido, dejando un espacio de 7,5 cm entre ambas para la cinta de sujeción. Corte las dos piezas.

6 Para hacer el volante, una los extremos del bordado inglés con una costura estrecha. Cosa en zigzag ambos extremos para nivelarlos y plánchelos hacia un lado.

Cojines

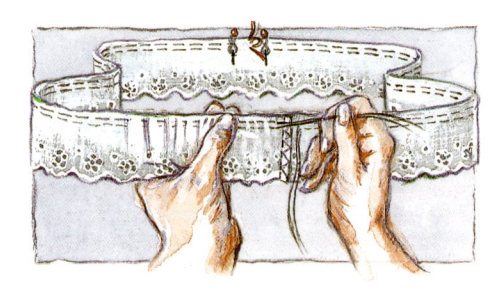

7 Calcule el punto equidistante de la costura en el diámetro del bordado inglés y márquelo con una puntada de sastre. Frunza el volante separando los hilos en la costura y en la puntada de sastre.

8 Coloque el volante sobre la pieza frontal de la funda, con los derechos juntos y los bordes alineados. Sitúe la costura del volante en la parte superior y la marca del hilván en la inferior del corazón.

9 Prenda alfileres al volante, reparta el fruncido, hilvane y cosa a máquina a 1,3 cm del borde. Hilvane el borde exterior del volante al derecho de la parte frontal.

10 Para preparar la pieza posterior, haga un doblez de 2,5 cm hacia el revés en los bordes de corte de la abertura y cósalos en zigzag a modo de remate.

11 Superponga dichos bordes (2,5 cm) y cosa un tramo de 5 cm desde cada uno de los laterales. Coloque y fije los autómaticos y ciérrelos. La parte posterior debe ser igual que la frontal.

12 Coloque la pieza posterior sobre la frontal, con los derechos juntos, y nivele los bordes. Prenda alfileres e hilvánelas juntas, retirando los alfileres a continuación. Cósalo a máquina con la parte superior del frente siguiendo el pespunte del volante.

13 Recorte la costura, haga incisiones en forma de V en torno a las curvas y corte en la zona menos accesible de unión de ambas curvas. Vuelva del derecho la funda y retire el hilván para soltar el volante. Planche la funda e inserte el relleno.

Los cojines en forma de corazón pueden hacerse en tejido floreado y adornarse con encaje: le darán un aspecto romántico al dormitorio. Añada su toque personal mediante unas pequeñas rosas atadas con un lazo.

COJINES CON PLATABANDA

Estos cojines son ideales para combinar con el mobiliario del jardín y para ponerlos sobre los asientos de ventana.

SE NECESITA LO SIGUIENTE:

Materiales

tejido de tapicería pesado (consulte el apartado «Medidas»)

cordón de ribetear (antes de usarlo, lávelo para que no encoja)

cremallera 15 cm más larga que el ancho de la parte posterior del cojín

látex o relleno de gomaespuma en la forma del cojín

equipo de costura básico   página 134

Técnicas

corte	página 136
colocación de la cremallera	página 147
hilvanado	página 138
cosido a máquina	página 140
vivos	página 149

Medidas

Siguiendo el dibujo inferior, mida el relleno del cojín para calcular la cantidad de tela que necesita.

Piezas superior e inferior: mida el largo (de A a B) y el ancho (de C a D) del relleno (si se trata de un cuadrado, serán iguales) y añada 3 cm para las costuras en ambas medidas.

Platabanda frontal: mida el largo (E a F) y el grosor (G a H) añadiéndo 3 cm a ambas medidas.

Platabanda lateral: mida el largo (E a F) y réstele 4,5 cm. Mida el grosor (G a H) y añádale 3 cm.

Platabanda posterior: mida el largo (E a F) y añáda 18 cm. Mida el grosor (G a H) y añádale 6 cm.

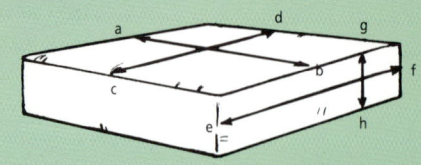

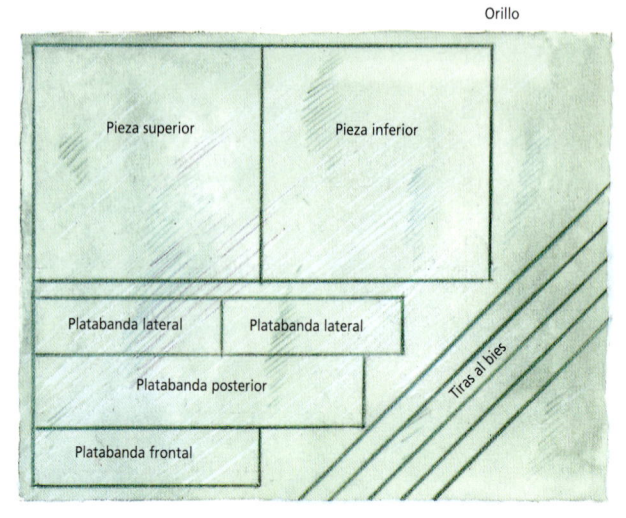

1 A partir de sus medidas y siguiendo el dibujo, marque las líneas de corte para las piezas superior, inferior y platabandas. Corte las piezas y las tiras al bies para los ribetes.

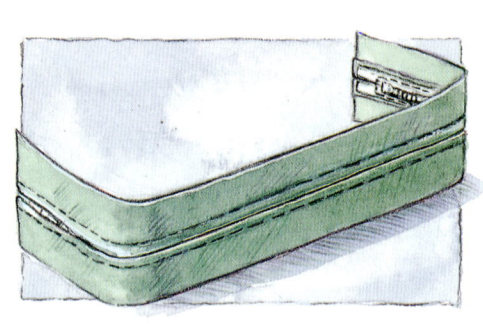

2 Corte en dos y en sentido longitudinal la platabanda posterior. Coloque la cremallera.

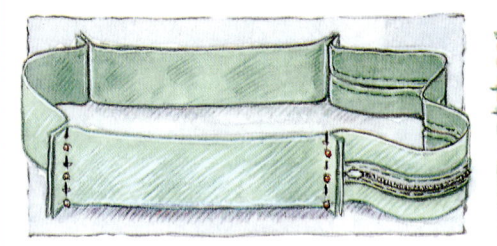

3 Con los derechos juntos, prenda con alfileres las platabandas laterales, uniéndolas a sendos extremos de la platabanda posterior. Prenda con alfileres los otros extremos de las platabandas, uniéndolos a los extremos de la platabanda frontal.

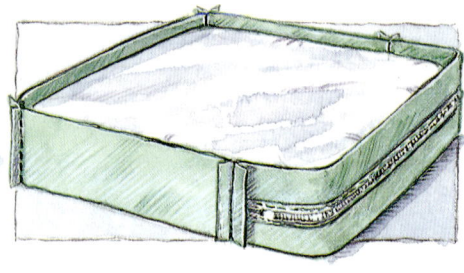

4 Antes de coser, introduzca el relleno en lo que ya tiene del cojín para comprobar si es correcto. Hilvane las costuras con alfileres a 1,5 cm de los bordes pelados, retire los alfileres y cósalas a máquina. Plánche las costuras abiertas.

5 Haga un vivo de longitud suficiente para que recorra todo el contorno de las piezas superior e inferior de la funda del cojín, cortando transversalmente las esquinas de la pestaña del vivo.

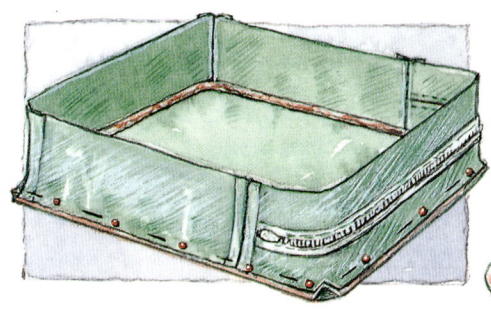

Cojines

6 Con los derechos juntos y casando las esquinas, prenda con alfileres la pieza con las platabandas por todo el contorno de la pieza superior.

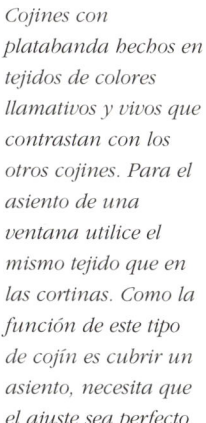

7 Hilvane sobre el pespunte del ribete, retire los alfileres y cósalo a máquina muy próximo al hilván.

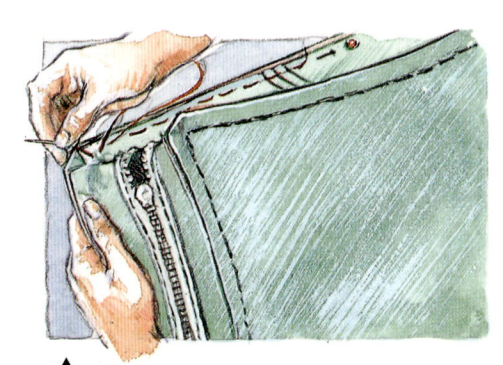

8 Con la cremallera parcialmente abierta, una la pieza inferior como se hizo con la superior. Recorte las costuras, haga cortes en los márgenes dejados para las costuras de los cuatro lados y corte transversalmente en las esquinas.

9 Vuelva la funda del derecho, introduzca el relleno y cierre la cremallera.

Cojines con platabanda hechos en tejidos de colores llamativos y vivos que contrastan con los otros cojines. Para el asiento de una ventana utilice el mismo tejido que en las cortinas. Como la función de este tipo de cojín es cubrir un asiento, necesita que el ajuste sea perfecto.

109

RULOS

Los rulos son cojines rígidos que se colocan sobre la cama o a ambos lados de un sofá. Su forma es cilíndrica y están hechos a partir de un bloque de gomaespuma o de un rollo de tejido prieto y sin extremos. Las fundas tubulares para estos almohadones son muy fáciles y rápidas de hacer, y los lados pueden adornarse con borlas, cintas o botones.

SE NECESITA LO SIGUIENTE:

Materiales
relleno para rulos
tejido ligero — consulte el apartado «Medidas»
equipo de costura básico   página 134

Técnicas
corte   página 136
cosido a máquina   página 140
planchado   página 137
confección de los lazos   página 147

Medidas
Mida la longitud del rulo y su diámetro en uno de los extremos y añádale 6 cm. Mida la circunferencia y añádale 3 cm.

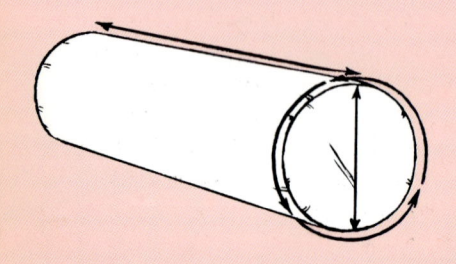

1 Corte el tejido necesario para la funda del rulo. Del tejido restante, corte dos tiras de 4 cm de ancho por 120 cm de longitud.

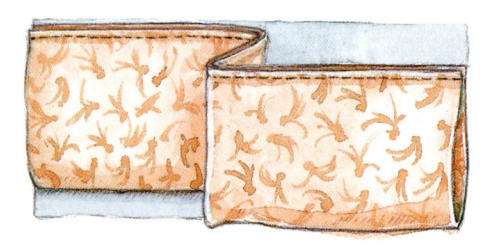

2 Con los derechos enfrentados y nivelados los bordes, prenda con alfileres los bordes más largos. Cósalo a máquina a 1,5 cm de los bordes pelados. Plánchelo con las costuras abiertas y vuélvalo del derecho.

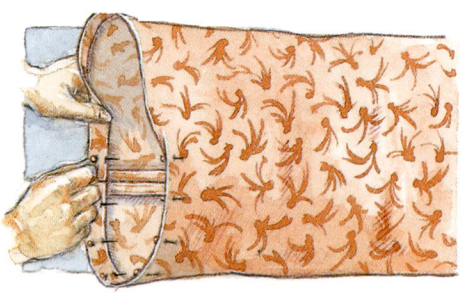

3 Haga un doblez de 1 cm hacia el revés en uno de los extremos, préndalo con alfileres y plánchelo. Haga otro doblez de 2 cm para obtener un dobladillo doble, préndalo con alfileres y cósalo a máquina. Retire los alfileres. Plánchelo y repita la operación en el otro extremo del tubo de tejido. Haga las cintas de tejido.

4 Descosa unas cuantas puntadas de la costura por el derecho del rulo, en el lado del dobladillo. Prenda un imperdible a uno de los extremos de la cinta de tejido, insértelo por la abertura y llévelo por el interior del dobladillo. Repita la operación en el otro extremo.

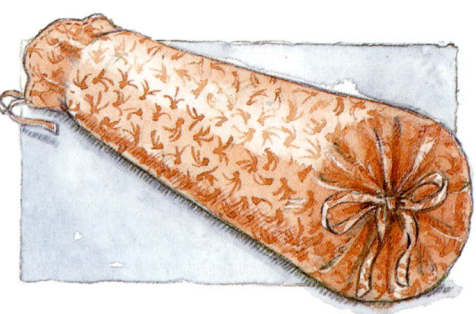

5 Introduzca el rulo en la funda. Debe quedar bien ajustado y tener en los extemos una cantidad homogénea de tejido. Tire de las cintas para anudar los extremos. Haga sendos lazos.

Cojines

CÓMO HACER BORLAS

Las borlas pueden usarse para coordinar colores y tejidos. Cualquier material es adecuado y pueden mezclarse colores y texturas para dar un mayor contraste. Las más sencillas se hacen con hebras de lana, tejidos plisados enrollados o tiras de cuero.

1 Corte dos trozos de cartón del mismo largo que la borla. Enrolle el hilo alrededor de ambas piezas, situadas una junto a otra. Con dos pequeñas tiras de hilo, haga un nudo en la parte superior que recoja los hilos y pase por él otra tira, anudándola varias veces.

2 En el extremo opuesto, corte los hilos por el espacio que queda entre los cartones.

3 Enrolle la borla a una distancia aproximada de 15 mm de la parte superior, asegure el hilo y deje un tramo suficiente para colocar luego la borla en algún sitio.

Borlas, botones de colores, rosetas y extremos de tejido independientes pueden añadirse a los rulos con el fin de combinar varios elementos. Compre o haga usted misma rosetas enormes en el mismo tono que el tejido; añada un botón del mismo tejido u otro que contraste o haga los extremos diferentes entre sí aunque complementarios en color con el resto de los colores de la habitación.

Ropa de cama

Los artículos que constituyen la ropa de cama son muy fáciles de hacer, ya que la mayor parte de lo que hay que coser consiste simplemente en hacer pespuntes a máquina. Las instrucciones de esta sección proporcionan el modo más sencillo de conseguir un acabado profesional. Las sufridas telas de mezcla de algodón y poliéster pueden usarse para casi todos los complementos: fundas de almohada (se ofrecen dos métodos), faldones para la base de la cama y fundas de edredón confeccionadas sencillamente con dos piezas de tejido cosidas una a la otra. Los cobertores de cama constituyen la manera más sencilla de dar un aspecto completamente coordinado a un dormitorio.

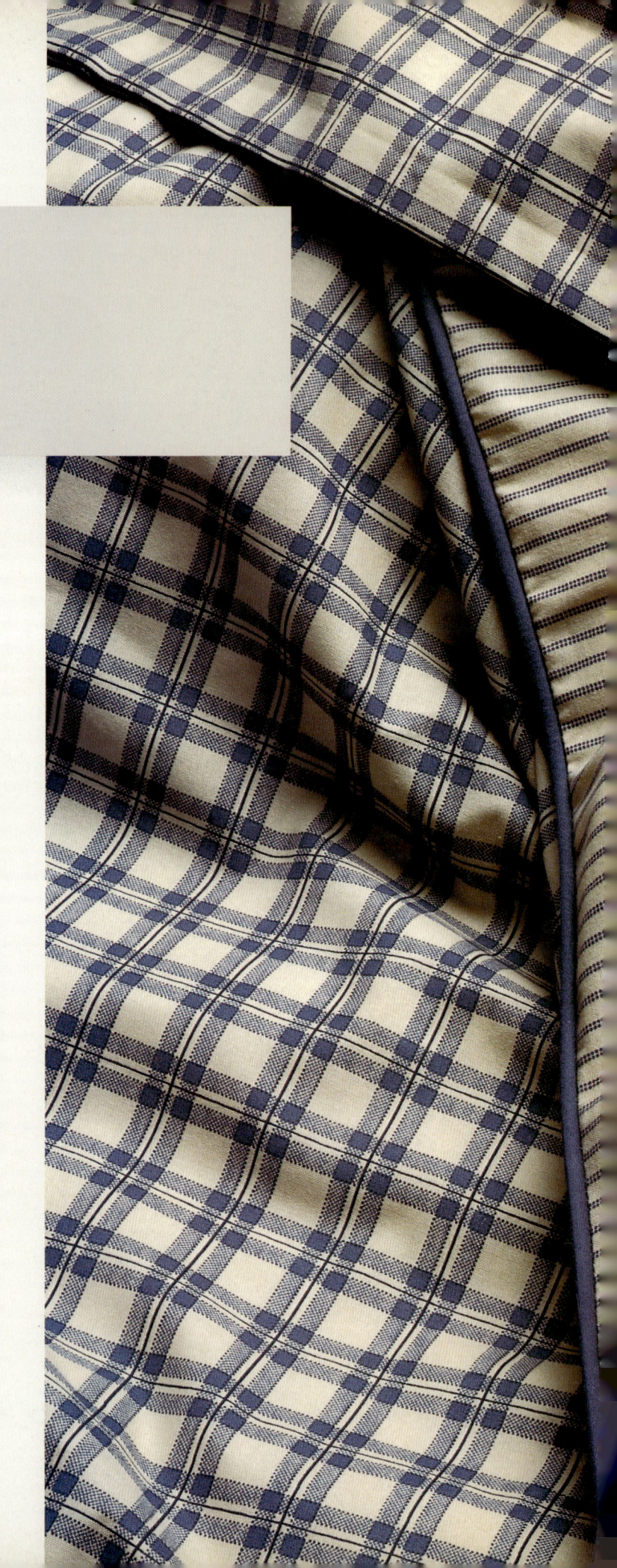

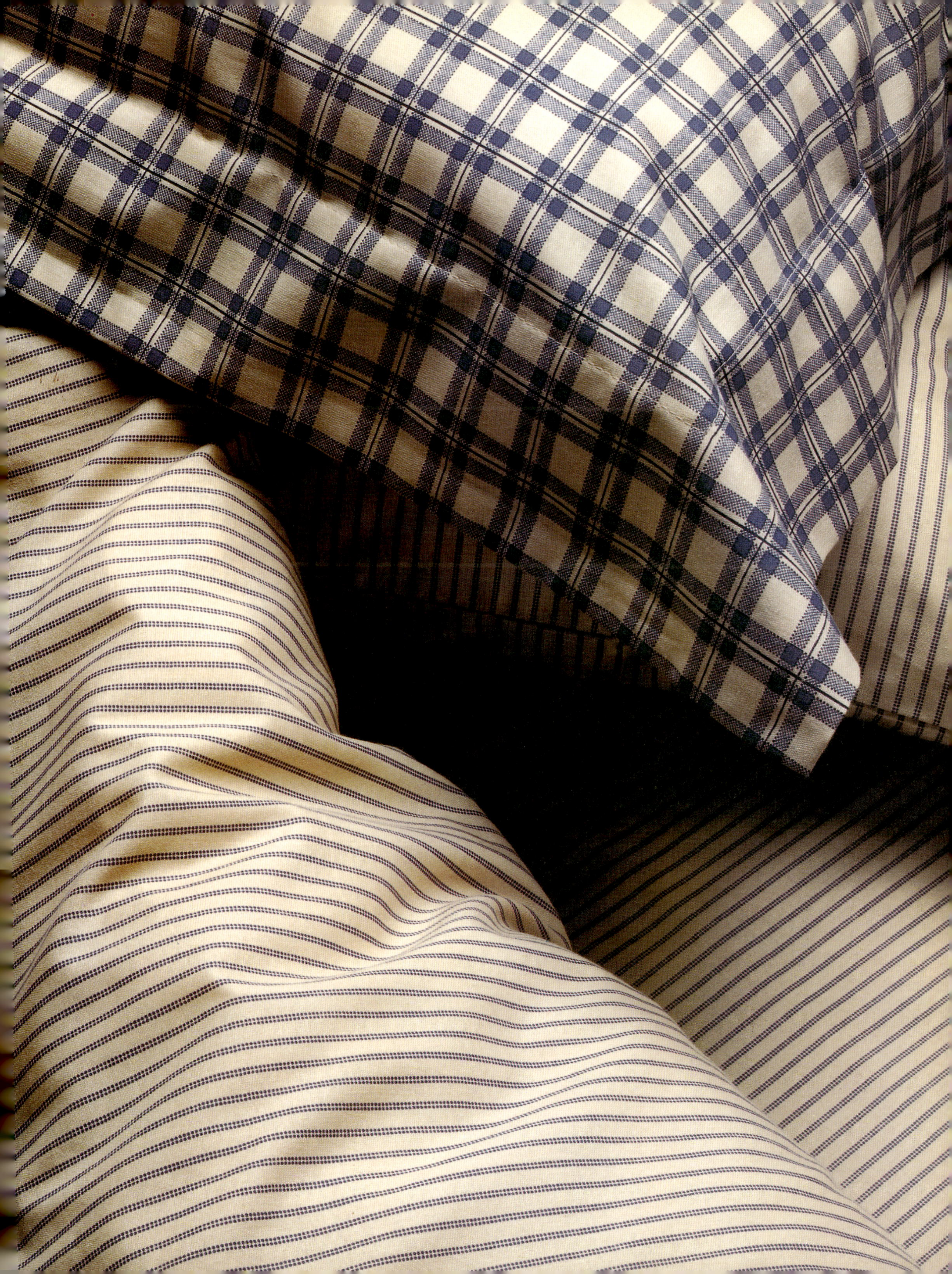

Fundas de almohada sin adornos

Una funda de almohada sin adornos no requiere más que una pieza de tela que haga juego o contraste con el resto de la ropa de cama. Asimismo, pueden hacerse cojines grandes —por ejemplo, para el dormitorio de un adolescente— empleando materiales de fácil lavado.

SE NECESITA LO SIGUIENTE:

Materiales

tejido de poliéster/algodón — consulte el apartado «Medidas»
equipo de costura básico   página 134

Técnicas

corte	página 136
hilvanado	página 138
cosido a máquina	página 140
costuras francesas	página 143
planchado	página 137

Medidas

Debido a la variación de los tamaños, es importante medir la almohada para calcular la cantidad de tela que se necesita. Siguiendo el siguiente dibujo, mida la longitud entre A y B, doble la cantidad resultante y añádale 23 cm para los márgenes correspondientes al dobladillo y la solapa. Mida el ancho desde C hasta D y añádale 3 cm para las costuras.

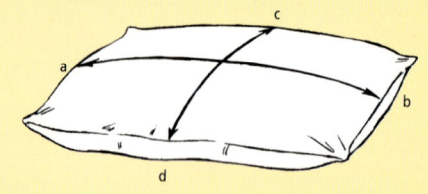

Orillo

1 Corte al hilo una pieza de tela con el largo y el ancho que necesite.

2 Haga un dobladillo doble en uno de los extremos, doblando hacia el revés 6 mm de tela. Préndalo con alfileres e hilvánelo, retirando después los alfileres. Cósalo a máquina aproximándose a la línea del hilván.

3 En el extremo opuesto de la tela, doble hacia el revés 6 cm de tela y planche el doblez.

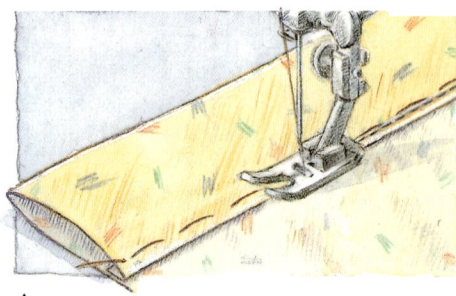

4 Doble hacia abajo 6 mm del extremo del doblez y préndalo con alfileres. Hilvane el dobladillo, retire los alfileres y cósalo a máquina aproximándose a la línea del hilván.

5 Coloque la pieza de tela con el derecho hacia abajo. Haga un doblez de 16 cm en el extremo con el dobladillo pequeño. Planche el doblez y retire los alfileres.

▲6 Doble la pieza de tela por la mitad, con los reveses juntos y los extremos alineados de manera que la solapa quede cubierta. Prenda los lados con alfileres e hilváneloslos por todo el lateral. Retire los alfileres.

▲8 Vuelva del revés la funda de la almohada e hilvane ambos lados como para hacer costuras francesas. Cósalo a máquina y retire el hilván.

▲9 Vuelva del derecho la funda y, finalmente, plánchela.

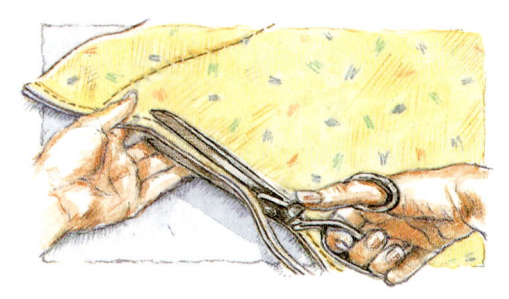

▲7 Cosa a máquina todas las capas de tela por los lados, a 6 mm de los bordes pelados. Retire el hilván y recorte los bordes de las costuras hasta dejar sólo 3 mm de tela.

Haga una funda de almohada lisa en un color básico o en un tono pastel que vaya bien con el color dominante en el dormitorio. O bien un tejido a rayas para la funda de la almohada, las cotinas y los cojines, que combine con una ropa de cama lisa.

Fundas de almohada con volante

Si desea añadir un volante que haga juego o contraste con otros elementos, este método (que incluye tres piezas de tela) es el mejor.

SE NECESITA LO SIGUIENTE:

Materiales

tejido de poliéster/algodón — consulte el apartado «Medidas»
equipo de costura básico   página 134

Técnicas

corte	página 136
puntada de sastre	página 138
cosido a máquina	página 140
confección de un volante	página 150
cosido en zigzag	página 141
planchado	página 137

Medidas

La funda de almohada se compone de tres secciones, como se muestra a continuación:
Parte frontal: mida la longitud desde A hasta B y el ancho (C a D). Añádale 3 cm a cada medida.
Parte posterior: añada 4,5 cm a la cifra correspondiente a la longitud y 3 cm a la del ancho.
Solapa: la longitud es de 17,5 cm. Mida el ancho (C a D) y añádale 3 cm. El ancho es de C hasta D más 3 cm.
Volante: una varias tiras de tela de 7,5 cm de ancho, hasta conseguir una longitud igual a 1,5 veces el perímetro de la almohada.

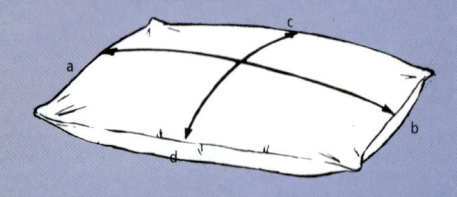

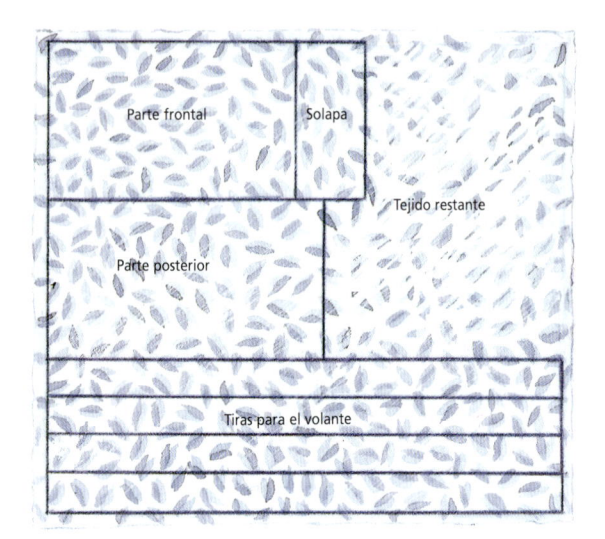

1 Coloque la tela con el derecho hacia abajo y trace con jaboncillo las líneas de corte (conforme a sus mediciones) para las partes frontal y posterior, la solapa y las tiras para el volante.

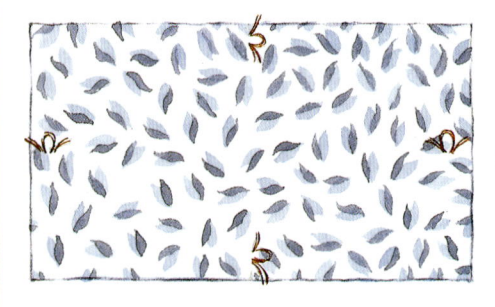

2 Marque con una puntada de sastre el centro de cada lado.

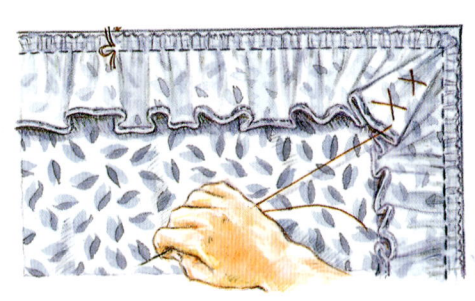

3 Una la tela para hacer el volante. Con una puntada de sastre, marque en él cuatro largos iguales y colóquelo sobre la pieza frontal de la funda, casando las puntadas. Hilvane las esquinas del volante a la pieza frontal.

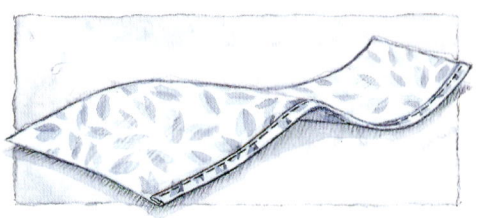

4 Haga un dobladillo doble en uno de los lados más largos de la solapa, haciendo dos dobleces de 6 mm hacia el revés y prendiéndolo con alfileres. Hilvane el dobladillo, retire los alfileres y cósalo a máquina aproximándose a la línea del hilván.

5 Coloque la solapa sobre uno de los extremos de la pieza frontal con los derechos juntos y los bordes alineados. Préndalo con alfileres.

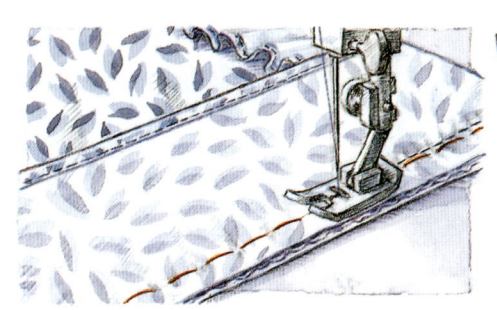

Ropa de cama

6 Hilvane la solapa a las piezas frontales por el extremo. Retire los alfileres. Cosa a máquina todas las capas, aproximándose a la línea del hilván.

9 Vuelva a poner la solapa sobre la pieza posterior. Haga un hilván que incluya todas las capas de tela a lo largo de los lados más largos de la funda de almohada y en el extremo opuesto a la solapa.

11 Haga un segundo pespunte a máquina a 6 mm del primero por la parte exterior y alrededor de todo el perímetro. Recorte la costura aproximándose lo más posible al pespunte y remátela con un cosido en zigzag.

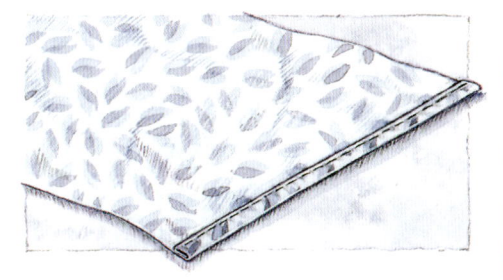

7 Haga un dobladillo doble en uno de los extremos de la pieza posterior haciendo dos dobleces de 1,5 cm hacia el revés y préndalo con alfileres. Hilvane el dobladillo, retire los alfileres y cóselo a máquina aproximándose a la línea del hilván.

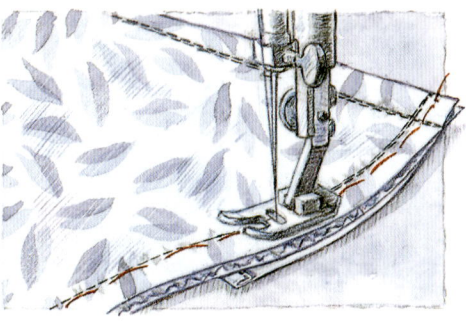

10 Dele la vuelta a la funda y, siguiendo el pespunte del volante, cosa a máquina a 1,5 cm de los bordes los lados más largos y el extremo opuesto a la solapa.

12 Vuelva del derecho la funda. Retire el hilván de la solapa y de las esquinas para soltar el volante y, finalmente, pánchela.

8 Abra la solapa. Coloque la pieza posterior sobre la frontal con los derechos juntos y con el extremo del dobladillo de la pieza posterior alineada con la costura de la solapa. Prenda alfileres y haga un hilván que incluya todas las capas. Retire los alfileres.

Las fundas de almohada con volante contribuyen a dar un aire romántico a un dormitorio. El volante puede hacerse en el mismo color que la almohada o en un color que contraste con ella pero que armonice con las cortinas, el faldón de la cama o el edredón.

FUNDAS PARA EDREDONES

Las fundas de edredones son muy fáciles de hacer, ya que se componen simplemente de dos piezas de tela cosidas entre sí. Puede utilizar el mismo tejido para ambos lados o hacerlos en tejidos diferentes, resultando así un edredón reversible. Para el cierre de la abertura de la parte inferior se emplea cinta con automáticos.

SE NECESITA LO SIGUIENTE:

Materiales

tejido de poliéster/algodón — consulte el apartado «Medidas»
equipo de costura básico   página 134
cinta con automáticos 61 cm más corta que el ancho del edredón

Técnicas

corte	página 136
hilvanado	página 138
cosido a máquina	página 140
planchado	página 137

Medidas

De acuerdo con el dibujo inferior, mida la longitud del edredón de A a B, añadiéndole 6,5 cm para los dobleces, y doble la cifra resultante. Mida el ancho (C a D) y añádale 3 cm para las costuras.

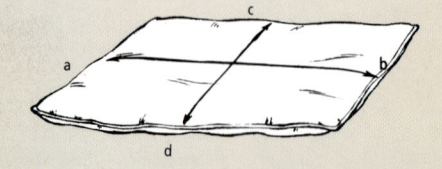

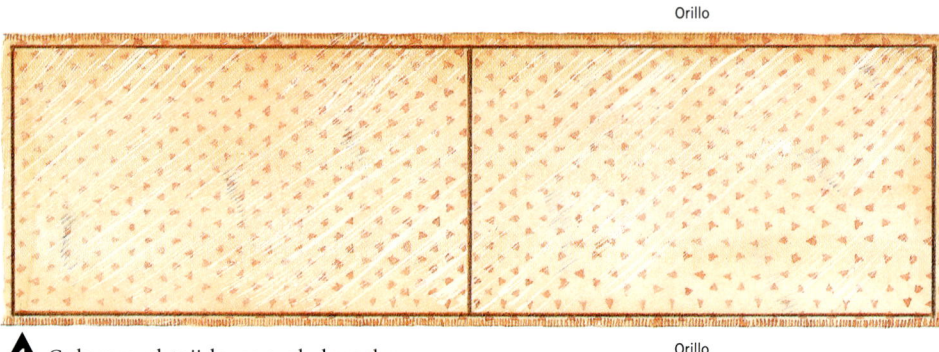

1 Coloque el tejido con el derecho hacia abajo y trace con jaboncillo las líneas de corte para las dos piezas de tela. Córtelas.

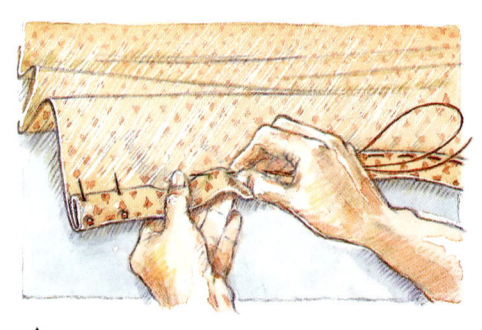

2 Haga un dobladillo doble en uno de los extremos de cada pieza haciendo dos dobleces de 2,5 cm hacia el revés. Préndalo con alfileres. Hilvane el dobladillo y retire los alfileres. Cóselo a máquina aproximándose a la línea del hilván y luego planche los dobladillos.

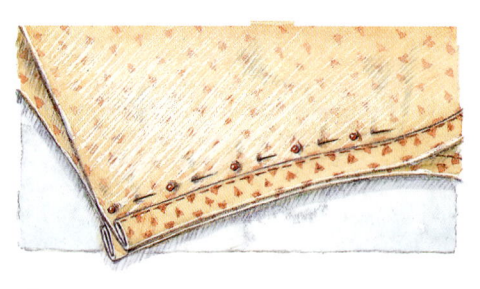

3 Coloque las dos piezas de tela con los derechos juntos y los bordes con dobladillo alineados. Prenda ambas piezas con alfileres por el borde interno del dobladillo, un tramo de 30 cm desde el lateral.

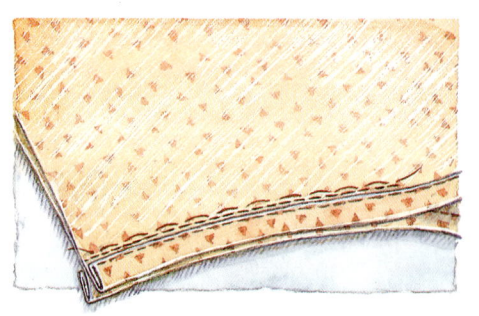

4 Hilvane lo prendido con alfileres y luego retire éstos. Cósalo a máquina aproximándose al hilván.

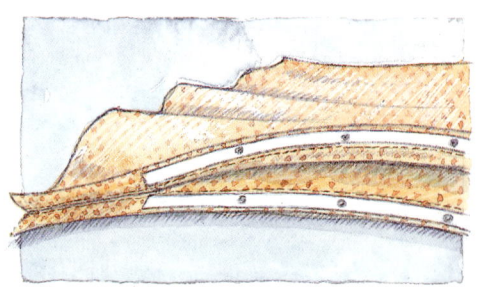

5 Desabroche los automáticos de la cinta y coloque cada una de las partes de la misma en la abertura, cerca del pespunte del dobladillo. Compruebe que los automáticos van a casar bien y centre la cinta de forma que haya un automático a la misma distancia de ambos lados de la abertura.

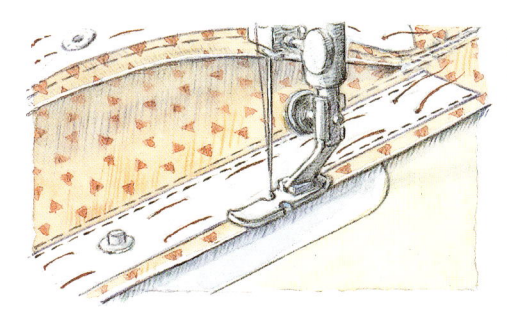

Ropa de cama

6 Cosa a máquina la cinta, empleando en su máquina un pie indicado para cremalleras, de forma que le permita coser en línea recta, pasando junto a los automáticos. Abroche los automáticos.

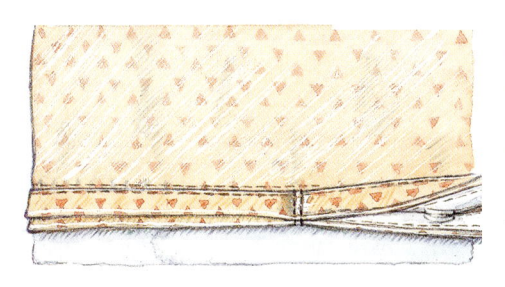

7 Cosa a máquina el dobladillo, a cada lado de la abertura, desde el borde doblado hasta el pespunte para cubrir los bordes de la cinta de automáticos. De un segundo pespunte próximo al primero y abróchelos.

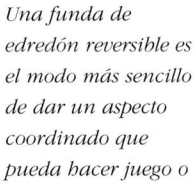

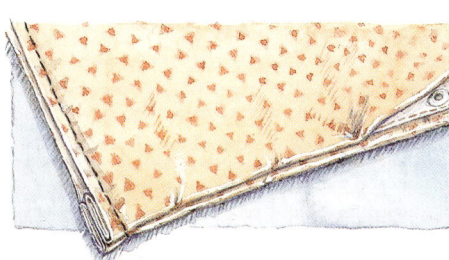

8 Vuelva la funda del edredón del derecho. Prenda con alfileres los lados y la parte superior de la misma, hilvánelo y retire después los alfileres. Cósala a máquina a 6 mm de los bordes. Recorte la costura hasta una distancia de 3 mm del pespunte.

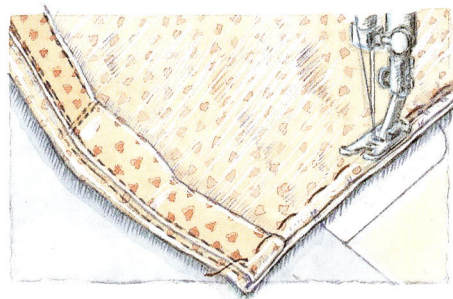

9 Vuelva del revés la funda del edredón y cosa a máquina alrededor de los tres lados a 6 mm de los bordes, cubriendo los bordes pelados.

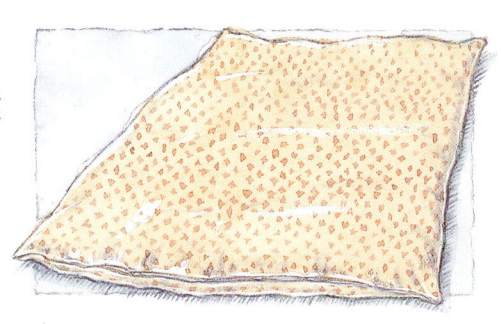

10 Vuelva otra vez del derecho la funda y plánchela. Como método de cierre alternativo, puede colocar botones o lazos.

Una funda de edredón reversible es el modo más sencillo de dar un aspecto coordinado que pueda hacer juego o contrastar con el resto del dormitorio. Cada lado puede llevar el mismo estampado en diferentes tonos, o llevar tejidos de diferente estampado en colores complementarios.

FALDONES DE CAMA

Un faldón de cama no sólo cubre la base de ésta, sino que puede combinarse con la ropa de cama o con otros elementos del dormitorio, como las cortinas. Si es la primera vez que hace un artículo tan grande, seleccione un tejido fácil de manejar.

SE NECESITA LO SIGUIENTE:

Materiales

tejido — consulte el apartado «Medidas»	
equipo de costura básico	página 134
un plato pequeño	

Técnicas

corte	página 136
costuras francesas	página 143
hilvanado	página 138
cosido a máquina	página 140
planchado	página 137
puntada de sastre	página 138

Medidas

Panel principal: mida la longitud de A a B y añádale 3,5 cm para los dobleces. Mida el ancho (C a D) y añádale 3 cm.
Faldón: mida el alto (E a F) y añádale 2,5 cm. Para el largo, calcule el triple de la longitud (A a B) más 1,5 veces el ancho (C a D). Añádale 4 cm.

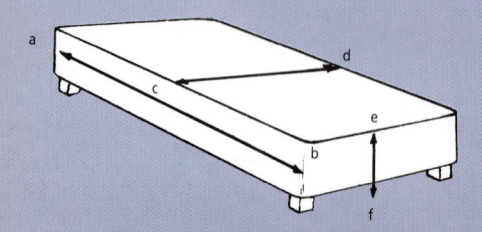

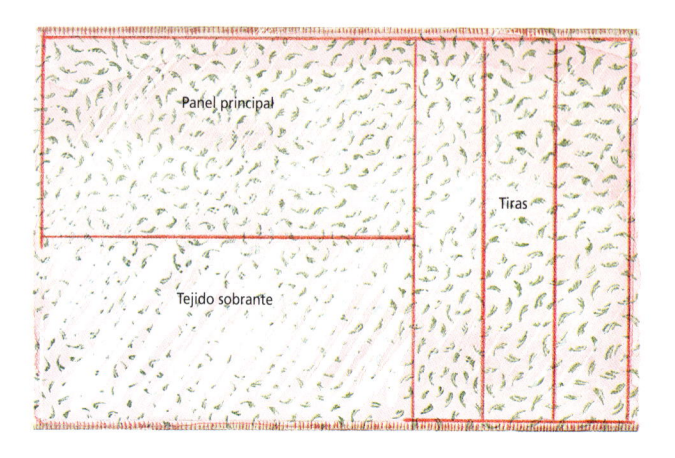

1 Basándose en las medidas de la cama, coloque la tela con el derecho hacia abajo y marque con jaboncillo las líneas de corte para las piezas necesarias.

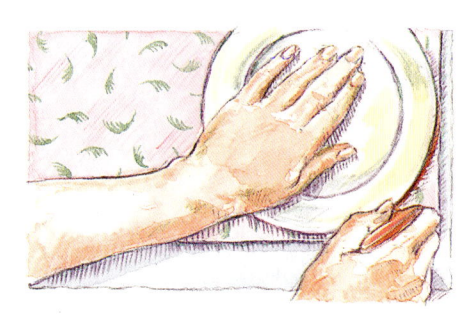

2 Corte el panel principal. Haga una curva en cada una de las esquinas inferiores valiéndose de un plato pequeño y de jaboncillo.

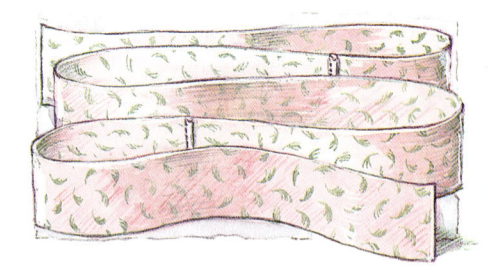

3 Corte tiras de tejido hasta conseguir la longitud necesaria para el faldón, y únalas entre sí con costuras francesas para hacer una tira continua.

4 Haga un dobladillo doble en uno de los lados largos de la tira del faldón haciendo dos dobleces de 1 cm hacia el revés. Préndalo con alfileres, hilvane el dobladillo y retire después los alfileres. Cósalo a máquina aproximándose al pespunte. Planche el dobladillo.

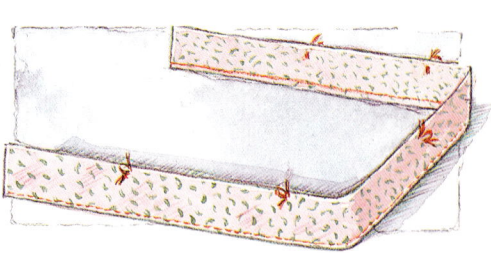

5 Divida la tira del faldón en seis segmentos iguales, empleando una cinta métrica o bien doblando el faldón. Marque las divisiones mediante hilvanes de sastre.

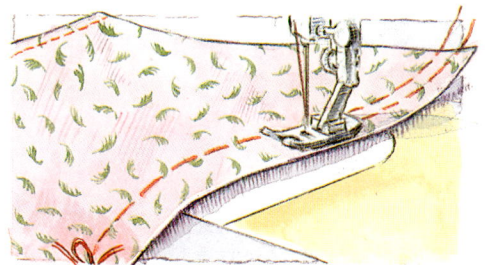

Ropa de cama

6 Con el derecho hacia arriba haga dos pespuntes a máquina a 1,5 cm y 1 cm respectivamente del borde pelado. Hágalo con las puntadas más largas de la máquina e interrúmpalas en cada puntada de sastre.

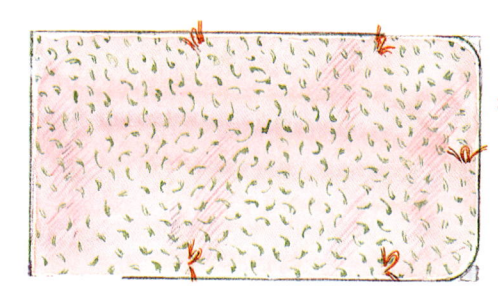

7 Divida el panel principal en seis secciones iguales a lo largo de los laterales y la parte inferior, y márquelas con una puntada de sastre. Frunza el faldón y, con los derechos enfrentados, préndale alfileres e hilvánelo al panel central como si se tratara de un volante.

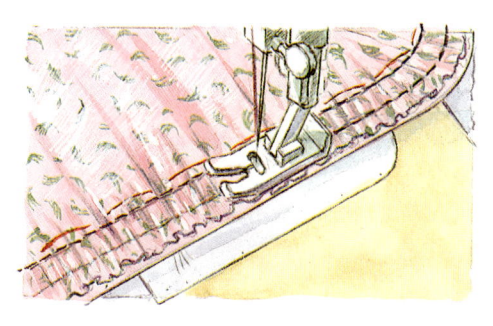

8 Cosa a máquina el faldón al panel central, a 1,5 cm del borde pelado. Haga otra fila de cosido a máquina guiándose por la segunda fila de fruncido.

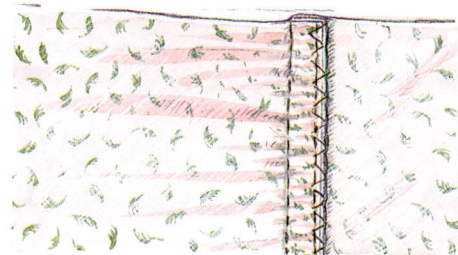

9 Recorte la costura cerca del segundo pespunte y cósala en zigzag para rematar. Planche la costura hacia el panel principal.

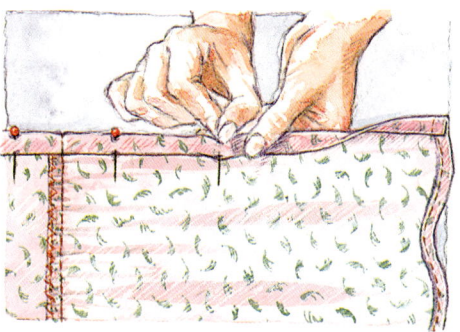

10 Haga un dobladillo doble en el extremo recto de la tira del faldón y en el panel principal, haciendo dos dobleces de 1 cm hacia el revés, y prenda afileres.

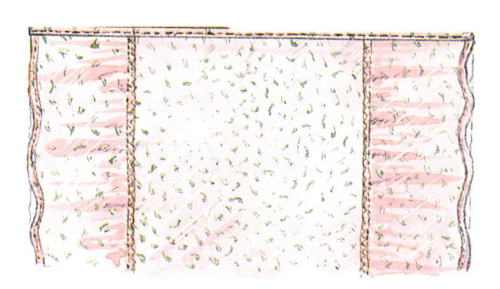

11 Haga un hilván en el dobladillo superior, retire los alfileres y cósalo a máquina aproximándose a la línea del hilván.

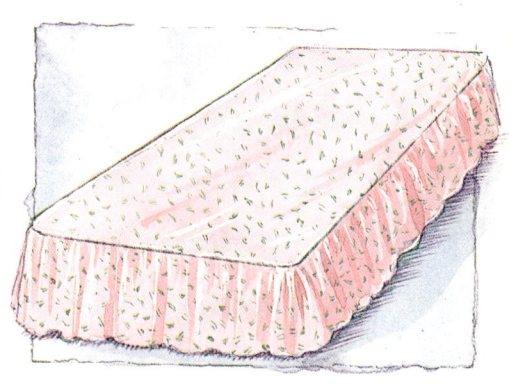

12 Planche el faldón, finalmente, y extiéndalo sobre la base de la cama, con el borde más corto del volante a los pies.

Un faldón fruncido no sólo oculta la base de la cama, sino que puede hacerse en un bonito tejido que coordine con los volantes de los cojines o con el edredón. Si desea darle un aspecto más atrevido, use una tela lisa y llamativa que haga juego con las sábanas o con el edredón.

CUBRECAMA

Un cubrecama es una prenda que va sobre el resto de la ropa de la cama, constituyendo el mejor modo de coordinar un dormitorio, en particular si hace juego con las cortinas. El cubrecama que presentamos aquí es reversible.

SE NECESITA LO SIGUIENTE:

Materiales

dos tejidos que combinen — consulte el apartado «Medidas»	
equipo de costura básico	página 134
un lápiz	
una cuerda	

Técnicas

corte	página 136
planchado	página 137
hilvanado	página 138
cosido a máquina	página 140
punto invisible	página 139

Medidas

Guiándose por el dibujo inferior, mida la cama (completamente hecha) para calcular el tamaño de un cubrecama que llegue hasta el suelo. Necesitará una cantidad igual de tejido principal que del tejido que contraste con él. Mida la longitud entre A y B y añádale 25 cm para poder introducir el tejido bajo la almohada. Mida el ancho de C a D y añádale 9 cm para las costuras resultantes de unir ambos tejidos.

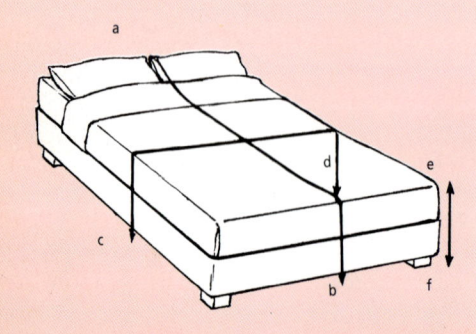

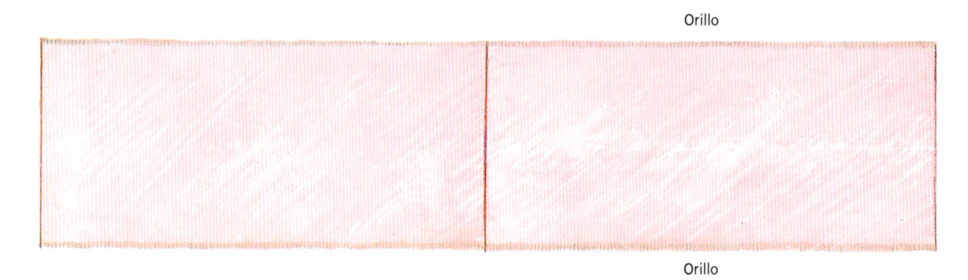

1 Coloque uno de los tejidos con el derecho hacia abajo y marque las líneas de corte para los dos largos necesarios, basándose en las medidas de la cama. Asegúrese de casar los estampados. Corte las dos piezas.

2 Recorte los bordes de los orillos de ambos largos y corte uno de los largos por la mitad en sentido longitudinal. Coloque los medios anchos uno a cada lado del ancho completo, casando los estampados si fuera necesario.

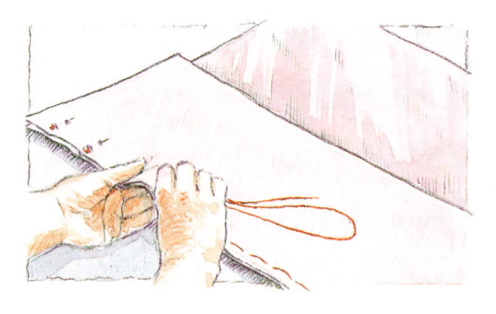

3 Coloque el ancho completo y una de las mitades con los derechos juntos y préndalos con alfileres por el lado más largo. Hilvánelos, retire los alfileres y cósalo a máquina a 1,5 cm del borde. Haga la misma operación en el otro lado.

4 Para redondear las esquinas de la parte inferior del cubrecama, mida la caída desde la superficie de la cama hasta el suelo (E a F) y añádale 1,5 cm. A partir de esta medida, trace un cuadrado en cada esquina con jaboncillo.

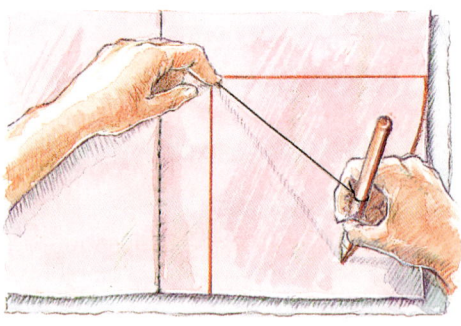

5 Ate un lápiz a un cordel y sujete éste en la esquina interna del cuadrado. Tomando como radio uno de los lados del cuadrado, trace un arco a través de la esquina. Haga lo mismo en la otra esquina.

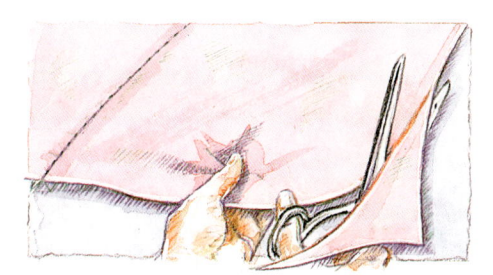

6 Corte ambas esquinas con cuidado siguiendo la curva trazada con el lápiz. Repita los pasos del 2 al 7 para preparar el segundo tejido. Planche todas las costuras abiertas.

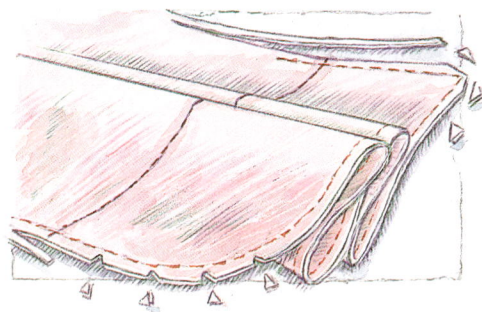

9 Recorte las costuras y las esquinas superiores. Haga incisiones en forma de V en las curvas de las esquinas. Retires los hilvanes.

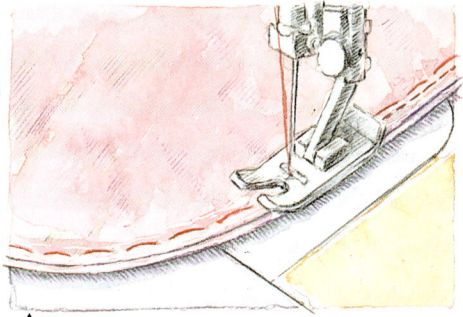

11 Con el hilván aún en su sitio, cosa el borde del cubrecama a máquina empleando unas puntadas de tamaño mediano/largo.

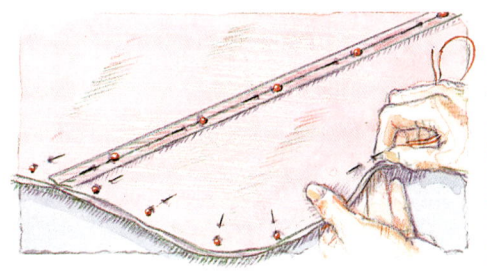

7 Coloque los tejidos ya preparados con los derechos unidos, alineando las costuras y los bordes. Prenda con alfileres y luego hilvane las costuras y los borde.

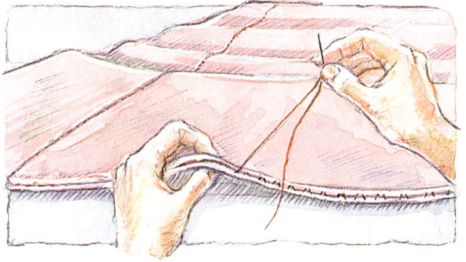

10 Vuelva el cubrecama del derecho y cosa la abertura con punto invisible para que quede cerrada. Hilvane todo el borde del cubrecama, cerciorándose de que la costura esté justo en el borde. Plánchelos.

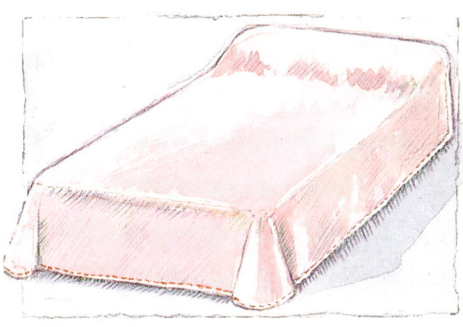

12 Retire los hilvanes y dele al cubrecama un planchado final.

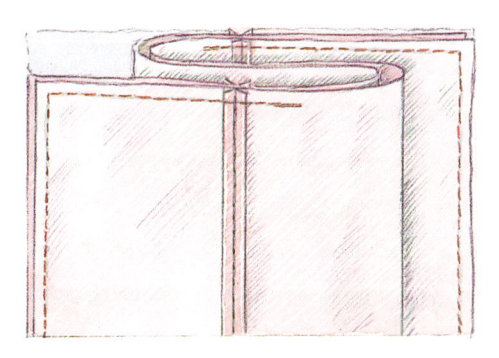

8 Cosa a máquina todo el contorno de los bordes exteriores, dejando una abertura de 90 cm en la parte superior.

De factura fácil y rápida, el cubrecama constituye un centro de atención en el dormitorio. Para que resalte notablemente, utilice un estampado atrevido o exótico con colores vivos. Si prefiere ser más discreto, emplee un tejido floreado que contraste con la ropa lisa de la cama.

Mantelerías

Una mantelería cuyo color combine con el juego de porcelana y con la tapicería y decoración generales, hace de su comedor un espacio impresionante y armonioso. Esta sección ofrece fáciles instrucciones, paso a paso, para hacer todos los artículos necesarios para que el servicio sea completo: servilletas, salvamanteles y paneras. Como la ropa de mesa es tan sencilla y rápida de hacer, puede permitirse diferentes opciones para cada ocasión, desde un cumpleaños infantil —con una tela alegre y brillante— hasta una celebración de boda —con material más fino adamascado.

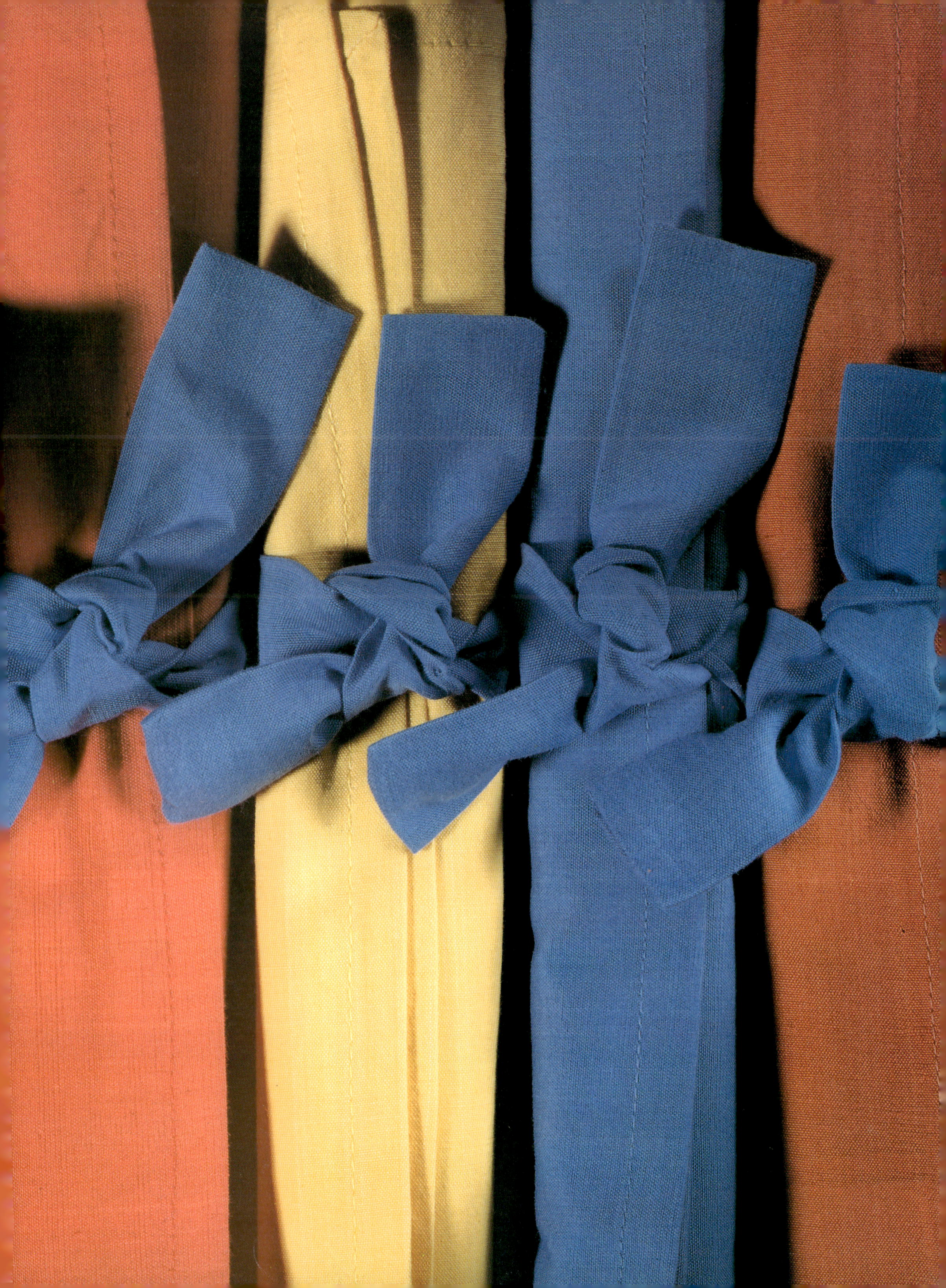

Manteles rectangulares

Tanto para una fiesta infantil de cumpleaños como para celebrar un aniversario de boda, la perfecta presentación de la mesa empieza por el mantel. El que aquí proponemos, una tela rectangular con una hebra de algodón de crochet en el dobladillo, es fácil de hacer y puede utilizarse para hacer juego con otros elementos del comedor.

SE NECESITA LO SIGUIENTE:

Materiales

tejido — consulte el apartado «Medidas»
algodón de crochet
equipo de costura básico   página 134

Técnicas

corte	página 136
planchado	página 137
costuras a inglete	página 144
cosido en zigzag	página 140

Medidas

Guiándose por el dibujo inferior, mida la mesa para calcular la cantidad de tejido necesario. Mida de A a B y, luego, de C a D. Añada a las cifras resultantes 50 cm para la caída del mantel y el dobladillo.

1 Coloque la tela con el derecho hacia abajo y marque con jaboncillo las líneas de corte para el tamaño necesario y según sus medidas. Corte la tela.

2 Haga un dobladillo de 2,5 cm en todo el perímetro de la tela, hacia el revés, y préndalo con alfileres. Planche el dobladillo y retire los alfileres.

3 Haga otro doblez de 2,5 cm para formar un dobladillo doble y préndalo con alfileres. Vuelva a plancharlo.

126

Mantelerías

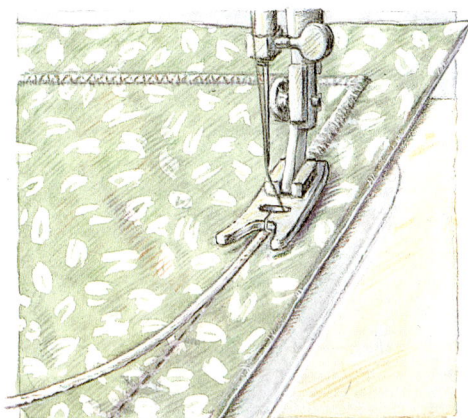

4 Haga las esquinas a inglete. Hilvane el dobladillo y luego cósalo a máquina aproximándose a la línea del hilván.

5 Con el derecho hacia arriba, coloque una hebra de algodón para crochet sobre el pespunte del dobladillo. Cósalo a máquina (en zigzag y con un hilo que haga juego) de manera que quede cubierto por las puntadas, empalmando los extremos en los puntos de unión.

6 Planche el mantel. Para hacer unas servilletas a juego (véase el recuadro).

SALVAMANTELES Y SERVILLETAS

Los salvamanteles rectangulares pueden hacerse siguiendo el mismo método que hemos indicado para el mantel. Una pieza de tela de 34 cm x 49 cm medirá, una vez terminada, 30 cm x 45 cm, si se hacen dos dobleces de 1 cm en el dobladillo.

Los salvamanteles suelen ser cuadrados y sus medidas oscilan entre 30 cm para un salvamantel de té hasta 60 cm si se trata de una cena de etiqueta. El tamaño más frecuente para uso normal suele ser de entre 45 cm y 50 cm.

Los salvamanteles y servilletas pueden hacerse a juego con el mantel o con una tela que haga contraste con el mismo para darle mayor interés.

Compre un poco más de tela al hacer las cortinas de la cocina o del comedor para lograr un aspecto realmente coordinado entre la estancia y la mesa.

Manteles redondos

Si posee una mesita redonda, cúbrala con un mantel hasta el suelo y, sobre éste, coloque otro más corto. Si se trata de una mesa de comedor, el mantel no sobrepasará en largo a los asientos. Si necesita unir varias piezas de tela para alcanzar el largo de la mesa, cosa unas tiras de igual tamaño a ambos lados de un panel central de ancho completo.

SE NECESITA LO SIGUIENTE:

Materiales

papel para el patrón
tejido — consulte el apartado «Medidas»
equipo de costura básico   página 134

Técnicas

patrones	página 154
corte	página 136
cosido a máquina	página 140
hilvanado	página 138
planchado	página 137

Medidas

Guiándose por el dibujo inferior, mida la mesa para calcular la cantidad de tela necesaria. Mida el diámetro de A a B y el alto que desee (C a D). Doble la cifra resultante de medir desde C a D y añádale 2 cm para el dobladillo. Así tendrá el tamaño para una pieza cuadrada.

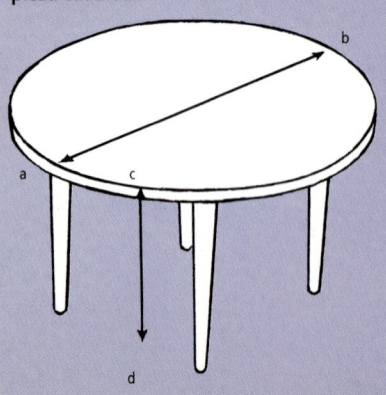

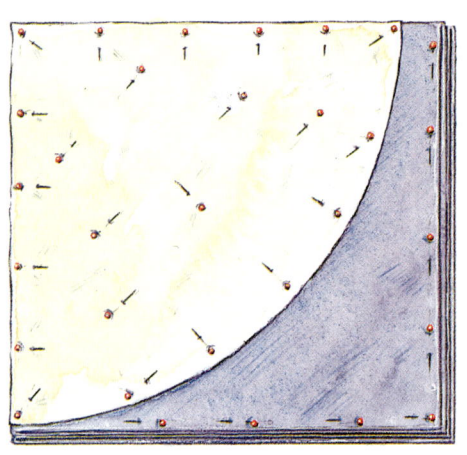

1 Doble la tela en cuatro y préndala con alfileres para fijar las cuatro capas. Corte un trozo de papel del mismo tamaño que el tejido doblado, con un arco trazado por una esquina que, desplegado, forme un círculo. Prenda este patrón a la tela y córtela incluyendo todas las capas.

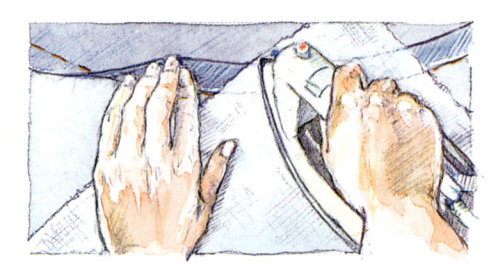

2 Cosa a máquina todo el contorno del círculo, a 1,5 cm del borde pelado. Guiándose por el pespunte, planche la tela doblándola hacia el revés.

3 Haga otro pequeño doblez en el extremo del primero para obtener un dobladillo doble y préndalo con alfileres. Hilvane el dobladillo, retire los alfileres y plánchelo después.

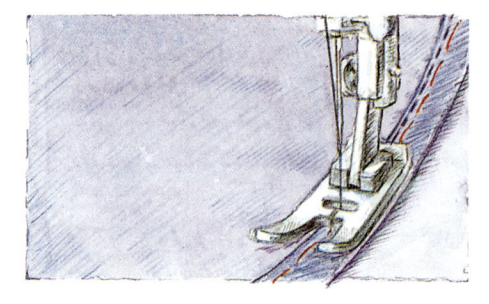

4 Cosa a máquina todo el dobladillo aproximándose a la línea del hilván y vuelva a plancharlo. El planchado doble ayuda a darle un acabado profesional.

5 Para que el acabado tenga estilo, añada un tapete redondo que haga juego o contraste con el primero. Si el mantel es liso y el tapete es de encaje conseguirá un toque muy especial.

TAPETE REDONDO

Para hacer un mantelillo redondo siga las mismas instrucciones, midiendo un largo de aproximadamente un tercio de la medida entre el suelo y la superficie de la mesa. Resultará más fácil calcularlo si hace primero el mantel que llegua hasta el suelo.

Salvamanteles acolchados

Estos salvamanteles, que llevan una capa de relleno debajo del tejido, pueden hacerse a juego con el resto de la mantelería. Para acolcharlos deben coserse, a máquina o manualmente, filas de puntadas que atraviesen todas las capas.

SE NECESITA LO SIGUIENTE:

Materiales
papel para el patrón
2 piezas de tejidos que combinen entre sí —
45 cm x 30 cm
1 pieza de relleno de peso mediano
de 45 cm x 30 cm
aproximadamente 1,40 m de cinta de ribetear de 2,5 cm de ancho (o si desea hacerlo usted misma, consulte la página 148)
equipo de costura básico   página 134

Técnicas
corte	página 136
hilvanado	página 138
cosido a máquina	página 140
punto invisible	página 139

Para hacer el patrón
Doble en cuatro un trozo de papel que mida 45 cm x 30 cm. Marque con un lápiz el punto A y otro punto a 15 cm de éste. Trace un arco para hacer una curva. Corte el patrón.

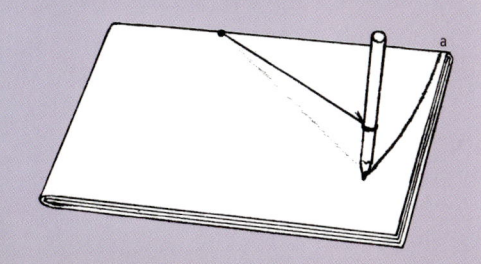

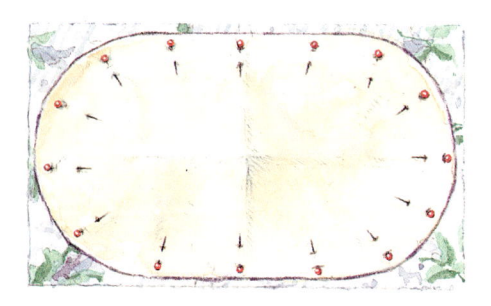

1 Para cada salvamantel corte una pieza (utilizando el patrón de papel) de cada una de las telas que combinan entre sí (una principal para la parte superior y otra secundaria) y una pieza de relleno.

2 Coloque el relleno sobre el revés del tejido secundario y, encima, el tejido principal con el derecho hacia arriba.

3 Hilvane las tres capas, haciéndolo desde el centro hacia afuera. Cosa a máquina esas tres capas con una puntada larga, siguiendo el dibujo del tejido o no, según sus gustos.

4 Doble hacia el revés 1 cm de la tira al bies de ribetear y colóquela con el derecho hacia abajo sobre el derecho del tejido principal. Nivele los bordes y préndala con alfileres.

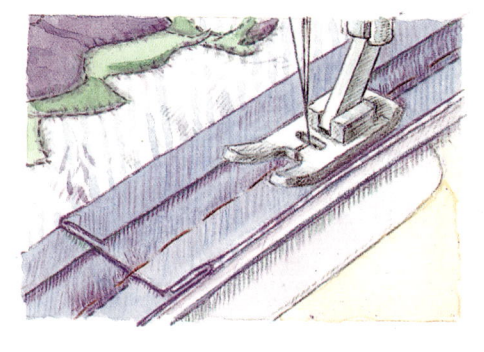

5 Hilvane la cinta al bies y retire los alfileres. Cósalo a máquina, a 1 cm del borde pelado. Doble la cinta de ribetear hacia el lado del tejido secundario. Cósalo a punto invisible junto al pespunte y en la unión.

6 Planche el ribete suavemente, pero no planche la zona acolchada.

Panera

Si coloca sus panecillos en una panera que haga juego con el mantel, ésta constituirá por sí misma un centro de atención. La que aquí presentamos está hecha con tres círculos de tela superpuestos y cintas a juego.

SE NECESITA LO SIGUIENTE:

Materiales

papel para el patrón
50 cm de 2 telas que combinen entre sí
50 cm de entreforro de contacto
3 m de puntilla de algodón
2 m de cinta de 3 mm de ancho
equipo de costura básico   página 134

Técnicas

corte	página 136
planchado	página 137
hilvanado	página 138
cosido a máquina	página 140
punto invisible	página 139
cosido en zigzag	página 141

Para hacer el patrón

Haga el patrón doblando en cuatro una pieza cuadrada de 30 cm. Trace un arco en una esquina para hacer un círculo y corte el patrón. Divídalo en doce segmentos iguales y márquelos con un lápiz.

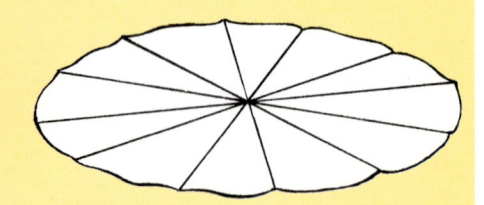

1 Guiándose por el patrón, corte tres círculos de cada uno de los tejidos y tres del entreforro. Coloque las piezas del entreforro sobre el revés de los círculos del tejido principal y plánchelos.

2 Prenda con alfileres la tira de puntilla sobre los derechos de los círculos de tejido principal. Hilvánelo, retire los alfileres y cósalo a máquina.

3 Coloque los círculos del tejido secundario (el que va a quedar abajo) sobre los círculos con el encaje, con los derechos enfrentados, y préndalos con alfileres.

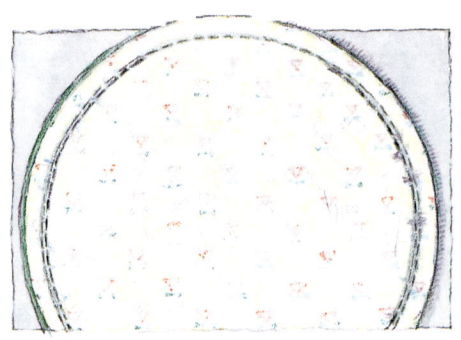

4 Hilvane todo el diámetro, a 1 cm del borde, y retire los alfileres. Cósalo a máquina siguiendo el pespunte del encaje y deje una abertura de 10 cm para volverlo después del derecho.

5 Recorte la costura y haga incisiones en forma de V por todo el contorno de cada círculo. Vuélvalos del derecho y cosa la abertura a punto invisible. Planche todos los círculos.

6 Coloque el patrón de papel sobre uno de los círculos de tejido secundario y trace con jaboncillo una de cada dos líneas de las marcadas en aquél de manera que resulten 6 segmentos.

Mantelerías

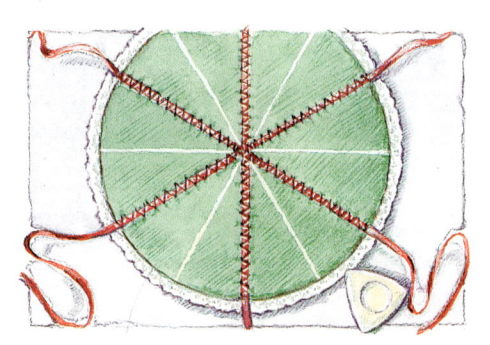

7 Corte la cinta en tres partes iguales. Céntrelas de manera que queden sobre las líneas marcadas con jaboncillo y cósalas en zigzag. Coloque de nuevo el patrón sobre este círculo y marque las líneas entre las cintas.

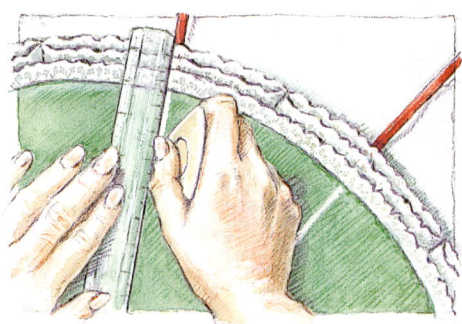

10 Dele la vuelta a los círculos y coloque sobre ellos un tercer círculo con el tejido secundario hacia arriba. Marque con jaboncillo unas líneas desde los puntos donde coinciden el borde y las cintas hacia el centro.

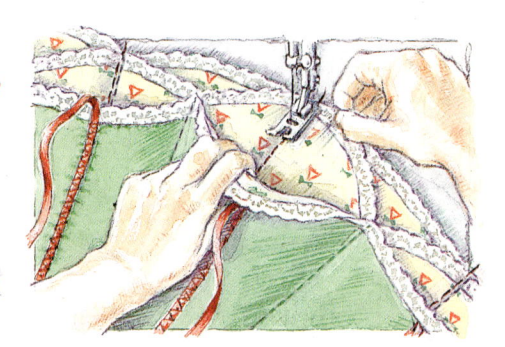

12 Cosa a máquina las líneas del hilván, haciéndolo de forma que el círculo intermedio esté en la parte superior y desde el borde del círculo hacia el centro.

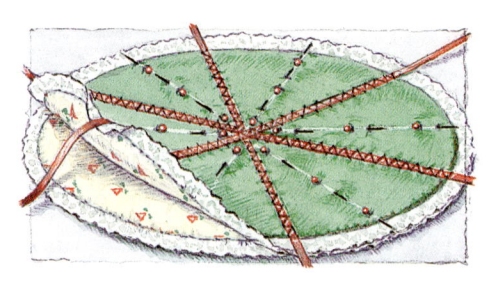

8 Coloque el círculo de las cintas (con éstas hacia arriba) sobre el lado con el tejido principal del segundo círculo. Préndalos con alfileres por la líneas marcadas con jaboncillo, haciéndolo desde el centro hacia afuera. Hilvane esas líneas y retire los alfileres.

11 Prenda con alfileres esas líneas en un tramo de 7,5 cm que incluya *únicamente* los círculos superior e intermedio. Hilvane las líneas y retire los alfileres.

13 Junte las cintas que estén en lados opuestos y anúdelas haciendo lazos. Coloque la panera en un cesto y un panecillo en cada hueco.

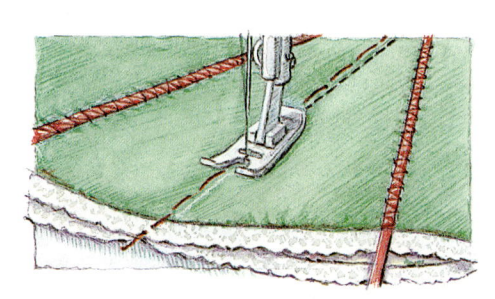

9 Cósalo a máquina cerca del hilván, comenzando por el centro de cada pespunte y haciéndolo de dentro hacia afuera. Retire el hilván.

Una panera de este tipo no sólo constituye una atractiva alternativa a una simple panera, sino que es un modo útil de armonizar un servicio de mesa. Existe una amplia gama de cintas de puntilla entre las cuales escoger.

TÉCNICAS

Las técnicas empleadas en este libro son muy sencillas y se presentan de manera detallada y paso a paso. También proporcionamos información sobre los utensilios necesarios, sobre cómo aumentar o reducir el tamaño de los patrones y sobre cómo adaptar unas cortinas que en un principio se pensaron para una determinada ventana, a otra de dimensiones diferentes. Si va a utilizar la máquina de coser por primera vez, le recomendamos que haga una prueba previa en una pieza de tela que no sirva.

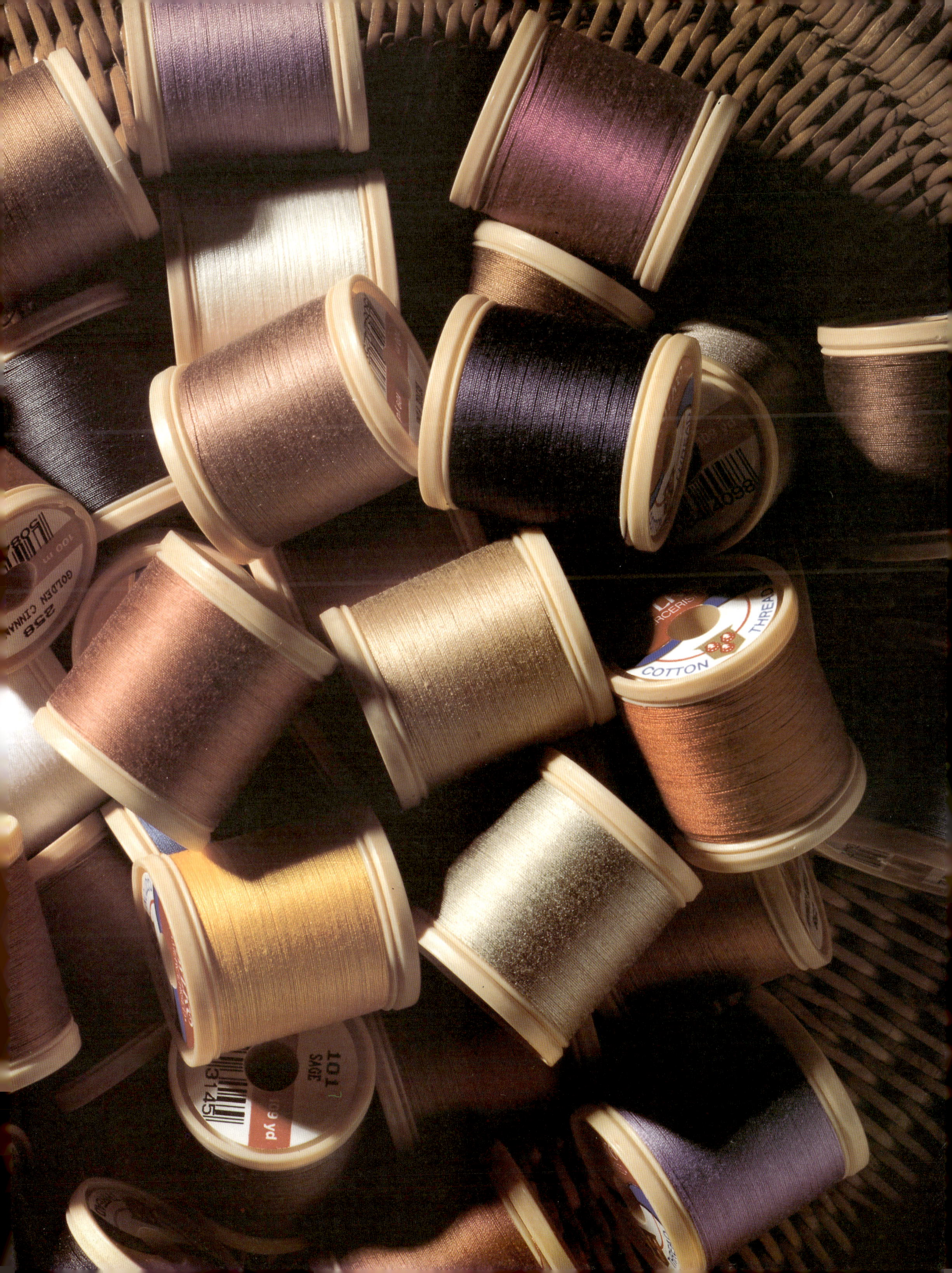
COTTON
THREAD
SAGE

Equipo de costura

A LA HORA DE COMPRAR el material de costura, procure adquirir utensilios de buena calidad, ya que, a diferencia de los baratos, aseguran una duración de por vida. Las tijeras constituyen el elemento más caro, y va a necesitar más de un par, pues cada labor requiere su tamaño.

Algunas de las labores incluidas en este libro precisan artículos de profesional que se comprarán sólo en caso necesario. No obstante, para facilitar el trabajo y para que el acabado sea profesional, su costurero deberá contar con lo siguiente:

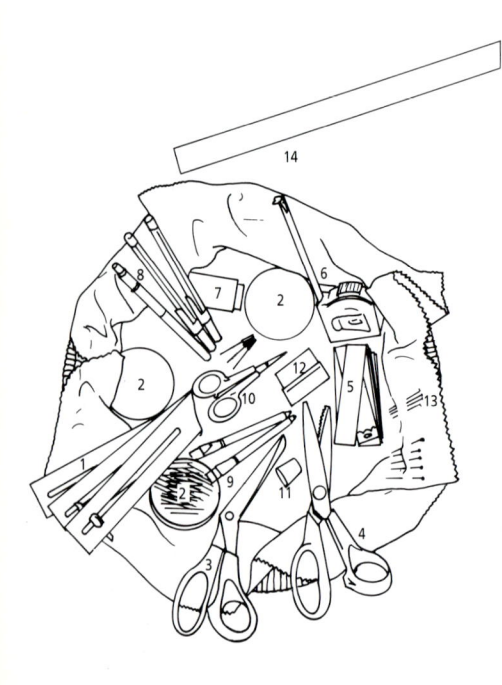

1. Indicador para coser y tejer
2. Alfileres
3. Tijeras de modista
4. Tijeras picafestones
5. Cinta métrica flexible
6. Flexómetro
7. Hilo de hilvanar
8. Rotuladores y lapiceros para tela
9. Agujas para máquina
10. Tijeras de costura
11. Dedal
12. Jaboncillo de sastre
13. Agujas para coser a mano
14. Regla de acero de decorador

Tijeras de modista: de 20 o 23 cm, están algo ladeadas para que el asimiento resulte cómodo; pueden afilarse y ajustarse.

Tijeras de costura: sumamente rectas hasta la punta, se emplean para dar pequeños cortes y recortar.

Regla de acero de decorador: será de gran ayuda para medir ventanas, etcétera.

Indicador para coser y tejer: es una pequeña regla metálica que lleva un marcador que se desliza hasta donde quiera fijarse.

Tijeras de tamaño mediano: de 15 cm, para cortar los patrones de papel.

Cinta métrica flexible: compre una de fibra de vidrio para que no se deforme.

Flexómetro: para trazar líneas largas tanto en papel como en tejido.

Jaboncillo de sastre: es una tiza especial para usar sobre las distintas variedades de tela; puede adquirirlo tanto en pastilla como en forma de lápiz y en diversos colores.

Rotuladores y lapiceros para tejido: para marcar con rapidez. Algunos desaparecen por sí mismos y otros se eliminan con agua. Pruébelos siempre sobre la tela que vaya a emplear antes de usarlos.

Técnicas

Alfileres: los alfileres de metal que utilizan los sastres, con puntas muy afiladas, evitarán que se enganchen en los tejidos. Puede encontrar incluso algunos para labores específicas. Los que nosotros recomendamos son los alfileres extrafinos de 30 mm de longitud.

Agujas para coser a mano: suelen presentarse en varios tamaños y longitudes dentro de un mismo paquete y sirven para la mayoría de los tejidos.

Agujas para coser a máquina: hágase con una selección de tipos y tamaños, de acuerdo con el sistema más adecuado para su máquina y según lo que le recomiende el manual.

Hilo de hilvanar: absolutamente esencial para toda clase de hilvanados. Es un hilo suave que se rompe con facilidad, evitando que se dañen los tejidos cuando el hilo los traspasa al tirar de él.

Dedal: deberá ponérselo para coser manualmente cualquier labor, incluso en el hilvanado; es muy necesario cuando se trabaja con tejidos gruesos.

Máquina de coser: proporciona un cosido fuerte que soporta el deterioro diario de muchas prendas. Su máquina deberá poder hacer un cosido recto en distintas longitudes y en zigzag con diversas anchuras.

PLANCHADO
Para un planchado profesional se requiere lo siguiente:
Plancha de vapor (se emplea en seco)
Tejido de felpa
Paño de muselina
Tabla para planchar: preferentemente revestida de algodón con fieltro debajo.

Artículos no imprescindibles
Entre estos utensilios, que resultan sumamente útiles para algunas labores, se incluyen los siguientes:

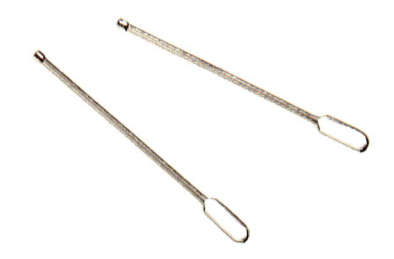

Aguja de jareta: es una aguja plana o redonda, sin punta y gruesa, con un ojo grande para pasar cintas o elásticos por dobladillos o jaretas.

Cortacosturas: para cortar hilos exclusivamente (ello evita despuntar las tijeras pequeñas).

Pasacintas: es una aguja gruesa y larga que lleva a veces una bola en un extremo y que puede introducirse por un ribete de bies. El ojo se cose al tejido antes de insertarse en la tira para volverla del derecho.

Máquina para recortar, coser y rematar en una sola operación y muy rápidamente.

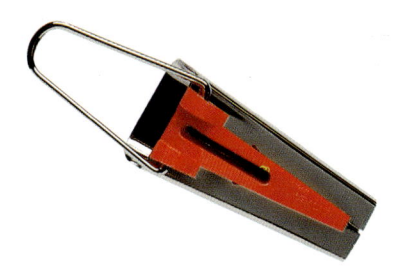

Ribeteador: un utensilio sumamente útil y de fácil manejo para hacer sus propios ribetes. Las tiras de tejido, cortadas al bies, se introducen por el marcador y, según se va tirando de ellas, van plegándose los lados de las tiras y salen preparadas ya para plancharlas.

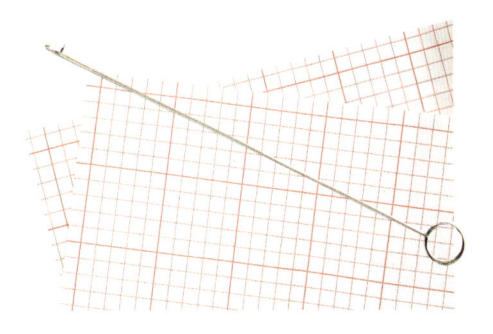

Papel para patrones: es un papel especial para hacer a escala patrones según un sistema de cuadrícula.

Curva flexible: puede adaptarse a cualquier línea.

Tablero para cortar: hecho en cartón, puede doblarse para facilitar su almacenamiento y está cuadriculado (con cuadrados de 2,5 cm). Puede usarse para cortar, calcular tejido y hacer patrones a partir de un dibujo.

Labores con el tejido

La mayoría de los tejidos para decorar se fabrican en los anchos siguientes: 122 cm, 137 cm y 152 cm y vienen enrolladas de fábrica en un cilindro de cartón. Pero algunos tejidos, así como los forros, se encuentran plegados en torno a una pieza rectangular de cartón. En la etiqueta debería figurar la composición del tejido, las instrucciones para su ciudado y, cuando proceda, la medida de la repetición del estampado.

Al comprar tejido es siempre recomendable calcular un margen adicional por si realizamos cortes desnivelados.

Enseguida se familiarizará con la terminología empleada en materia de tejidos.

- El orillo es el borde apelmazado del tejido, que no deberá usarse, sino recortarse y prescindir de él.
- «Al hilo» es una expresión que se refiere a los hilos del tejido paralelos al orillo. Es importante que los extremos de corte, que recorren el tejido en sentido transversal, se enderecen antes de proceder a cortar largos.
- «Al bies» se aplica a los hilos que van oblicuamente a la dirección de la trama. Para encontrarlo, mida distancias iguales tanto por el orillo como por el borde de corte (habiéndose asegurado previamente de que este último es perpendicular al orillo), marque con jaboncillo de sastre los puntos medidos y trace una línea entre ambos empleando una cinta métrica rígida.
- «A contrahílo» van los hilos en el sentido del ancho, de un orillo a otro.

Corte de la tela

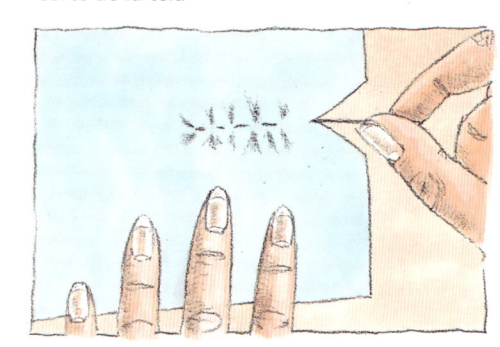

▲ Todas las telas deben cortarse al hilo, es decir, por donde la urdimbre (los hilos longitudinales paralelos al orillo) es perpendicular a la trama (o hilos transversales). Por tanto, antes de cortar largos será necesario enderezar el borde de corte. Para hacer esto, haga un corte en el orillo y tire de un hilo, si el tejido está lo suficientemente suelto. Otra posibilidad es usar un cartabón, marcar una línea con jaboncillo y cortar el tejido por la línea resultante.

- Cuando esté cortando tela, coloque la mano izquierda suavemente sobre el tejido, a la izquierda del dibujo o línea marcada, mientras que sostiene las tijeras en la derecha para cortar, con el dibujo o línea marcada hacia la derecha de las tijeras. Si es usted zurda, sustituya derecha por izquierda y viceversa.
- Corte todos los largos en la misma dirección. Con algunos tejidos la dirección del diseño es evidente, ya que la palabra «PARTE SUPERIOR» figura en el orillo. Otros tejidos, sin embargo, han de mirarse atentamente ya que pueden tener brillos que varían según la luz. Los terciopelos, por ejemplo, pueden parecer más o menos oscuros según la posición: cuando se usan con el pelo hacia arriba, el color se enriquece y cuando el pelo va hacia abajo, el color se atenúa.

Unión del tejido

- Los estores requieren que las costuras sean sumamente discretas. Los estores romanos quedan mejor sin costuras, pero si no es posible evitarlas, puede añadirse una cantidad igual a cada lado del panel central y coserse a máquina, por el derecho, un reborde plano sobre la costura que mejorará su aspecto. Los estores abullonados permiten que la costura esté situada debajo de un pliegue y en los austríacos es posible aprovechar el espacio donde una fila de anillas va a fruncir el tejido.

▲ Al hacer artículos de gran tamaño es necesario unir diferentes piezas de tela para conseguir el ancho necesario. Cada cortina puede necesitar 1,5/2/2,5 anchos, y cada medio ancho se coloca en los laterales interiores, allí donde se juntan las cortinas al cerrarlas. Para las cortinas sin forrar lo mejor son las costuras sobrehilada, mientras que las forradas llevarán costuras abiertas.

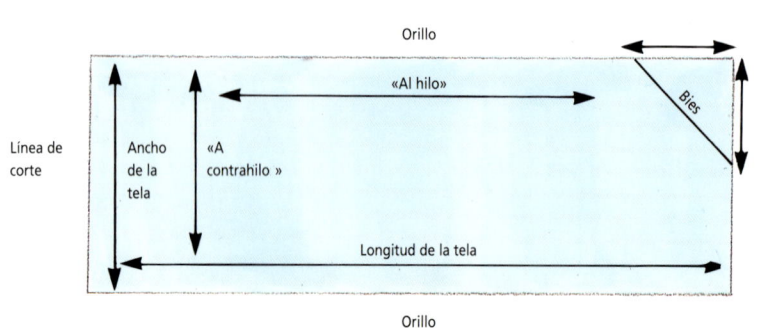

Técnicas

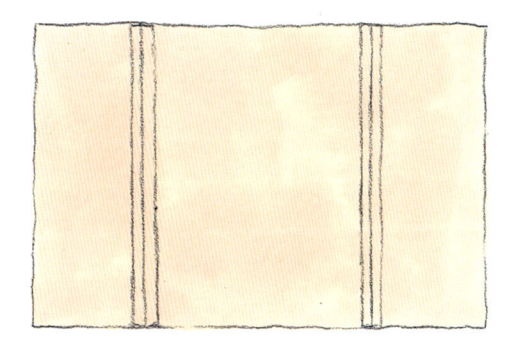

▲ Los cubrecamas y los manteles cuentan con dos tramos iguales añadidos a ambos extremos de un ancho completo. Pueden unirse con costuras abiertas, rematando los bordes pelados.

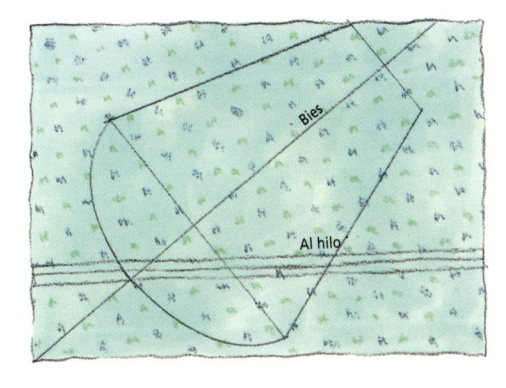

▲ El material adicional que requiere un festón, antes de cortar la tela para el mismo, se une al hilo con una costura abierta. La costura se colocará en la esquina inferior y quedará oculta con los pliegues una vez hechos.

Prender alfileres al tejido

Al prender un patrón a un tejido ya dispuesto para cortar, coloque los alfileres diagonalmente y bien dentro de los bordes; sólo necesitará unos cuantos alfileres. La excepción a esta «regla» se produce cuando el tejido queda marcado por los alfileres, en cuyo caso éstos se han de colocar en las costuras.

• Cuando prenda alfileres a dos capas superpuestas de tejido, coloque aquéllos con las puntas hacia dentro para evitar que una capa de tejido se deslice sobre otra. La excepción a este consejo se produce cuando una de las capas ya tiene prendidos alfileres; entonces, los nuevos irán a lo largo de la costura.

Planchado del tejido

• Tenga preparadas la plancha y la tabla en todo momento. Cuando planche prendas de gran tamaño, coloque la tabla junto a una mesa para que ésta soporte el peso.

• Asegúrese de que la plancha está programada par el tipo de tela que va a planchar; antes de comenzar, haga simpre una prueba previa sobre una pieza de tela.

• Necesitará trapos especiales para planchar, de los que existen varios tipos. La muselina tiene la ventaja añadida de ser trasparente, lo que le permite colocar la plancha correctamente. Compre 1 m de muselina y córtelo a la mitad para tener dos piezas, una para usar humedecida y otra seca. Para humedecer un paño, empápelo en agua y escúrralo con fuerza después. Esto es adecuado para tejidos ligeros o medianos, pero dóblelo cuando planche materiales más gruesos.

• Mueva la plancha de arriba abajo, más que deslizarla, como se hace al planchar sábanas, etcétera.

• En el caso de las costuras, plánchelas en primer lugar longitudinalmente, con las capas de tejido juntas y con un trapo de muselina húmedo. A continuación, plánchelas abiertas, valiéndose para ello de sus propios dedos y del pico de la plancha. Necesitará un planchado final con un trapo húmedo. Si el tejido es grueso, introduzca piezas del mismo tejido debajo de la costura, a ambos lados. A veces se hace necesario colocar un trapo seco sobre la costura y volverlo a planchar.

• Una costura que está al borde de una prenda (como es el caso, por ejemplo, de los cojines sin ribetear) requiere una preparación previa antes de proceder a plancharlo. Después de volverlo del derecho, enrolle la costura entre los pulgares y el resto de los dedos hasta que le quede en el borde; hilvánelo conforme vaya avanzando. Plánchela bien utilizando un trapo húmedo, con la plancha templada/caliente y ejerciendo una presión mediana con el lado de la plancha justo sobre el borde de la costura.

• Hay unos cuantos tejidos que sólo pueden plancharse en seco. En tal caso, coloque siempre un trapo seco sobre la tela para evitar cualquier daño y haga alguna prueba con algúna pieza inservible de ese mismo material si no está segura.

• Si coloca una toalla de rizo sobre la tabla de planchar evitará que los tejidos con texturas en relieve se aplanen al plancharlos.

• El terciopelo puede plancharse sobre otra pieza del mismo material situada con el derecho hacia arriba, aunque lo mejor es hacerlo sobre una superficie específica para este tipo de tejido.

COSER A MANO

CUANDO SE COSE A MANO, especialmente tejidos oscuros, trabaje a la luz del día si le es posible, aunque ahora pueden comprarse una bombillas que producen iluminación de fondo (una luz muy similar a la diurna), cuya adquisición realmente merece la pena. Escoja una hilo que sea adecuado para permanecer en la tela una vez cosido: sintético para tejidos artificiales y de algodón para materiales hechos en fibras naturales. Para puntadas provisionales y de marcado utilice el hilo de hilvanar, un hilo especial de algodón, suave, hecho *ex profeso*, que no causa ningún daño al tejido cuando se retira del mismo. No trabaje con una hebra larga de hilo: la longitud de su brazo bastará. Enhebrará mejor el hilo si lo corta (no lo rompe) del carrete.

Las agujas han de ser las apropiadas para el tejido y el hilo; las agujas muy finas atraviesan el tejido más fácilmente, con lo que disminuye la posibilidad de que se enganche o se salga un hilo del tejido. Los paquetes surtidos de agujas incluyen varios tamaños y largos.

Prácticamente todas las confecciones suelen implicar algún tipo de cosido a mano; tal vez sólo el hilvanado, que no es más que un cosido temporal hasta que se hace el definitivo. El dobladillo de las cortinas se hace preferentemente a mano, en la mayoría de los casos, ya que las puntadas se hacen de forma que quedan invisibles por el derecho. Al coser dobladillos, coloque el grueso de la cortina sobre una mesa, con los dobladillos hacia usted, lo que hará que el peso esté bien repartido y que no se arruguen.

Deberá ponerse un dedal en el dedo corazón de la mano con la que cosa para protegerla, en especial al coser tejidos gruesos o de trama prieta.

Hilvanado

Es un cosido provisional que se emplea para mantener juntas dos piezas de tejido mientras se sigue avanzando en el proceso. La longitud de las puntadas está en función del tejido: las telas finas requieren unas puntadas más pequeñas, mientras que en los materiales gruesos, por los que no resultará fácil que se deslice, lo más adecuado es una puntada más larga. Si cree que ha dado las puntadas muy prietas, no vuelva a hilvanar: bastará con que dé un corte al hilván cada cierta distancia antes de proceder a coser a máquina. Vaya retirando siempre los alfileres conforme hilvana.

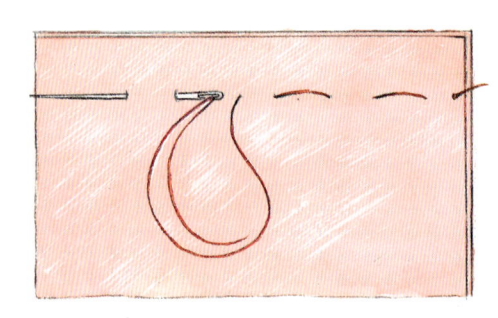

Utilice hilo de hilvanar. Anude uno de los extremos para asegurar el hilo en el material cuando de la primera puntada. No de más de dos puntadas de una vez antes de tirar de la aguja, y *no* tire excesivamente del hilo o se formarán bolsas en el tejido. Para finalizar, asegure el hilo con un pespunte y córtelo dejando 5 cm

Puntada de sastre

La puntada de sastre se usa con un hilo de hilvanar doble y sin nudo en un extremo. Su fin es marcar un punto preciso para casar con otra pieza de tejido.

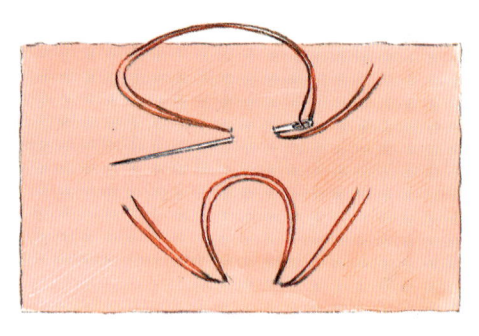

De una puntada de 6 mm, dejando en los extremos 1 cm; de otra puntada sobre la primera formando un bucle de 2 cm. Repítalo para hacer un segundo bucle y corte los hilos dejando 1 cm en los extremos.

Puntada atrás o pespunte

Es un punto muy seguro, que se utiliza para tramos cortos y se trabaja de derecha a izquierda. Haga un nudo en el extremo del hilo.

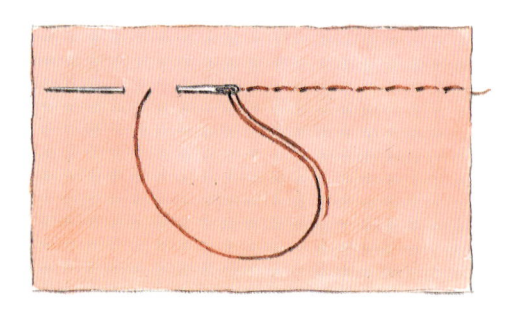

Inserte la aguja por el revés del tejido hasta que aparezca por el derecho, un poco retirada del principio para permitir que la aguja pueda colocarse otra vez a la derecha de donde ha aparecido e insertarse por el tejido hacia abajo para salir de nuevo hacia arriba un poco más a la izquierda de la primera puntada. Continúe así hasta el final, donde deberá dar dos puntadas en el mismo sitio.

Punto en escalera
Este punto es también una forma de hilvanar. Se usa para casar el estampado al unir dos piezas de material y se trabaja de derecha a izquierda.

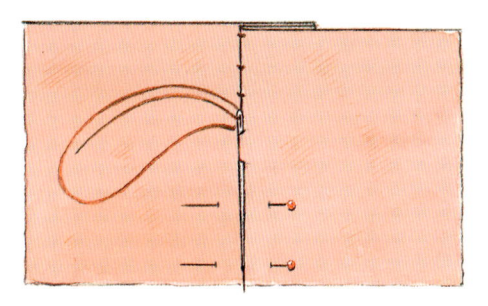

Planche por debajo del margen para la costura sobre un lado, teniendo cuidado de no estirar el tejido. Coloque el borde doblado sobre el margen para la costura, haciendo coincidir el estampado exactamente, y préndalo firmemente con alfileres. Anude el hilo debajo del borde doblado y saque hacia arriba (el derecho) la aguja. Haga avanzar la aguja por el pliegue y de una puntada paralela al borde doblado. Tire de la aguja y de otra puntada por el borde doblado, entre las dos capas de tejido. De una puntada de 2 cm y vuelva a sacar la aguja por el derecho.

Punto de ojal o de manta
Este punto puede emplearse para rematar bordes pelados con el fin de que no se deshilachen o para fijar anillas de cortina a, por ejemplo, un alzapaño.

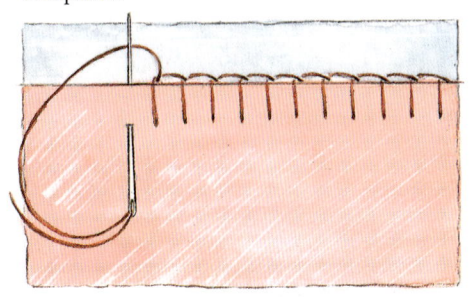

Asegure el hilo por debajo del borde pelado y saque la aguja por el derecho. Con la aguja perpendicular al borde, haga un bucle en el hilo por detrás de ese punto. Inserte la aguja y continúe con puntadas homogéneas y con los bucles del hilo dispuestos regularmente a lo largo del borde.

Punto invisible
Sus puntadas resultan casi invisibles a ambos lados de la tela cuando se aplican a un dobladillo o a cualquier otro borde doblado.

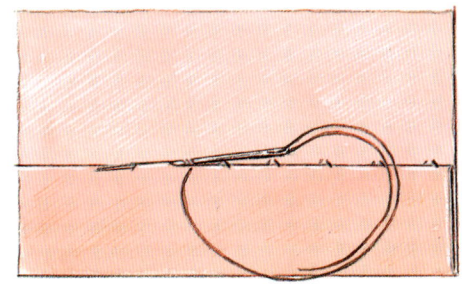

Asegure el extremo del hilo con un par de puntadas en el interior del borde doblado del dobladillo; después, deslice la aguja por el doblez del dobladillo unos 5 mm y tire de ella. Con la punta de la aguja, coja unos cuantos hilos del tejido justo delante de la aguja, tire de ella e insértela de nuevo dentro del doblez. Continúe de esta manera, con cuidado de no tirar del hilo en exceso. Cuando utilice este punto para esquinas a inglete, deslice la aguja por ambos dobleces, primero en un lado y después en el otro.

Punto de pestaña
Consiste en dar puntadas que unen dos capas de tejido holgadamente. Se trabaja justo por debajo de uno de los materiales, por lo que la unión resulta invisible. Es un punto muy adecuado para coser un forro de quita y pon a una cortina.

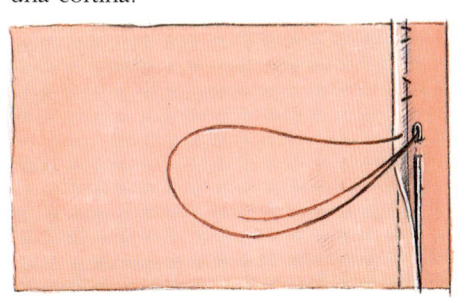

Doble hacia atrás el forro y de una pequeña puntada en el dobladillo lateral; a continuación, de una puntada en la cortina. Vaya cosiendo con puntadas alternativas en un lado y en otro. No tire del hilo en exceso.

Punto calado
Es un punto que se utiliza para coser el forro o la entretela a las cortinas.

Se trabaja sobre los tejidos de la cortina y el forro colocados revés contra revés.

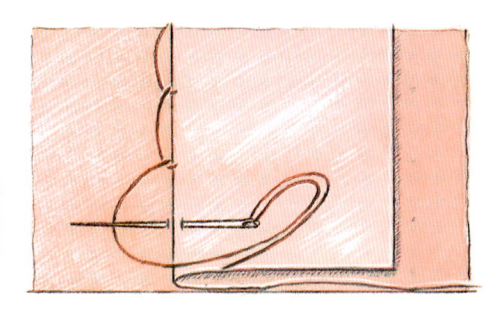

Prenda alfileres en los centros a lo largo de los tejidos y doble el forro hacia atrás. De dos o tres puntadas en el pliegue del forro cerca de la parte superior. A continuación, cosiendo hacia abajo y dejando el hilo holgado, coja un par de hilos del tejido y del forro. La aguja va sobre el hilo para así «apresarlo», y las puntadas deben guardar una distancia entre sí de aproximadamente 10—15 cm.

Punto de escapulario
Este punto se trabaja de izquierda a derecha y se usa para asegurar el tejido. Las puntadas no deben estar muy prietas, pues se verían por el derecho.

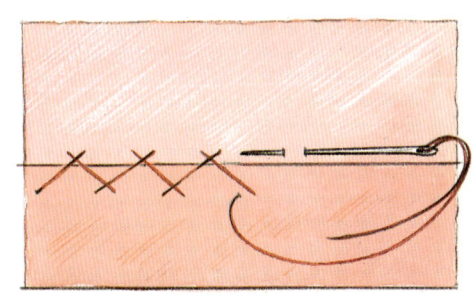

Asegure el hilo con un par de puntadas y saque la aguja por el dobladillo. Muévala en diagonal hacia la derecha, justo por encima del dobladillo y allí coja unos cuantos hilos del tejido. Lleve la aguja, después, hacia la derecha y hacia abajo y de una puntada en el dobladillo. La aguja permanece horizontal en todo el proceso y el hilo va siempre por debajo de ella.

COSER A MÁQUINA

EL COSIDO A MÁQUINA proporciona unas puntadas permanentes que soportarán bien el paso del tiempo y el desgaste diario. El manual de uso que acompaña a toda máquina de coser debe ser estudiado para conocer las diversas características y explicaciones sobre el ajuste de la tensión, las posibilidades de longitud de las puntadas rectas, el ancho del cosido en zigzag, etcétera.

Haga siempre una prueba con una pieza de tela que no le sirva, de la misma que vaya a utilizar, y doblándola en dos capas. Seleccione la aguja, el hilo y la longitud de la puntada adecuados.

Recuerde cambiar la aguja con frecuencia; lo recomendable es después de pasar entre ocho y doce horas de funcionamiento de la máquina. Asegúrese también de que el tipo y el tamaño de la aguja son los apropiados para el tejido y el hilo que está empleando. Si no lo hace, las puntadas no tendrán continuidad ni se formarán correctamente.

Si observa que su máquina no cose apropiadamente, cambie en primer lugar la aguja y, si no mejora su funcionamiento, compruebe el hilo tanto en la parte superior como en la inferior. El hilo tiene que ir desenrollándose de la bobina de una forma específica —en el sentido de las agujas del reloj o en sentido contrario: esto vendrá especificado en su manual de uso, por escrito o mediante ilustraciones—.

Si la mesa que está empleando para coser no es lo suficientemente grande para colocar sobre ella el material, sitúe junto a ella una tabla de planchar ajustada a la altura de la mesa y utilícela para extender el tejido. Otra posibilidad consiste en colocar tres o cuatro sillas con los repaldos hacia la mesa y valerse de éstos para sujetar el material antes de que caiga sobre los asientos.

Si va a coser con las costuras prendidas con alfileres, vaya retirando éstos conforme va cosiendo.

Uso de la máquina

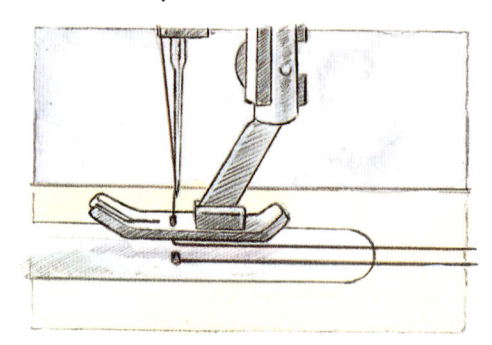

1 Cuando empiece a coser, sujete los hilos superior e inferior, juntos y hacia atrás, para evitar que se enreden por debajo.

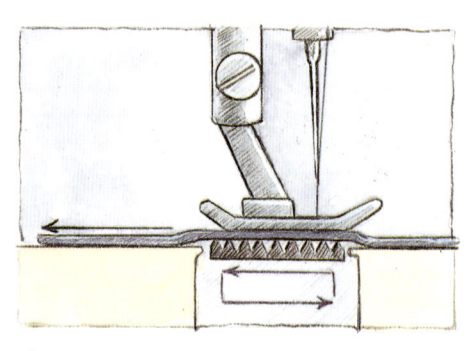

2 La máquina se encargará de que el material vaya pasando por debajo del pie prensatelas, sin necesidad de tirar de él ni empujarlo; si lo hace, las puntadas serán irregulares. Todo lo que tendrá que hacer es guiar el tejido con la punta del dedo apoyada suavemente sobre el pespunte.

Pespunte recto

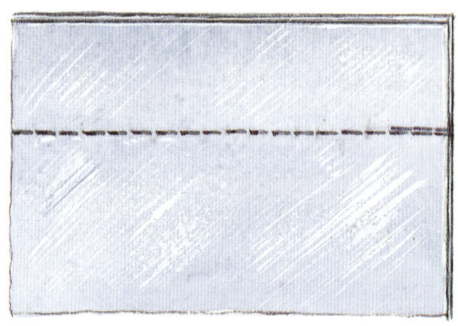

Esta puntada se usa en diversos largos y requiere ajustes según el tipo de tejido. Es igual de fuerte independientemente de su longitud. Es el punto que más se emplea para las costuras. Haga siempre la primera prueba con una longitud de puntada mediana y sobre el material doblado.

Pespunte al canto

Es un punto recto que se hace por el derecho y muy cerca del borde del tejido.

Técnicas

Pespunte en la parte superior

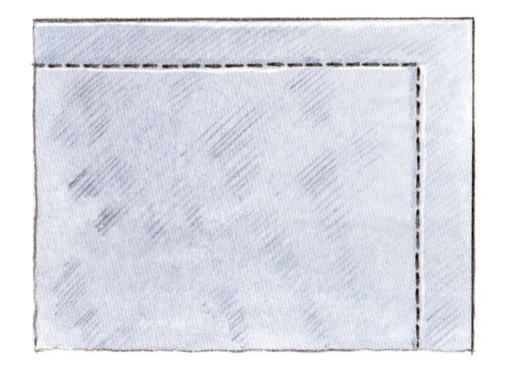

Es un punto recto que se hace por el derecho y junto al borde superior, generalmente a 6 mm del mismo si no se especifica otra medida.

Puntadas en zigzag

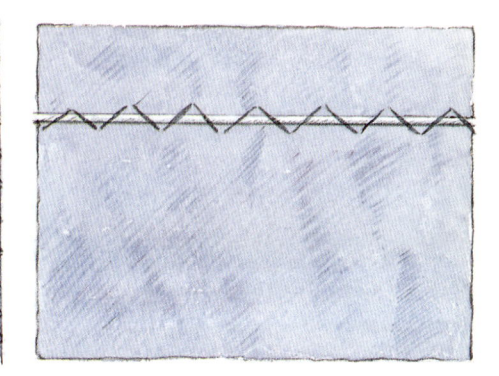

Se usan para rematar las costuras y resultan muy adecuadas para los artículos que se lavan frecuentemente, como la ropa de cama. Los bordes de las cintas y de los trenzados planos quedan mejor cuando se cosen con punto en zigzag. Empléelo también para coser cinta de velcro. Asimismo, si se cose a máquina en zigzag un cordón fino se facilita el fruncido en materiales medianos o gruesos

MÁQUINA PARA RECORTAR, COSER Y REMATAR

Este tipo de máquina hace las tres cosas en una sola operación y al doble de velocidad que una máquina convencional. Para rematar costuras lo mejor son unas puntadas de tres hilos: uno superior, en la aguja de la izquierda o en la de la derecha, según el tejido, y dos en los dispositivos que hacen bucles formando un punto de sobreorilla pespunteado. Las puntadas de cuatro hilos (dos superiores y dos para formar bucles) proporcionan una costura fuerte muy adecuada para la ropa de cama.

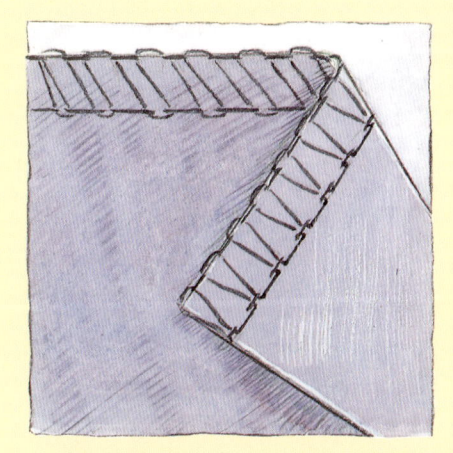

Puntadas de tres hilos

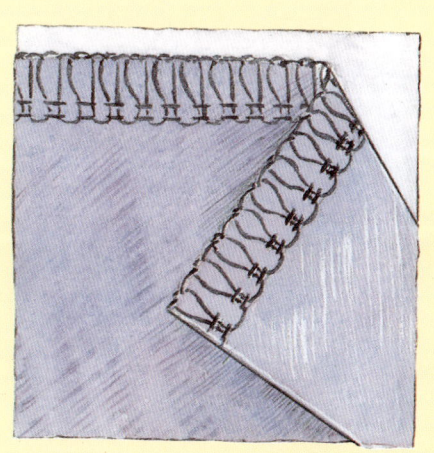

Puntadas de cuatro hilos

Puntadas para fruncido

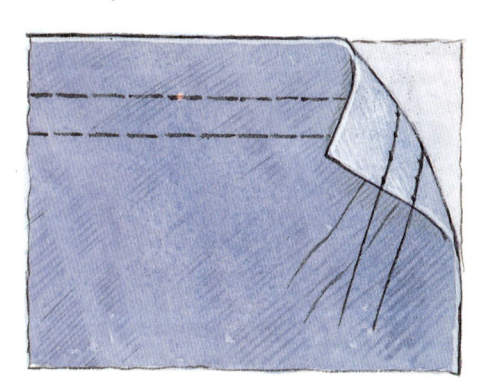

Disponga la máquina para que realice el largo máximo de puntada y reduzca ligeramente la tensión superior. Haga una prueba con una sola capa o una capa doble de tela, según lo que vaya a necesitar en su confección. Con el derecho hacia arriba, haga dos pespuntes, uno justo en el interior de la costura y el otro a 6 mm del primero. Tire de los dos hilos de la bobina para formar el fruncido, repartiendo el vuelo uniformemente. Si necesita fruncir una pieza larga de tela, divídala en partes iguales y rompa el hilo entre ambas.

COSTURAS

Si bien existen muchas formas de unir costuras, resulta esencial hacer la costura adecuada para cada tipo de tejido y prenda que esté usted confeccionando. Las costuras planas y abiertas se emplean para unir dos piezas de tejido. Las costuras dobles o francesas se utilizan para rematar bordes pelados, en particular en tejidos ligeros o en visillos, siendo una costura muy resistente. Las costuras sobrehiladas, también muy resistentes, proporcionan un acabado más plano que las francesas y son ideales para artículos que requieren un lavado frecuente. Las costuras sobrehiladas resultan muy apropiadas para prendas sin forrar, como las cortinas de cocina o de baño. Por otra parte, para unir forros, se utilizan unas costuras planas, montadas

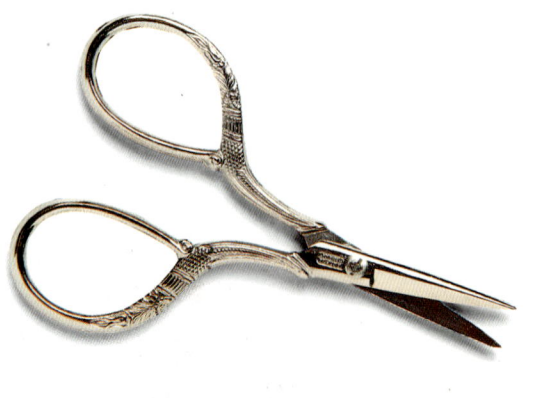

Costura abierta

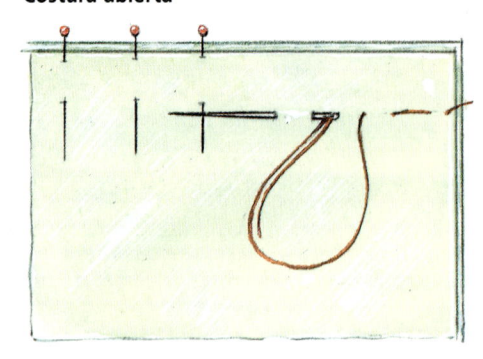

1 Coloque las piezas de tejido con los derechos juntos y prenda alfileres perpendiculares al borde y con la cabeza hacia afuera. Haga un hilván justo sobre el pespunte y retire los alfileres.

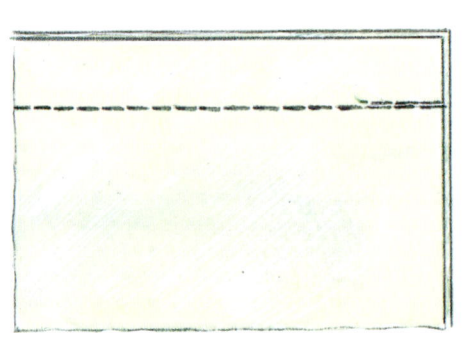

2 Cósalo a máquina, empleando el margen habitual para costuras de 1,5 cm, a no ser que se especifique lo contrario. Haga todo el largo del artículo, desde la parte superior de las cortinas hacia el dobladillo, y dé unas puntadas hacia atrás al llegar a los bordes para asegurar el punto. Retire el hilván.

3 Planche la costura primero hacia el tejido y después abierta.

Costura montada

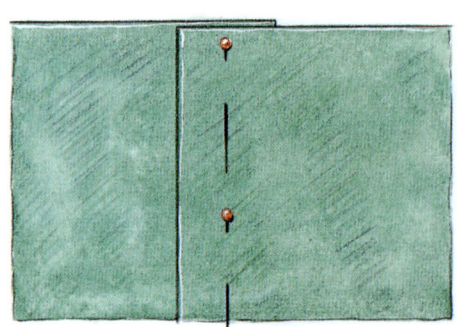

1 Con los derechos de ambas piezas de tejido hacia arriba, superponga 1,5 cm de una sobre la otra

2 Cósalo a máquina con un punto largo en zigzag para asegurar los bordes pelados, o cósalo manualmente con punto de escapulario.

142

Técnicas

Costura francesa

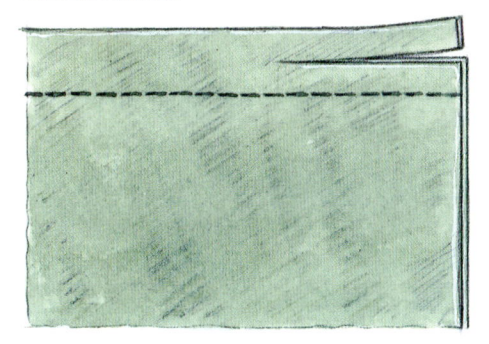

1 Coloque las piezas de tejido con los reveses juntos y préndalas con alfileres (con la cabeza de los mismos hacia afuera). Hilvane justo sobre el pespunte, si fuera necesario. Cósalo a máquina a 9 mm del borde sin doblar y luego recorte 3 mm de la costura. Retire el hilván.

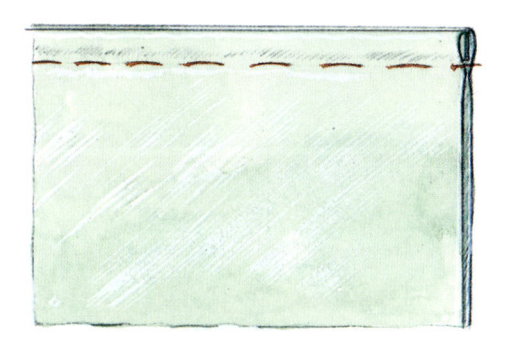

2 Dele la vuelta a la tela de manera que queden los derechos juntos. Enrolle la costura entre los dedos y los pulgares hasta que llegue al borde. Para asir mejor el tejido, humedézcase los dedos. Vaya hilvanando según va trabajando la costura, encerrando el borde sin doblar de la primera costura.

3 Planche la costura. A continuación, cósala a máquina a 6 mm del borde, y plánchela de nuevo.

Costura sobrehilada

1 Coloque las piezas de tejido con los reveses juntos y préndalas con alfileres. Hilvane la costura y luego cósala a máquina a 1,5 cm del borde sin doblar. Si la tela que va a utilizar es fina, haga la costura más ancha, siempre que haya dejado el margen correspondiente a la hora de cortar.

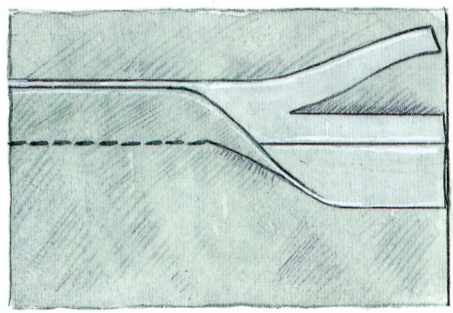

2 Planche la costura abierta. Recorte 6 mm únicamente en uno de los lados de la costura.

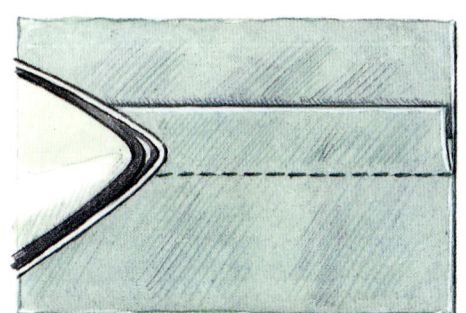

3 Planche la costura hacia un lado de manera que el lado mayor quede por encima del que se ha recortado.

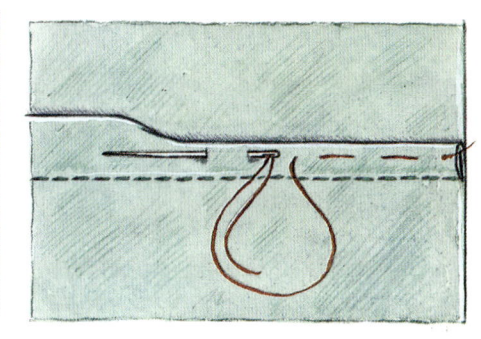

4 Haga un doblez de 6 mm en el lado de la costura que no se ha recortado, hilvanándolo según va avanzando.

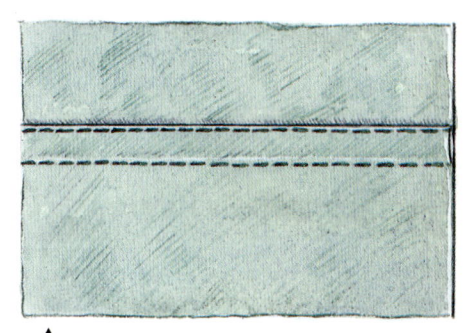

5 Planche la costura antes y después de coserla a máquina al tejido próximo al borde. Si se trata de felpa, no la planche.

Esquinas a inglete

Una esquina a inglete proporciona una acabado esmerado y plano a los dobladillos de las cortinas o a los manteles. La manera de hacerlo está en función de dónde va a colocarse. Para hacer un inglete con el mismo doblez en ambos lados de la esquina, como es el caso de un mantel, siga el Método uno. Para formar un inglete con un doblez sencillo en el lateral y uno doble en el dobladillo inferior, como es el caso de las cortinas con forro fijo y con forro tubular, siga el Método dos. Cuando el doblez lateral y el dobladillo inferior sean únicos, como sucede en las cortinas forradas y con entretela, utilice el Método tres.

Método uno

▲1 Haga un doblez de 2,5 cm en ambos lados de la esquina y plánchelo.

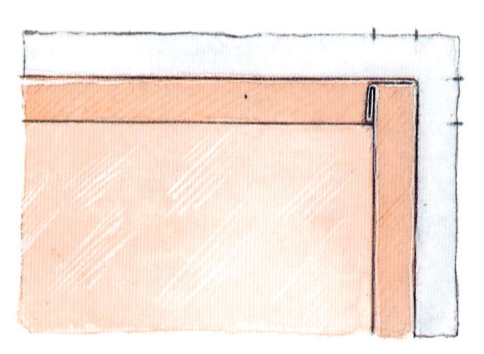

▲2 Haga un segundo doblez de 2,5 cm en ambos lados y vuelva a plancharlo.

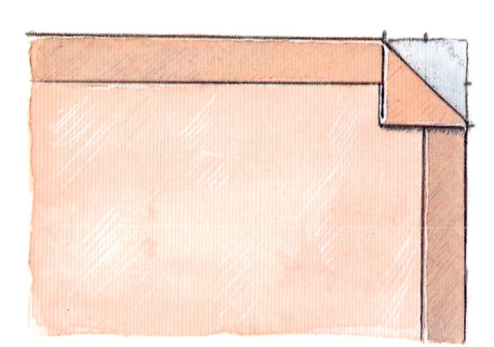

▲3 Deshaga el segundo doblez y doble hacia dentro la esquina, diagonalmente. Planche este doblez diagonal.

▲4 Deshaga el doblez diagonal y doble el tejido de forma que los derechos queden juntos. Cosa a máquina la línea del pliegue diagonal.

▲5 Recorte la costura hasta dejar 6 mm y plánchela abierta.

▲6 Vuelva del derecho la esquina, doble de nuevo el dobladillo y cósalo a máquina.

Técnicas

Método dos

1 Planche el doblez sencillo del dobladillo lateral y el doblez doble del dobladillo inferior. Deshaga el doblez lateral y el segundo del dobladillo inferior.

2 Planche un doblez diagonal, con el doble del margen para el doblez de la medida lateral en la parte inferior, y con el doble del margen para el doblez de la medida del dobladillo en el lateral.

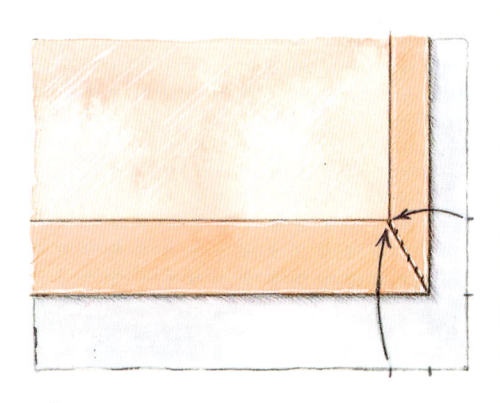

3 Vuelva a doblarlo y cósalo a punto invisible. Si el tejido fuera muy grueso, recorte lo que sobre antes de volver a doblar.

Método tres

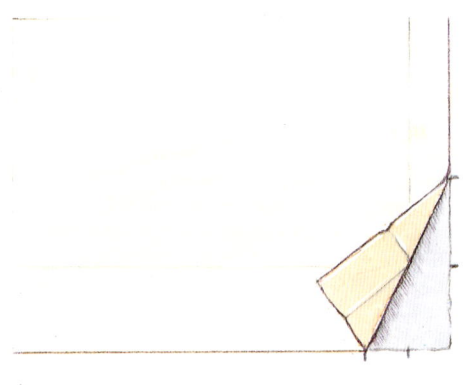

1 Planche el doblez sencillo del dobladillo lateral y el doblez sencillo del dobladillo inferior. Deshaga los dobladillos lateral e inferior. Continúe con los pasos 1 y 2 del Método dos.

PESOS

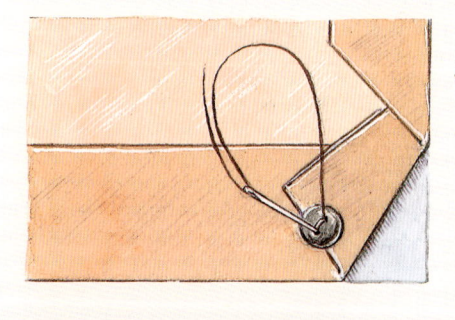

Si se añaden pesos en forma de botón la caída de las cortinas mejora notablemente. Pueden añadirse al hacer las esquinas a inglete (se coserán al dobladillo antes de coser el inglete). Otra posibilidad consiste en insertar un peso en forma de cadena, que se compra por metros, a lo largo del dobladillo. Se cose en cada uno de los extremos y en algunos puntos intermedios del dobladillo.

CIERRES

MUCHAS DE LAS PRENDAS que se utilizan en la decoración de interiores, como los cojines o los edredones, pueden cerrarse de diversas maneras. Las cremalleras son discretas y resistentes, ideales para cojines (en particular, para los que van sobre un asiento). La tira de velcro es un cierre sumamente versátil, del cual existen dos tipos que pueden usarse en prendas como cortinas, tapicería, etcétera. El primero se cose a ambas partes y el segundo constituye una forma muy eficaz de fijar las colgaduras de las galerías o los estores a una tabla o balda. El lado autoadhesivo con «ganchos» se presiona contra la tabla o balda y el lado con «bucles» se cose a la cenefa que va sobre la galería o al estor. Los lazos de tela son otra forma de cierre que añade un toque personal y dan un aspecto de coodinación total. La longitud y el ancho de un lazo de tela depende de si se va a hacer un simple nudo o un lazo y de si su función va a ser unir dos bordes o sujetar, por ejemplo, un cojín al respaldo de un asiento. Basta sólo con colocar y prender con alfileres una determinada longitud de la tira, atar un lazo y, después, tomar medidas. El ancho definitivo del lazo oscila entre ser muy estrecho (2 cm), mediano (5 cm) o ancho (10 cm) e incluso superior.

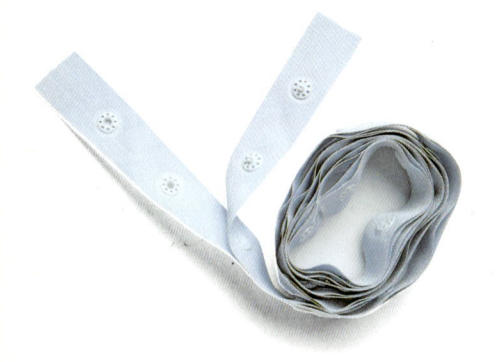

Lazos de tela

1 Corte dos tiras de tela al hilo equivalentes al doble del ancho definitivo más 2 cm para la costura por el largo que desee.

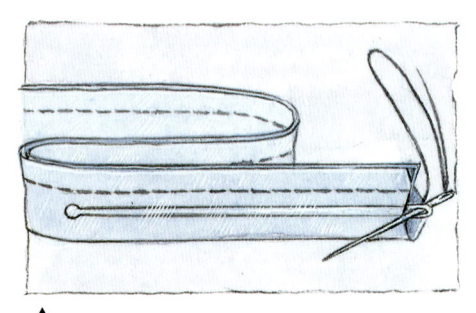

2 Dóblelas la mitad en sentido longitudinal, préndalas con alfileres y cósalas dejando una costura de 1 cm mientras retira los alfileres. Introduzca por el tubo una aguja de ojo grande, sin punta, o un pasacintas, cosiendo uno de los lados del tubo al ojo.

3 Vuelva la tira del derecho tirando del pasacintas o de la aguja hacia el otro extremo del tubo, con lo que se fruncirá el tejido; estírelo luego hasta que esté completamente del derecho. Plánchelo bien y remate a mano uno de los extremos. Encierre el borde sin doblar en una costura o dóblelo y cósalo.

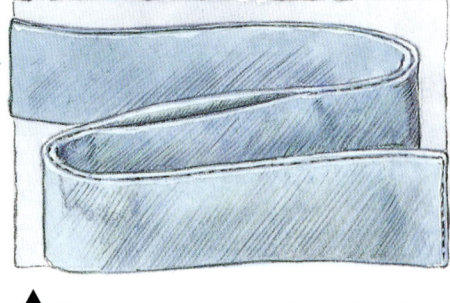

4 Para hacer un lazo más ancho, deje una abertura central en el borde más largo que permita coser a máquina los extremos. Vuélvalo del derecho a través de esta abertura.

Velcro

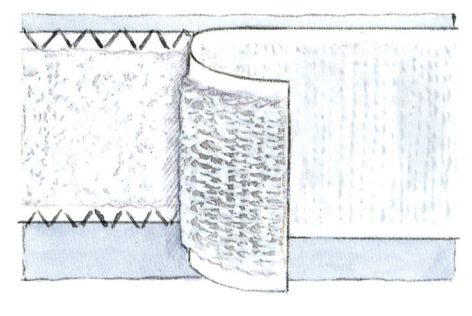

El velcro consiste en dos tiras de material de nailon, una de las cuales tiene unos diminutos «ganchos» que se fijan en los diminutos «bucles» de la otra. La presión de una contra otra con firmeza proporciona una fuerte sujeción. Sepárelas para coserlas en el lugar donde vayan a colocarse, con puntadas en zigzag, alineándolas para asegurarse de que van a coincidir perfectamente.

Los discos de velcro están hechos del mismo tipo de material y se colocan haciendo un pespunte a mano o a máquina en forma de triángulo.

Técnicas

Cremalleras

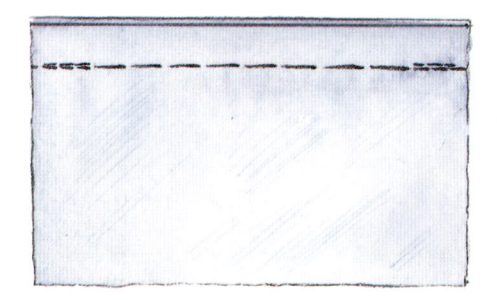

1 Con los derechos del tejido juntos, cosa a máquina todo el largo de la costura como se indica a continuación: cosa las costuras de la abertura de la cremallera con puntadas de tamaño normal, y unas cuantas hacia atrás en los extremos para asegurarla. A continuación, cosa la abertura de la cremallera con una puntada larga. Planche la costura abierta.

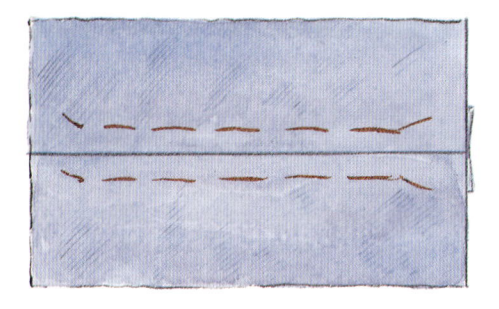

2 Hilvane las líneas guía sobre el derecho del tejido, en ambos lados de la costura, a 6 mm de donde va a situarse la cremallera.

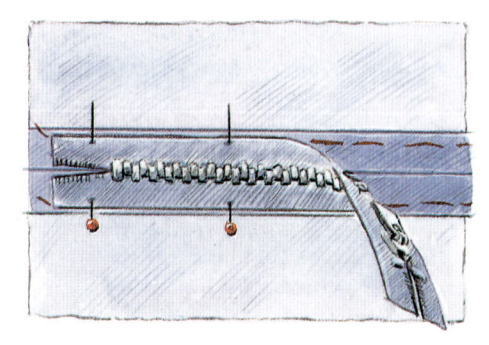

3 Coloque la cremallera cerrada, boca abajo y sobre el revés del tejido, en el pespunte, centrando los dientes. Préndala con alfileres mientras va hilvanándola por el derecho. Enhebre dos agujas con hilo de hilvanar y vaya alternando el hilván a ambos lados de la cremallera.

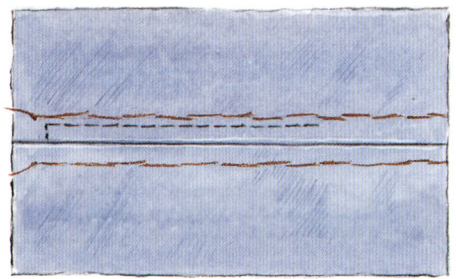

4 Con la ayuda del pie para cremalleras, cósala por el derecho. Comience por la costura de la parte inferior de la cremallera y cósala transversalmente, girando el tejido alrededor de la aguja cuando llegue a la línea de guía. Continúe cosiendo y deténgase, dejando la aguja inserta en el tejido, a 7,5 cm del extremo de la cremallera donde está el tirador.

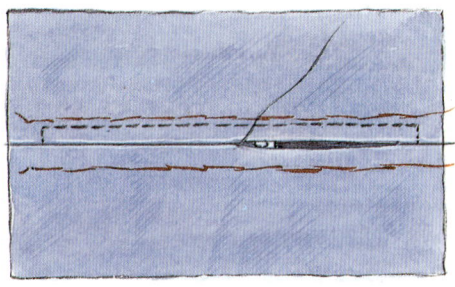

5 Suelte el pie para cremalleras y retire con cuidado algunas de las puntadas largas que hizo con la máquina para permitir la apertura de la cremallera hasta pasada la aguja de la máquina. Baje el pie y continúe cosiendo hasta el final de la línea de guía. Gire el tejido alrededor de la aguja, con ésta inserta en el tejido, y cosa hasta el pespunte.

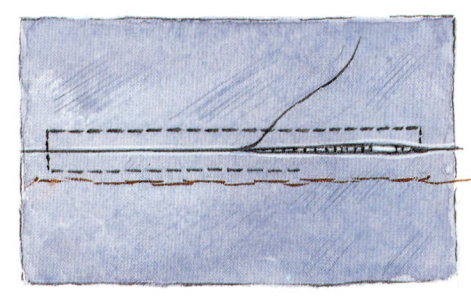

6 Cosa a máquina de la misma manera el otro lado de la cremallera. Procure coser una línea recta que llegue hasta donde termina el tirador de la cremallera.

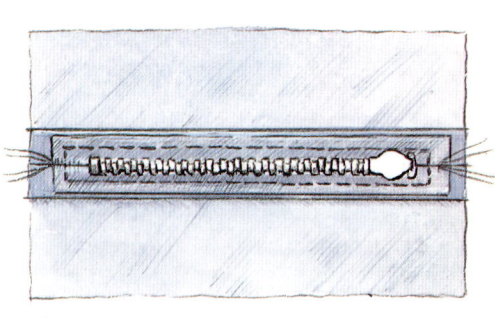

7 Retire el hilván y todas la puntadas largas que aún queden del pespunte a máquina. Anude los hilos de máquina en el revés.

Automáticos

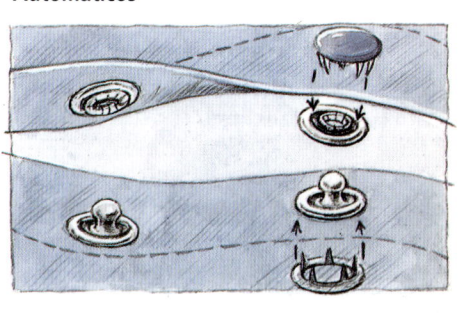

Los automáticos son unos cierres prácticos y decorativos que no necesitan coserse, compuestos de dos partes (cada una de las cuales cuenta, a su vez, con otras dos) que se ajustan a ambos lados del tejido. Se venden en paquetes acompañados de instrucciones detalladas y de una herramienta para mantenerlos en su lugar hasta que se ajustan

Cinta de automáticos

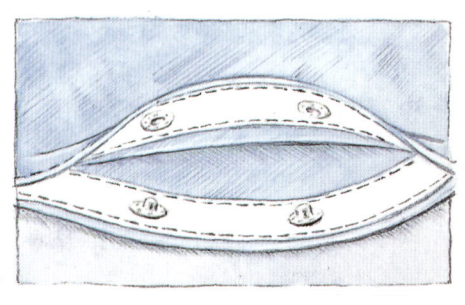

Esta cinta consiste en dos piezas de cinta con automáticos dispuestos a determinada distancia a lo largo de la cinta. Las cintas se cosen por separado con puntadas rectas empleando el pie para cremalleras.

BIESES Y VIVOS

EL RIBETEADO DE LOS BORDES pelados es una manera rápida de evitar que se deshilache el tejido. Emplee tiras al bies para artículos con una silueta determinada, ya que, por poseer cierta elasticidad, se adaptarán a las esquinas fácilmente. El ribeteado recto se aplicará cuando se necesita un borde firme, como en el caso de las guirnaldas y las colas.

Los vivos proporcionan un acabado adicional para un cojín y pueden hacerse en un color que haga juego o contraste con el mismo para añadir una nota de interés. Asimismo, dan mayor resistencia a los cojines de asiento o a cualquier objeto que va a estar sometido a un uso continuado. Los vivos están hechos de tiras de material cortadas al bies enrolladas sobre un cordón. Éste puede adquirirse en diferentes tamaños numerados, siendo los más frecuentes para este tipo de decoración los que van del 3 al 5. Compruebe siempre que ha sido lavado previamente para que no encoja.

CONFECCIÓN RÁPIDA DE UN RIBETEADO AL BIES

Existe ahora en el mercado un artilugio muy útil que forma bordes doblados en el lado de la tira de bies (véase página 134). La tira de bies se introduce por un extremo ancho y sale por el otro extremo estrecho con los bordes doblados, que han de plancharse conforme van saliendo.

Tira de bies continua

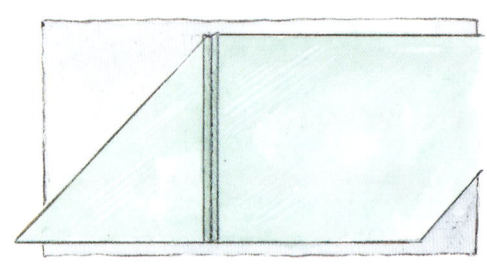

▲1 Marque el bies en un lado de la pieza de tejido y corte la esquina del extremo.
Coloque el recorte triangular de tejido en el otro lado del rectángulo y, con los derechos juntos, únalos con una costura abierta de 6 mm. Planche la costura abierta.

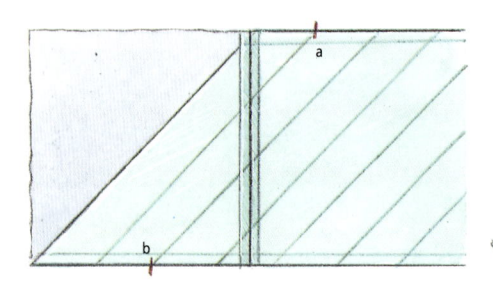

▲2 Marque las líneas de corte, paralelas a los laterales, con el ancho adecuado en el revés de la pieza. Marque un margen de 6 mm para la costura. Marque con alfileres los puntos A y B del pespunte tal como indica el dibujo.

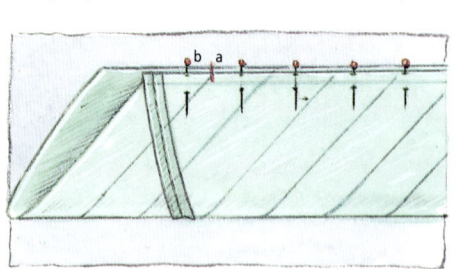

▲3 Con los derechos encarados, aproxime los puntos A y B hasta que queden unidos. Prenda con alfileres los laterales a lo largo del pespunte, formando un «canal» en cuyos extremos sobresale el ancho correspondiente a una tira.

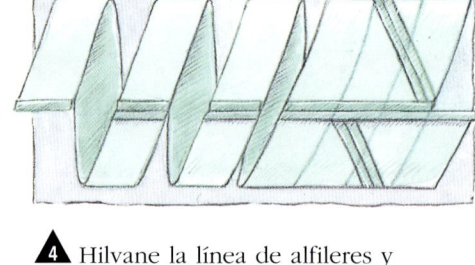

▲4 Hilvane la línea de alfileres y retírelos después. Cósalo y planche la costura abierta. Corte por la líneas marcadas de manera que se vaya formando una tira continua de bies.

Colocación de una tira de bies

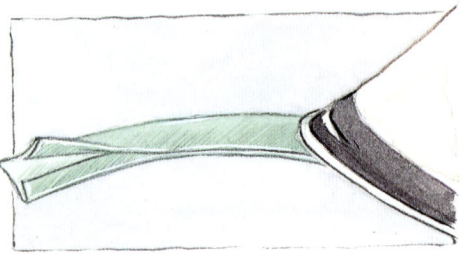

▲1 Doble la tira longitudinalmente y plánchela. Curve la tira, sujetándola con la mano izquierda, para que se adapte a la prenda que va a ribetear, con la plancha medianamente caliente.

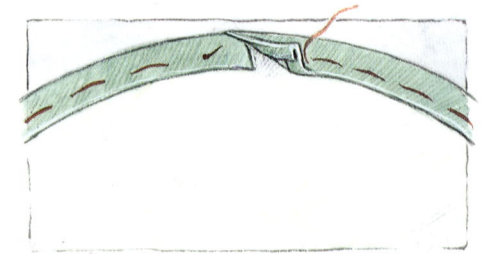

▲2 Inserte los bordes de la prenda dentro de la tira doblada. Préndalo con alfileres, hilvánelo y cósalo en zigzag. Remate la parte donde se juntan los dos extremos de la tira haciendo un doblez hacia abajo en uno de ellos y montándolo sobre el otro.

Ribetes al hilo

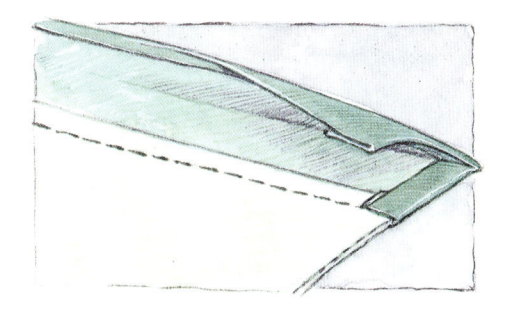

Consiste en una tira de tejido, cortada preferentemente en sentido longitudinal, aunque puede también cortarse en la dirección del ancho del material, a contrahílo. Las medidas para cortar las tiras y colocarlas vienen indicadas en las instrucciones para cada artículo.

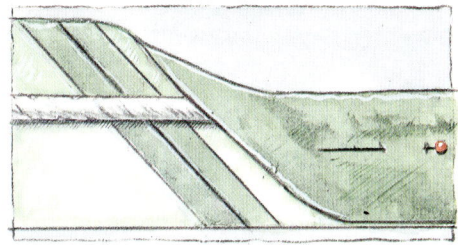

3 Extienda el cordón en el centro de la tira de tejido, por el revés, y enróllelo con ésta. Alinee los bordes pelados y prenda con alfileres el tejido cerca del cordón. Hilvane por la línea de alfileres y vaya retirando éstos. Con el pie para cremalleras de la máquina, dé un pespunte junto al cordón. Retire el hilván.

3 Corte transversalmente el vivo en un extremo. En el otro, levante la tira al bies y corte sólo el cordón, asegurándose de que los extremos están en contacto entre sí. Haga un doblez hacia abajo en la tira al bies que ha levantado y colóquela sobre el otro de sus extremos. Cosa a máquina el vivo por el pespunte.

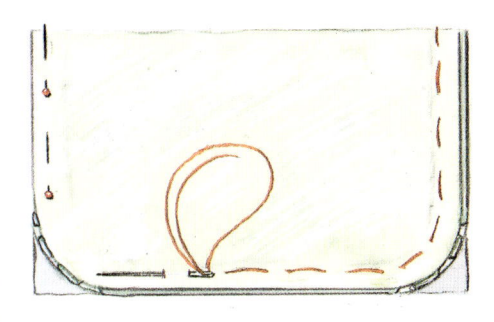

Para ribetear con vivos

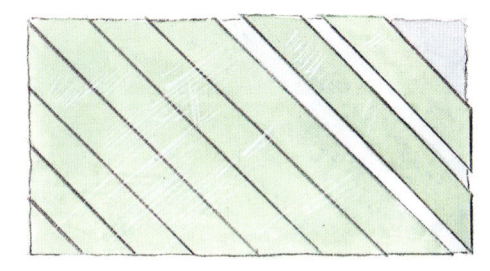

1 Corte tiras al bies en el tejido, de 4—6 mm de ancho, según el tamaño del cordón. Las tiras deben ser lo suficientemente anchas para envolver el cordón y dejar un margen de 1,5 cm para la doble costura.

Colocación del vivo

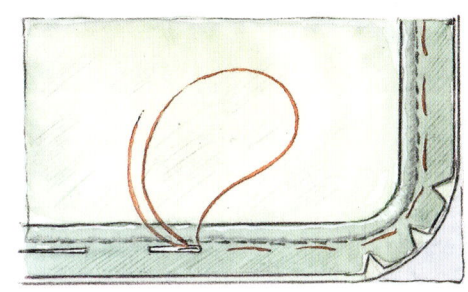

1 Coloque el vivo en el derecho de la primera pieza de tela. Alinee los bordes pelados y prenda el vivo y la tela con alfileres. Hilvánelos, haciendo pequeñas incisiones en las curvas y deje 2,5 cm de vivo donde se juntan sus dos extremos. Retire los alfileres.

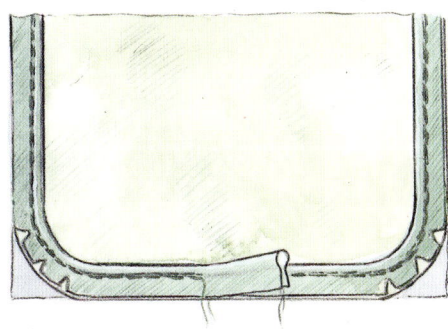

4 Coloque la primera y la segunda piezas de tejido con los derechos juntos. Prenda alfileres, hilvánelas y retire después los alfileres. Deles la vuelta de forma que pueda seguir el primer pespunte (realizado cuando se colocó el vivo) y cosa a máquina la costura empleando el pie para cremalleras.

2 Una las tiras de tejido al hilo dejando 6 mm para costuras y planche éstas abiertas.

2 Cosa el vivo a máquina, comenzando a 2,5 cm de un extremo y deteniéndose a la misma distancia del otro.

VOLANTES Y TABLAS

LOS VOLANTES REALIZADOS con una o dos capas de tela pueden constituir un adorno muy atractivo. Si se hacen en un color que contraste con el resto, añadirán interés a muchos objetos del hogar y son un modo excelente de coordinar el artículo que los lleva con otros centros de atención de la estancia.

Un adorno a base de tablas es otra alternativa a los volantes fruncidos. Es especialmente adecuado para la parte inferior de un alzapaño. El tejido que se requiere para un volante tableado es el triple de lo que mida lo que va a bordear. Haga experimentos con la tela. Las tablas en los materiales medianos/finos deben ser pequeñas, mientras que los tejidos más gruesos requieren tablas mayores.

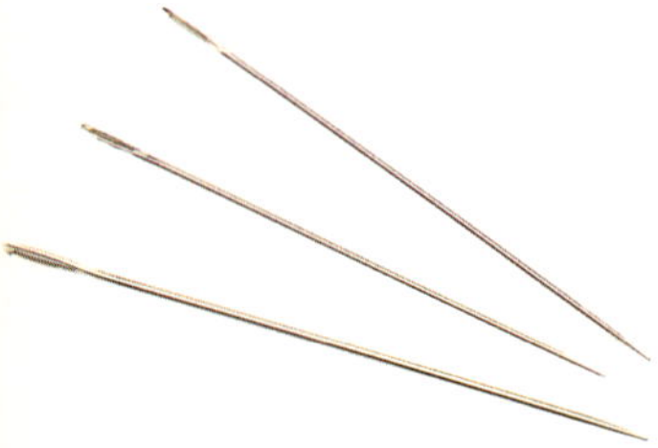

Volante simple

Este tipo de volante puede tener cualquier ancho siempre que sea proporcional al artículo donde vaya a colocarse. La longitud de la pieza de tela debe ser al menos 1,5 veces mayor que el contorno de dicho artículo (por ejemplo, una funda de almohada).

1 Corte tiras de tela en la dirección del hilo. Recuerde que debe añadir 1,5 cm de margen para la costura y entre 1 cm y 2 cm para el dobladillo doble, en función del grosor del tejido.

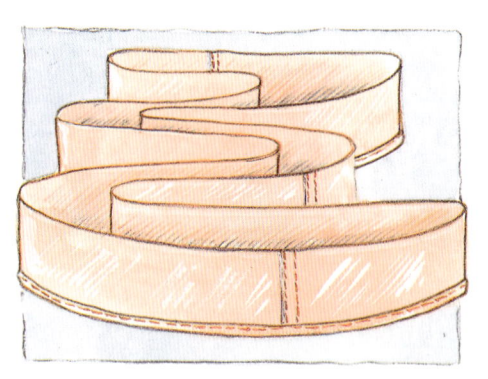

2 Una las tiras de tela con costuras sobrehiladas hasta formar una tira continua única. Haga dos dobleces hacia arriba de 6 mm hacia el revés en todo el contorno del borde inferior y préndalo con alfileres. Hilvane el dobladillo y retire los alfileres. Cosa el dobladillo a máquina.

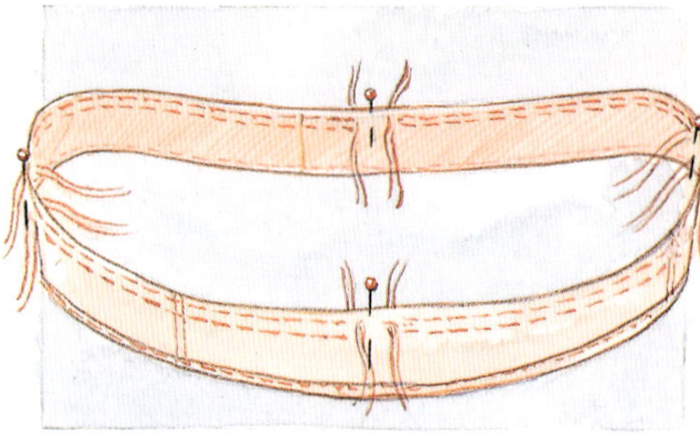

3 Divida el volante en cuatro partes y márquelas con alfileres. Cosa a máquina dos pespuntes con puntadas largas para fruncido, de forma que el primero quede justo debajo de la costura y el otro encima. Rompa los hilos al llegar a los alfileres.

4 Divida el objeto al que vaya a colocar el volante en cuatro partes y márquelas con alfileres. Tire de los hilos del volante en cada tramo, de manera que se adapten a cada una de las partes del objeto en cuestión.

Técnicas

5 Con los derechos juntos, coloque el volante sobre el objeto, casando las marcas de las divisiones y alineando los bordes pelados. Reparta el fruncido homogéneamente, prenda con alfileres el volante e hilvánelo. Retire después los alfileres y cósalo a máquina.

6 Haga otro pespunte a máquina, a 6 mm por encima del primero. Recorte la costura cerca de las puntadas y cósala a máquina en zigzag para rematarla.

Volante doble recto

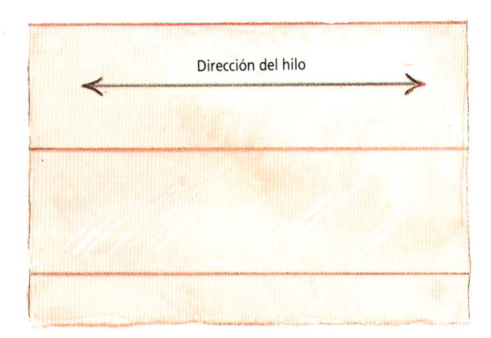

1 Corte tiras de 18 cm de ancho por el doble de lo que mida la parte inferior del objeto al que se va a poner el volante, dejando un margen para las costuras necesarias.

2 Una las tiras con una costura abierta y plánchelas. Doble la tira resultante a la mitad, en sentido longitudinal y con los derechos juntos, y cosa los extremos.

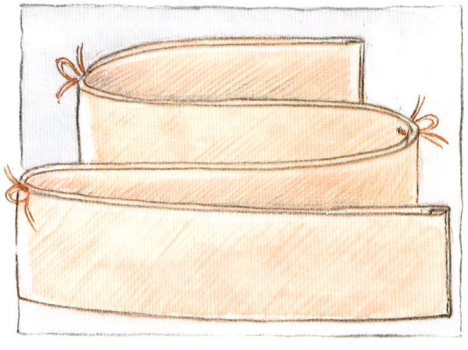

3 Vuélvala del derecho y plánchela. Divídala en cuatro partes y márquelas con una puntada de sastre.

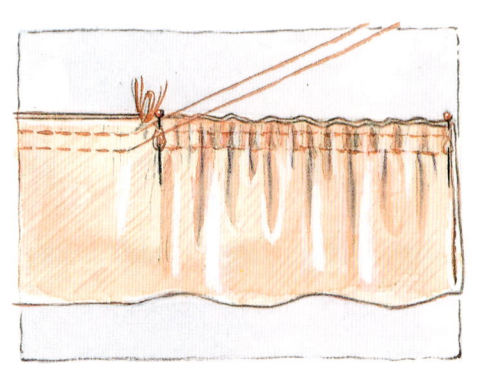

4 Cosa a máquina dos filas de puntadas largas para fruncido, rompiendo el hilo al llegar a las puntadas de sastre. El volante ya está preparado para su colocación (véase Estor austríaco, paso 3).

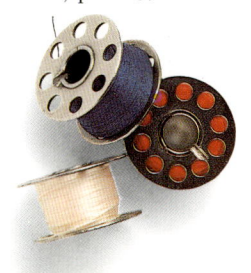

Volante doble redondo

Si la tela que se va a usar para el volante es doble, no es necesario un dobladillo. Para hacer un volante doble necesitará el doble del ancho del volante ya acabado más un margen para la costura doble. Para un volante ya acabado de 5 cm con un margen para la costura de 1,3 cm, corte tiras al hilo de 12,5 cm de ancho por el largo que necesite.

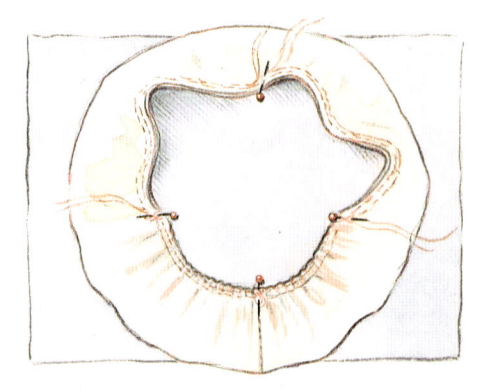

Una las tiras con costuras abiertas para formar un círculo, planchando las costuras abiertas. Doble la tela por la mitad longitudinalmente con los reveses juntos y luego proceda de la misma manera que para hacer un volante simple.

Tablas

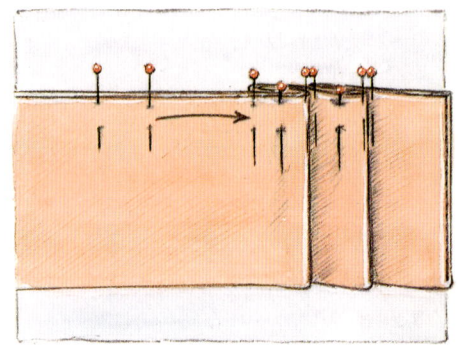

Para hacer tablas de 1,3 cm, marque el borde sin doblar con alfileres, separándolos entre sí 1,3 cm—2,5 cm. Para formar las tablas, siga la dirección de la flecha del dibujo.

ADAPTACIÓN DE CORTINAS

PONER CORTINAS en todas las habitaciones de una casa nueva puede ser una labor no sólo desalentadora, sino cara. Pero tal vez pueda usted adaptar a las nuevas ventanas unas cortinas que ya tenga. Si las cortinas son demasiado largas, el modo más rápido y sencillo de cambiar el largo es por la parte superior. Las cortinas pueden alargarse añadiendo un tejido —que combine o que contraste— a la parte inferior de la cortina, o a modo de banda un poco más arriba del borde inferior. La pieza añadida al tejido puede ser estampada si la cortina es lisa o viceversa, con una trenza o lazo a juego adornando las costuras. Puede también añadir un volante al final de la cortina, confeccionado en la misma tela que la pieza nueva.

Si tiene usted un par de cortinas que no van con la ventana, puede hacer un cortina con jareta para colgar de una varilla.

Acortar cortinas
Hilvane el forro a la cortina por debajo de la cinta de sujeción y después corte la cinta. Tome medidas para el nuevo largo desde la línea del dobladillo hacia arriba, recortando todo el material que sobre de la parte superior. Compre una cinta de sujeción nueva y colóquela según las instrucciones de la página 52.

Alargar cortinas
Compre el tejido suficiente para la pieza que va a insertar, de forma que al añadirla se logre el largo deseado. Calcule un margen adicional para las costuras superior e inferior.

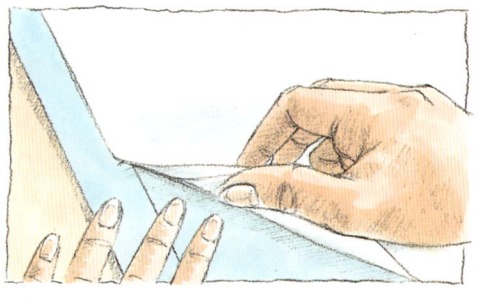

1 Descosa el forro en los laterales hasta que llegue justamente a sobrepasar la línea por donde va a cortarse, y corte la tela transversalmente.

Para alargar unas cortinas de forma rápida y sencilla, añada una franja de tela —lisa o en colores que contrasten— a la parte inferior de las mismas. Si le es posible, aproveche esta franja para que combine con otros elementos de la habitación.

2 Coloque la pieza inferior de la cortina y la nueva pieza de tejido con los bordes alineados y con los derechos juntos. Préndales alfileres e hilvánelas. Retire los alfileres y cósalo a máquina. Coloque después la pieza superior de la cortina a continuación del otro borde de la pieza nueva, préndales alfileres, hilvánelas y cósalas a máquina como se hizo anteriormente. Planche las costuras abiertas.

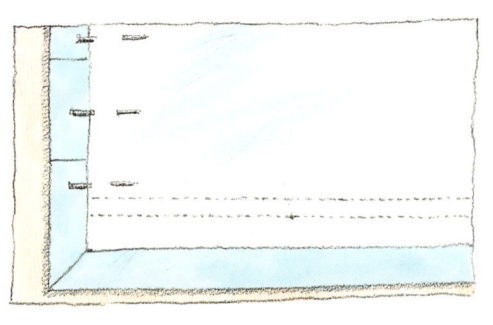

3 Alargue el forro cosiendo a máquina al extremo inferior del forro original una nueva pieza del mismo, que tenga el largo adecuado. Haga dos dobleces de 2,5 cm en la parte inferior del forro y préndalos con alfileres. Hilvane el dobladillo y retire los alfileres. Cósalo a máquina, plánchelo y vuelva a coser el forro a los laterales de la cortina.

Técnicas

CORTINAS CON TIRANTES

Cortinas con jareta y volante
Corte la parte superior de la cortina, sin olvidar previamente hilvanar la cortina y el forro justo por debajo de la línea de corte.

Haga una jareta mediante un doble dobladillo de 10 cm. Prenda alfileres, hilvánelo y vaya retirando los alfileres conforme va avanzando.

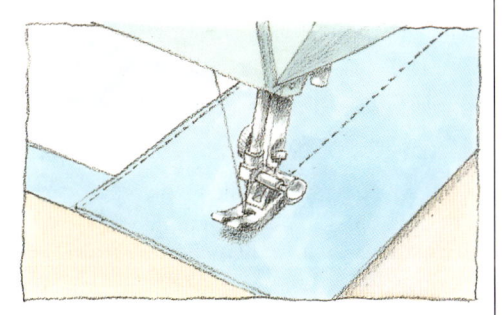

1 Cosa a máquina el dobladillo y haga otro pespunte a máquina a 5 cm del primero.

2 Inserte la barra o varilla en la jareta formada por los dos pespuntes y reparta el vuelo homogéneamente. Si se trata de una cortina meramente ornamental, haga una alzapaño para sujetar el vuelo.

PARA AQUELLAS CORTINAS que vayan a estar en la misma posición, sin abrirse ni cerrarse, esta solución es particularmente sencilla. Puede usarse para cortinas tipo café y es útil también para atar los cojines al respaldo de un asiento o los cabeceros a una barra o varilla.

Para cada tirante: mida la circunferencia de la barra y añádale 7,5 cm, lo que le dará el largo. Para el ancho, calcule entre 5 cm y 7,5 cm. El número de tirantes dependerá de la longitud de la barra y del ancho de la cortina. Pero, por regla general, necesitará un tirante en cada extremo y el resto repartidos en el espacio intermedio con distancias entre ellos de entre 10 cm y 15 cm.

• Corte una tira de tejido lo suficientemente larga para poder cortar largos de tirante iguales y anchos equivalentes al de un tirante más 4 cm para la costura. Doble la tira por la mitad longitudinalmente, con los derechos enfrentados, y cosa el borde largo. Recorte la costura y vuélvala del derecho. Plánchela.

• Corte el número de tirantes que necesite de la tira de tejido, doble cada uno de ellos por la mitad y préndalos con alfileres, hilvanándolos después a la parte superior de la cortina por el derecho e igualando los bordes pelados. Reparta los tirantes dejando entre ellos distancias iguales.

• Para hacer una tapeta, corte una tira de tela de 6,5 cm de ancho y del mismo largo que el ancho de la cortina. Remate los bordes laterales y el inferior. Con los derechos juntos, prenda alfileres y cosa la tapeta a la parte superior de la cortina. Luego, llévela hacia el revés de la cortina y cósala muy cerca del borde para sujetar así los tirantes.

Las cortinas con tirantes son un elemento que llama la atención, en especial en cortinas meramente ornamentales colgadas de una barra decorativa y en cortinas tipo café. La adición de flecos u otros adornos supone siempre un impacto visual añadido.

PATRONES Y PLANTILLAS

CUALQUIER PATRÓN que figure en un libro o una revista estará trazado sobre una plantilla que requiere una reproducción a escala completa antes de llevarlo a la tela. El papel cuadriculado de patrones se vende normalmente con unas líneas en negro que marcan los cuadrados de 5 cm y otras líneas más tenues para los cuadrados de 1 cm. El que ofrecemos a continuación corresponde únicamente a la mitad de un patrón; pero, si lo sigue atentamente podrá utilizarlo como plantilla, colocándolo sobre un papel doblado que, una vez cortado, proporcionará el patrón completo.

Alargar y reducir un patrón

• Cuente el número de cuadrados en la parte superior del dibujo y en uno de los lados. Realice el mismo recuento en el papel del patrón. Numere los cuadrados superiores, de izquierda a derecha, y los laterales de arriba abajo.

• Ponga puntos en las intersecciones del perfil de la forma con una línea de un cuadrado.

• Cuando haya marcado todos los puntos, trace una línea que los una y así obtendrá la forma deseada. Una, en primer lugar, todas las líneas rectas, empleando una regla y un lápiz; para unir los puntos de las líneas curvas utilice una curva flexible.

• Recorte el patrón y marque en él todo lo que se indique en las instrucciones impresas en el dibujo cuadriculado, incluidos los márgenes para las costuras que serán necesarios al confeccionar la prenda en cuestión.

• En lugar del papel de patrón cuadriculado, también puede usar un papel liso o de calco sobre un tablón de corte. La cuadrícula impresa en el tablón se transparenta a través de este tipo de papeles. Cuando use este método, evite que el papel se mueva poniendo pesos en las esquinas del mismo, por ejemplo, libros, tijeras, etcétera. NO PRENDA ALFILERES.

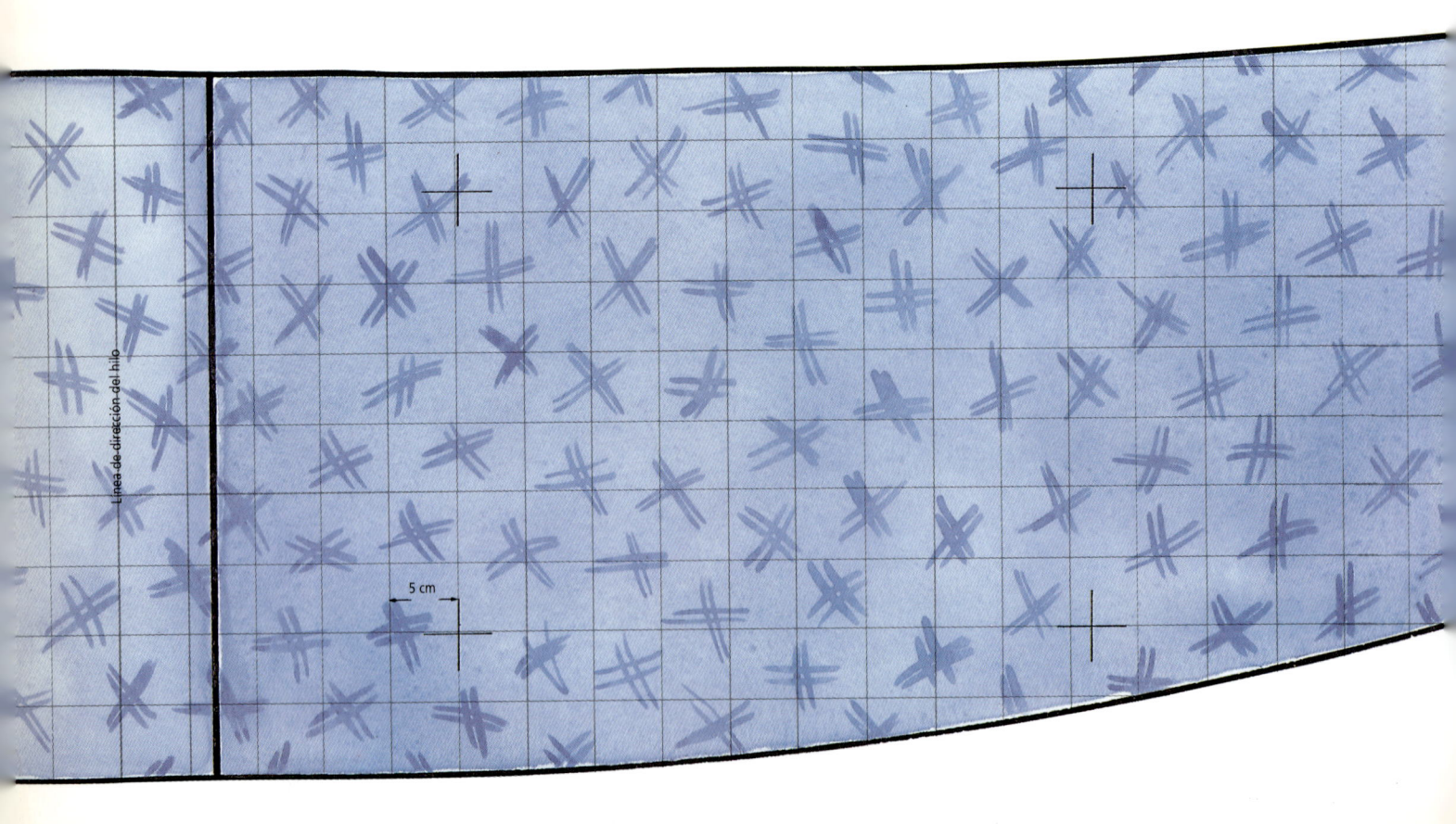

línea de dirección del hilo

5 cm

Para hacer un patrón redondo

• En este caso va a necesitar un trozo de papel cuadrado del mismo tamaño que el diámetro del artículo una vez terminado. Doble en cuatro el papel. Con un lápiz en cuyo extremo haya atado un trozo de cuerda y considerando una de las esquinas del cuadrado el radio de la circunferencia, prenda con alfileres el extremo de la cuerda al punto de confluencia del doblez y trace un arco. Corte el círculo de papel. Para los casos en que haya una pieza posterior con cremallera, como sucede con el cojín redondo con vivo, corte un segundo círculo sirviéndose del primero como patrón y corte el segundo por la mitad a la altura donde vaya a colocar la cremallera.

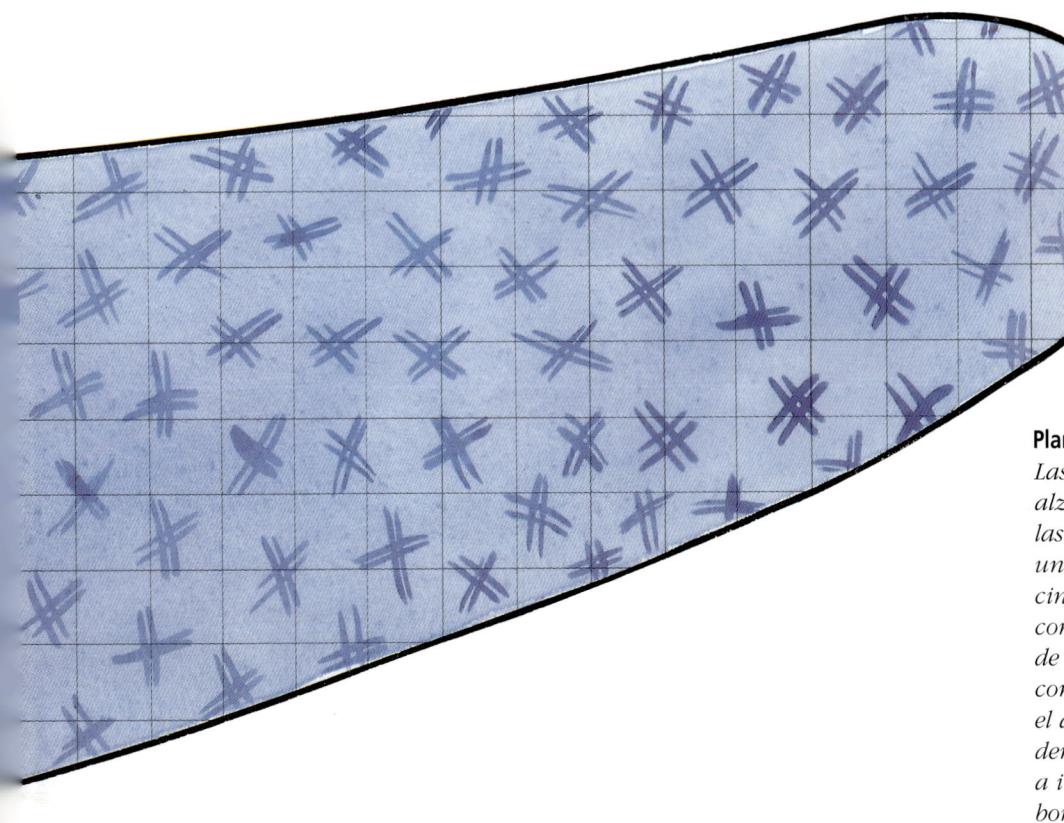

Plantilla para alzapaño

Las decisiones sobre la medida del alzapaños y sobre dónde van a colocarse las abrazaderas que los sujetan se hacen una vez colgadas las cortinas. Pase una cinta métrica flexible alrededor de la cortina, a aproximadamente dos tercios de la longitud total, y ajústela hasta conseguir el efecto que usted desea para el alzapaño. No conviene recogerlas demasiado. Marque la posición donde va a ir colocado el gancho justo detrás del borde lateral de la cortina, y anote el largo necesario para el alzapaño, añadiendo 4 cm a esa medida para colocar los ojales metálicos.

Línea de dirección del hilo

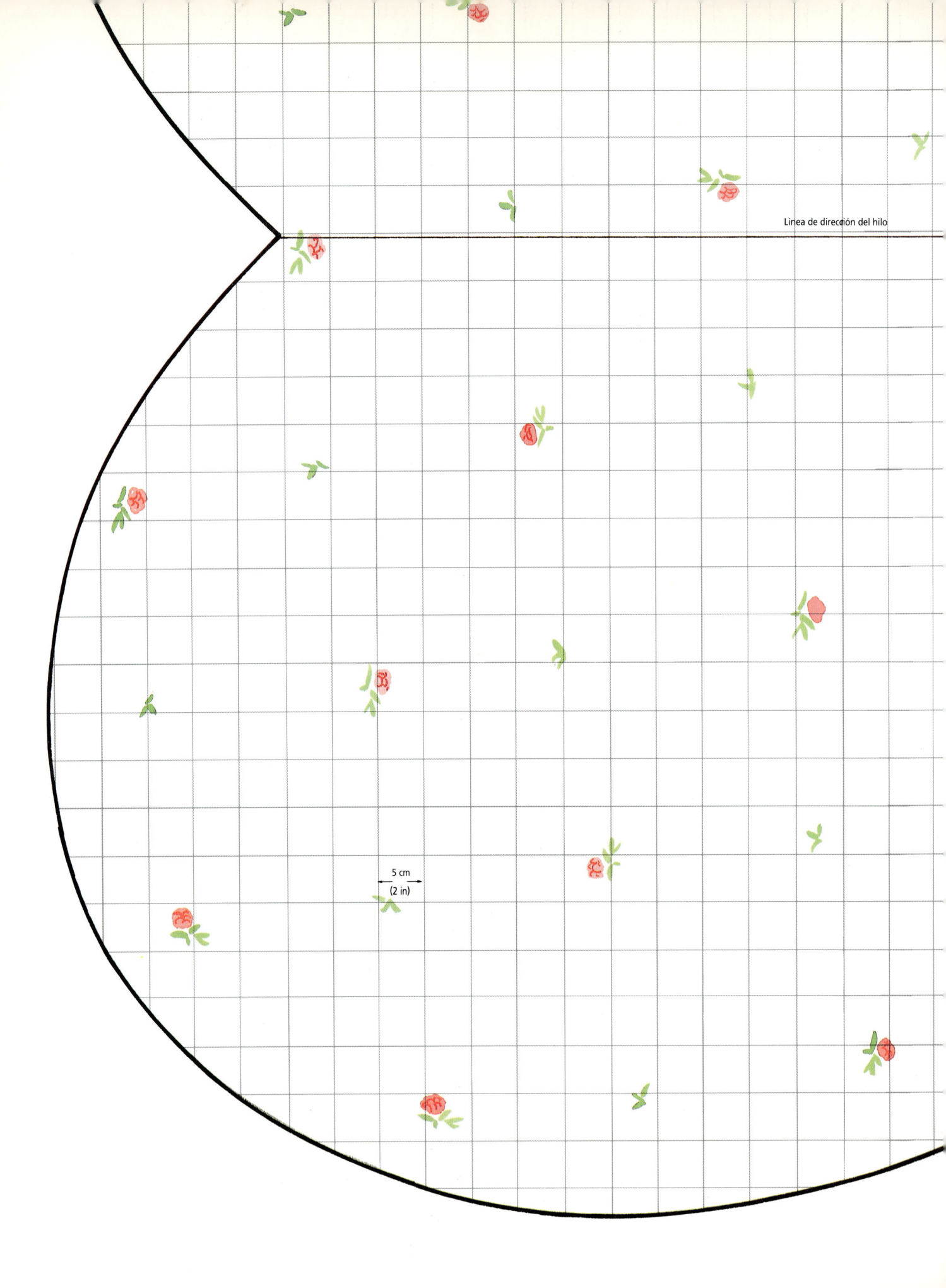

5 cm
(2 in)

Línea de corte para el cierre

Plantilla para la funda de un cojín en forma de corazón
Trace la mitad de la plantilla sobre un cuadrado de papel doblado del tamaño preciso. Abra el patrón en forma de corazón. Para la parte posterior del cojín haga la operación en sentido inverso

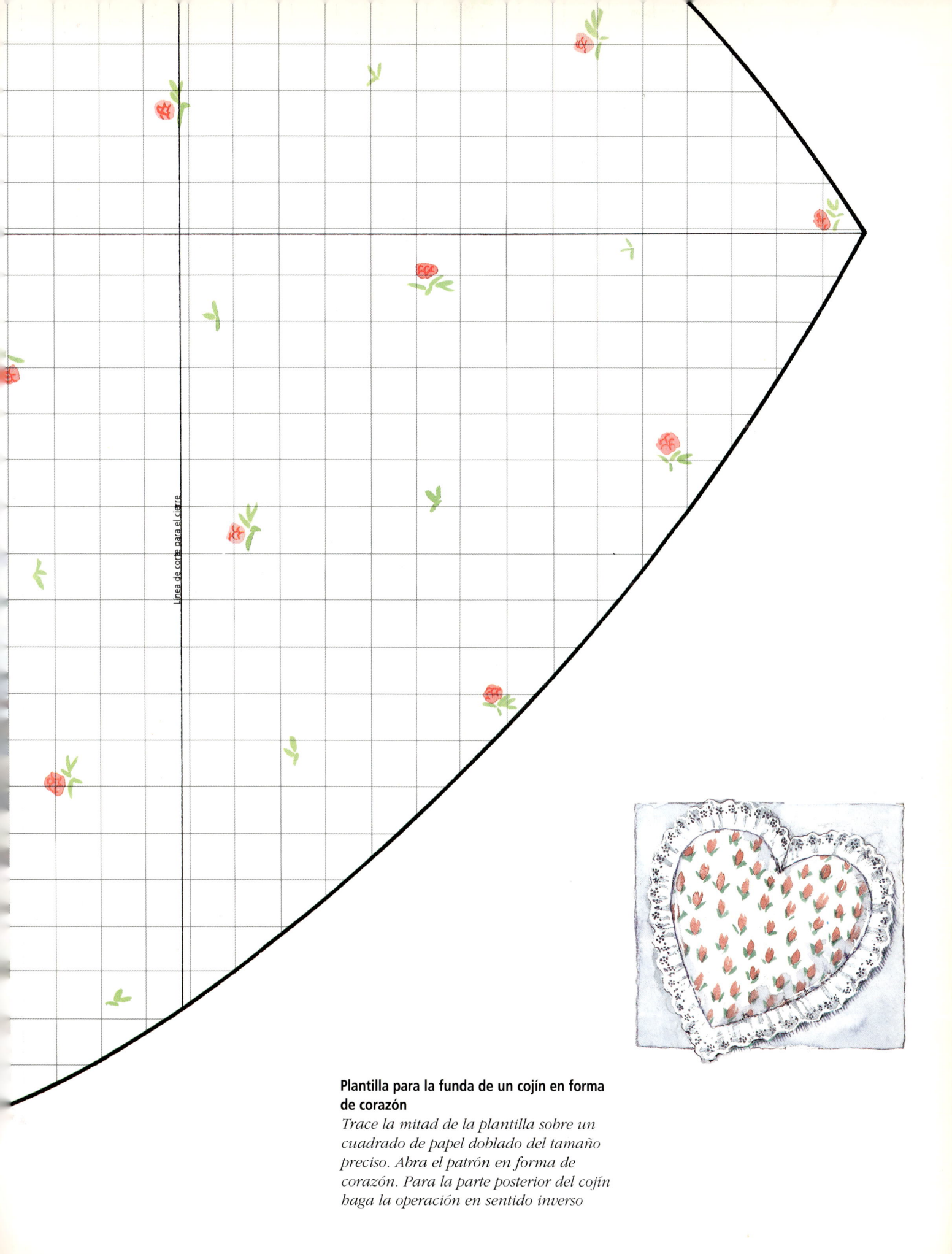

157

ÍNDICE

A
abullonados, estores, 88, 92, 93, 96-97
alfileres 135
almohadas, fundas de
  con volante 116-117
  sin adorno 114-115
alzapaños 70, 72-79
  con ruches 78-79
  con volante 76-77
  de confección rápida 72
  plantilla para 155
  ribeteados 73
  trenzados 75-75
arco, ventanas en 39
austríacos, estores 88, 93, 98-99

B
barras 40, 44-45
  ajuste 46
  colocación 46-47
buhardillas 37

C
caídas laterales 82-83
canutillo, pliegues en 49
cenefas para galerías 70, 84-85
cierres 146-147
cinta de fruncido 51
claraboyas 37
cojines 100-111
  con platabanda 108-109
  redondos con vivo 104-105
  en forma de corazón 106-107
  plantilla 157
  rulos 110-111
  sin ribetear 102-103
  tejidos 23
colores
  a juego 12-13
  armonía 11
  cálidos 10
  contraste 11
  coordinación 8-9
  esquemas 10-13
  fríos 10
  neutros 10
  reglas básicas 13
  tipos 10-11
  toques 11
contraste, color 11
coordinación 8-9, 22-27

corte 56
cortinas
  accesorios 70-87
  acortar 152
  adaptar 152-153
  alargar 152
  ancho 55
  cálculo del tejido 56-57
  colgar 40-45
  colocación de la cinta de fruncido 52-53
  confección 28-69
  corte 56
  elección del estilo 32-33
  encima de un radiador 33
  entretela 64-65
  estampados coordinados 25
  forro de quita y pon 66-67
  forro fijo 62
  forro tubular 60-61
  jareta para barra 153
  márgenes para dobladillo 55
  medición del tejido 54-55
  parte superior 48-51
  pasos en la planificación 30-31
  pesos 145
  tableado 53
  sin forro 58-59
  visillos 68-69
cortinas de tipo café 59
coser
  a mano 138-139
  a máquina 140-141
costuras 142-143
cuarto de baño 12, 26-27
cubrecamas 122-123
curva flexible 135

D
dedales 135, 138

E
edredón, funda de 118-119
entretela, fija 64-65
equipo de costura 134-135
esquinas a inglete 144-145
estampado
  coordinación 8-9
  empleo 14-16
  escala 14-16
  tamaño 14-16

trucos visuales 17
estilo, elección de un 6-27
estores 88-99
   abullonados 88, 92, 93, 96-97
   austríacos 88, 93, 98-99
   colocación de la tabla de madera 90
   festoneados 99
   medición para 90-93
   romanos 88, 21, 94-95

F
faldones de cama 120-121
festoneados, estores 99
festones 80-81
   colocación 83
fibras 20
flecos 15
forro
   cálculo de la tela 57
   de quita y pon 66-67
   fijo 62-63
   tubular 60-61

G
gama de colores 13
guardamalletas 70, 86-87
guías 40-43
   ajuste 46
   colocación 46-47
guías de guardamelleta 42

H
hilo de hilvanar 135
hilvanado 138
horizontales, ventanas 35

I
inglete, esquinas a 144-145

J
jaboncillo de sastre 134
jareta, barra para 44
jareta, cortinas con 153
jareta, parte superior de las cortinas 51

L
lazos, de tela 146

M
mano, cosido a 138-139
manteles
   rectangulares 126-127
   redondos 128
máquina de coser 135
máquina que recorta, cose y remata 135, 141
medidas 134

O
orillo 136

P
panera 130-131
parte superior de las cortinas
   colocación de la cinta 52-53
   con tirantes 153
pasacintas 135
patio, puertas a 35
patrones
   alargar o reducir 154
   redondos, hacer 154
patrones, papel para 135
pesos 145
planchado 137
   equipo para 135
plantillas 155-157
pliegues acanalados 50
pliegues en canutillo 49
pliegues en forma de copa 49
pliegues tableados 50
pliegues triples 49, 50
puertas, cortinas para 29
puntada de sastre 138

R
radiadores, cortinas sobre los 33
ribetes de bies 148-149
romanos, estores 88, 21, 94-95
ropa de cama 112-123
ropa de mesa 27, 124-131
rotuladores para tela 134
rulos 110-111

S
salvamanteles, acolchados 129
sistema de tracción por cordajes 42, 45

T
tableado 53
   estilos de cinta de fruncido 49-50
tableados, adornos 150-151
tablón de corte 135
técnicas 132-157
telas 18-21
   borde con apresto 136
   cálculo 56-57
   comprobación 21
   coordinación 22-27
   corte 136
   elección 9, 18
   fibras 20
   hilo 136
   planchado 137
   prender con alfileres 137
   resistentes a las manchas 21
   retardan el fuego 21
   trabajo con 136-137
   unión 136
terciopelo, planchado del 137
texturas
   coordinadas 8-9
   trucos visuales 17
   uso de 15, 16-17
tijeras 134
tipos de cinta 48-51
tiradores de tracción 43
tirantes, cortinas con 153

V
ventanas de bisagra 35
ventanas de guillotina 38
ventanas en saledizo 34, 42
ventanas panorámicas 35
ventanas redondas 39
ventanas, tipos de 34-39
visillos 68-69
vivos 148-149
volantes 150-151

AGRADECIMIENTOS

Quarto desea expresar su agradecimiento a todos los que figuran a continuación por proporcionar fotografías y transparencias y por su permiso para reproducir material registrado. Aunque hemos hecho todo lo que estaba en nuestras manos para localizar y reconocer a todos los titulares de los derechos, rogamos disculpas en caso de omitir algún nombre.

S = Superior; I = Inferior; Iz = Izquierda; D = Derecha; SIz = Superior izquierda; CIz = Central izquierda; DIz = Debajo izquierda; DD = Debajo derecha CD = Central derecha

página 2	S	Alexandra Stephenson
página 2	M	Jane Churchill Ltd.
página 2	I	tela: Laura Ashley
páginas 2 y 3		Calico Lion
página 8		Anna French Ltd
página 9		Laura Ashley
página 10	S	Laura Ashley
página 10	I	Anna French Ltd.
página 11		Arthur Sanderson and Sons Ltd.
página 12	S	Anna French Ltd.
página 12	I	diseño de la tela: Collier Campbell y distribuida por Christian Fishbacher
página 14		Anna French Ltd.
página 15	Iz	Today Interiors
página 15	D	Anna French Ltd.
página 16	Iz	Swish Products Ltd.
página 16	D	Rufflette Ltd.
página 17		Zoffany
página 18		Anna French Ltd.
página 19		Boras Cotton (UK) Ltd.
página 20	Iz	Anna French Ltd.
página 20	D	Boras Cotton (UK) Ltd.
página 21	Iz	Rufflette Ltd.
página 21	D	Arthur Sanderson and Sons Ltd.
página 22		Anna French Ltd.
página 23		Boras Cotton (UK) Ltd.
página 24		Anna Fench Ltd.
página 25		Skopos Design Ltd.
página 26		Athur Sanderson and Son Ltd.
página 27	SIz	Jane Churchill Ltd.
página 27	MIz	Jane Churchill Ltd.
página 27	DIz	Wendy A Cushing
página 27	DD	Skopos Design Ltd.
página 27	MD	Anna French Ltd.
página 32		Osborne & Little
página 33	Iz	Laura Ashley
página 33	D	Anna French Ltd.
página 36		Wesley-Barrel
página 38		Hill & Knowles Ltd.
página 39		Rufflette Ltd.
página 40		Byron & Byron Ltd.
página 43	Iz	Swish Products Ltd.
página 43	D	Osborne & Little
página 45		Osborne & Little
página 47	S	Laura Ashley
página 47	I	Colour Counsellors
página 48		Kirsch/Integra
página 51		Crowson Fabrics
página 53	S	Acrimo/Ibis, Sheffield
página 53	I	Boras Cotton (UK) Ltd./Stromma

Agradecimientos del autor

Mi más sincero agradecimiento a Barbara Carpenter y Mary Straka por su ayuda valiosa y útil a teclear y leer el texto.

Agradezco igualmente a las siguientes personas y empresas por facilitar telas para hacer las muestras paso a paso que ilustran el texto: Anna French, Monkwell Ltd y Arthur Sanderson & Sons Ltd., y a Bernette por permitirnos hacer referncia a la máquina que recorta, cose y remata en una operación.

Asimismo deseo expresar mi agradecimiento a los siguientes proveedores: Cope and Timmins Ltd. (accesorios de cortinas); Newey Goodman Ltd. (accesorios de costura); C & M Offray and Sons Ltd. (cintas); Perivale-Güterman (hilo para coser). Rufflette Ltd. (cintas de fruncido para cortinas); Selectus Ltd. (cintas de velcro); Vilene Retail (entreforro).

DIRECCIONES ÚTILES:

Byron & Byron
4 Hanover Yard
off Noel Road
London N1 8BE
071 704 9290

Alexandra Stephenson
Soft Furnishings
15 Reynolds Road
Chiswick
London W4 5AR
081 747 0662

Marion Kaye Curtains
20 Camperdown
Maidenhead
Berks SL6 8DU
0628 70786

Calico Lion/Interfabrics
The Barn,
Randolphs Farm
Brighton Road
Hurstpierpoint
West Sussex BN6 9EL
0273 835166

Osborne & Little
304-308 Kings Road
London SW3 5UH
071 352 1456
For local stockists:
081 675 2255

Arthur Sanderson and Sons Ltd
6 Cavendish Square
London W1M 9HA
071 636 7800

Jane Churchill Ltd
151 Sloane Street
London SW1X 9Bx
071 730 6379

Colefax & Fowler
39 Brook Street
London W1Y 2JE
071 493 2231

Stroud Furnishings
152-156 Kentish
 Town Road
London NW1 9QD
071 482 4163

Anna French Ltd
343 Kings Road
London SW3 5ES
071 351 1126

Wendy A Cushing
Unit M7
Chelsea Garden Market
Chelsea Harbour
SW10 0X3
071 351 5796

Collier Campbell
2 Clapham Common
Northside
London SW4 0QW
071 720 7862

Laura Ashley
150 Bath Road
Maidenhead
Berkshire SL6 4YS